ŒUVRES COMPLÈTES

DE

RACAN

Paris. Imprimé par GUIRAUDET ET JOUAUST, 338, r. S.-Honoré,
avec les caractères elzeviriens de P. JANNET.

ŒUVRES
COMPLÈTES
DE RACAN

NOUVELLE ÉDITION

revue et annotée

PAR M. TENANT DE LATOUR

Avec une Notice biographique et littéraire

PAR M. ANTOINE DE LATOUR

TOME I

A PARIS,
Chez P. JANNET, Libraire

MDCCCLVII.

PRÉFACE.

L'auteur de la notice que nous mettons en tête de cette édition ayant traité avec étendue tout ce qui se rattache à la vie et aux ouvrages de Racan, il ne nous reste plus, après les remarques dont nous avons cru devoir accompagner le texte, qu'à remplir ici, en quelques mots, l'office d'éditeur proprement dit. Les divers éléments dont nous sommes chargé, à ce titre, d'entretenir les lecteurs, font qu'en définitive nous ne sommes pas trop mécontent de notre lot.

Nous voudrions bien ne suivre en aucune façon (c'est toujours notre sollicitude lorsque nous nous trouvons dans le même cas) l'usage où sont quelques éditeurs de considérer comme leur premier droit, nous avons presque dit comme leur premier devoir, de décréditer par des critiques plus ou moins fondées en raison, de tuer moralement, dans une préface, les éditeurs qui les ont précédés. Livré tout entier aux goûts, aux habitudes, aux préjugés, si l'on veut, du bibliophile, il ne peut que nous en coûter beaucoup de travailler à flétrir ces deux charmants volumes de la collection de Coustelier que nous avons eu quelquefois tant de peine à trouver tels que nous les désirions, que nous avons toujours payés si cher, et que nous serions peut-être, hélas ! prêt à payer trop cher encore, même avec la pleine confiance d'avoir fait un peu mieux.

Il faut bien pourtant, quoi que puissent en souffrir nos affections d'amateur, il faut bien que justice se fasse. Nous ne pouvons pas ne point dire avec le discret abbé d'Olivet, avec le critique qui annonça dans le *Mercure* la publication de Coustelier, avec quelques autres encore, que l'ordre de classement dans cette édition de 1724 est vicieux à beaucoup d'égards, qu'on peut lui reprocher des omissions importantes; enfin, et c'est ici notre grief personnel, que, décidé à prendre cette édition pour base de la nôtre, et l'ayant, pour cet objet, revue avec une grande exactitude, nous y avons constaté, outre plusieurs leçons défectueuses, outre des méprises singulières, outre quelques vers omis, plus de cent grosses fautes d'impression : nous nous sommes lassé de les compter.

Notre premier soin a été naturellement d'échapper à tous les reproches adressés à l'ancien éditeur. Ainsi nous avons cherché à établir un meilleur classement, dans l'ensemble comme dans les détails. Et d'abord nous avons satisfait à l'ordre des premières publications en faisant du tome second le premier, composé des œuvres profanes, et en reportant au second la traduction du *Psautier*, ouvrage auquel Racan travailla toute sa vie, et qu'il ne publia dans son entier que fort tard, environ trente-cinq ans après les *Bergeries*. Toutes les omissions signalées dans le temps, pour la prose comme pour la poésie, ont été soigneusement réparées. Nous avons minutieusement rapproché du texte de Coustelier, pour le choix des leçons, toutes les éditions originales, tous les recueils contemporains; enfin, après avoir recueilli sept lettres déjà connues et dont l'oubli avoit été particulièrement remarqué, nous avons été assez heureux pour pouvoir en puiser dans les manuscrits de Conrart cinq autres, adressées par notre poète à Conrart lui-même, à Ménage et à Chapelain, lettres d'un intérêt littéraire assez vif, et qui caractérisent l'individualité de Racan d'une manière qui ne laisse pas d'être fort curieuse.

Il est certain, en effet, que c'est dans ses ouvrages en prose, et particulièrement dans ses lettres, qu'un auteur du temps dont nous parlons a dû le mieux se peindre. Pascal, Balzac, Voiture, avoient déjà écrit ou écrivoient encore; mais la véritable harmonie de la période, la rigoureuse convenance, la rigoureuse propriété de l'expression, l'*art de la prose*, enfin, n'avoient pas tout à fait reçu leur consécration définitive. La plupart des écrivains, les poètes surtout, ne considéroient alors la prose que comme un moyen de pourvoir aux choses communes, dans l'ordre moral comme dans l'ordre matériel, et cette négligence des formes, si elle étoit reprochable à d'autres égards, tournoit souvent du moins, par sa nature même, au profit de la vérité.

Racan se trouvoit peut-être encore plus qu'un autre en situation d'être entièrement vrai lorsqu'il étoit affranchi des exagérations poétiques. Il n'avoit pas fait comme Conrart, qui, sans savoir plus de latin que lui, étoit arrivé, par de constants efforts, à connoître à fond les éléments constitutifs de notre langue. Non seulement il ignoroit les règles courantes de l'orthographe, non seulement il entendoit bien ne donner aucune attention à ces irrégularités de détail qui n'avoient pas en effet alors une très grande importance, mais il ne se rendoit pas même le moindre compte des lois les plus communes de la construction grammaticale. Il écrivoit une lettre comme nos grand'mères, comme une douairière de la cour de Marie de Médicis, c'est-à-dire avec aisance, avec grace, avec naturel, sans aucun souci de ce qu'il regardoit comme l'apanage exclusif des savants de profession. Par bonheur, en poésie, son véritable élément, il restoit encore à beaucoup d'égards l'homme de la nature. Tout en mêlant souvent à ses meilleures inspirations des impressions du moment peu poétiques en elles-mêmes, il alloit chantant comme chantoient les anciens rapsodes, comme chantent certains improvisateurs, nous dirions comme chantent les oiseaux des bois, si nous voulions nous-même mettre de la poésie dans nos comparaisons.

Les lettres que nous publions, et principalement les dernières, offrent un exemple sensible de ce que nous avons déjà exposé. Ces lettres sont loin sans doute de l'art qui distingue celles des deux célèbres épistolaires de cette époque; mais elles n'ont pas non plus les défauts qu'on a reprochés aux lettres de Voiture et de Balzac. Elles ont au contraire, à un degré assez remarquable, quelques unes des qualités qu'on a justement considérées depuis comme les véritables qualités du genre; peut-être même, en lisant certaines réflexions adressées par leur auteur à Chapelain (manuscrits de Conrart), pourroit-il être permis de penser que le naturel de ses lettres, bien que très sincère au fond, n'étoit pas entièrement exempt de pensée littéraire, et qu'il avoit entrevu, dès ce temps là, quelque chose de la théorie épistolaire que de grands modèles créèrent un peu plus tard. Quoi qu'il en soit, ces lettres sont très propres, comme nous l'avons dit, à faire connoître dans une certaine mesure celui qui les a écrites, genre d'étude peu cultivé alors, mais devenu de notre temps un sujet tout particulier de recherches de la part de ceux qui veulent ajouter aux productions du talent un mérite de plus par les résultats plus ou moins marqués de l'esprit d'observation.

Il est encore une œuvre en prose qui peint aussi naturellement l'auteur qui l'a produite que celui dont elle est la biographie : ce sont les Mémoires pour la vie de Malherbe, si souvent réimprimés partout ailleurs que parmi les ouvrages de Racan. Nous demandons la permission de nous étendre un peu sur ce morceau, dont la destinée littéraire est accompagnée de tant de singularités.

Et ce n'est pas la moindre de ces singularités que le nombre infini d'opinions diverses qui depuis deux cents ans ne cessent de se heurter sur un ouvrage qui, à part la grande importance poétique de celui qui en est le héros, n'a rien, ni par le fond ni par l'exécution, de bien véritablement remarquable, surtout dans l'état où des modifications de plus d'une sorte l'ont réduit; nous disons des modifications de plus d'une sorte : la suite va expliquer notre pensée à cet égard.

Ces Mémoires, tout le prouve aujourd'hui, contenoient dans l'origine des anecdotes, les unes peu favorables au caractère de Malherbe, les autres d'un cynisme devant lequel, en sa qualité de biographe, d'historien, Racan n'avoit pas cru devoir reculer. Soit par ce motif, soit par tout autre, quelques critiques semblèrent portés à contester (seulement après la mort de l'auteur) que l'ouvrage fût de Racan ; mais Ménage ayant dit formellement dans une occasion : « J'apprends des mémoires de M. de Racan pour la vie de Malherbe, *écrits en ma faveur*, etc., » le doute à cet égard cessa d'être possible. Alors l'abbé Joly, chanoine de Dijon, prétendit, dans des remarques sur le dictionnaire de Bayle, que ces Mémoires avoient longtemps couru en manuscrit, et que quelques uns de ceux qui avoient connu Malherbe s'étoient probablement amusés à y ajouter des faits ou recueillis de bonne foi ou qui flattoient leur malignité. Déjà l'abbé de Saint-Ussans, dans une publication de 1672[1], sans se livrer à aucune discussion à ce sujet, s'étoit contenté de modifier silencieusement, au profit des convenances générales, les passages auxquels nous avons fait allusion, et c'est la version admise dans son recueil qui, retouchée aussi dans d'autres points, fut mise bientôt à la tête de toutes les éditions de Malherbe publiées depuis. Mais quel est le véritable texte de ces

---

[1]. *Divers traités d'histoire, de morale et d'éloquence.* Paris, 1672.

Mémoires? car ce ne sauroit être la pâle version de Saint-Ussans qui a pu exciter l'indignation de l'abbé Joly; et toute la difficulté n'existe pas dans les passages plus ou moins libres. Ménage, dans ses *Remarques sur les poésies de Malherbe*, Pellisson, dans l'*Histoire de l'Académie*, font des citations d'un autre ordre, et qui, quelquefois, diffèrent de beaucoup du texte le plus généralement adopté. L'édition originale, que plusieurs prétendent avoir été donnée en 1651, pourroit lever toutes les incertitudes; malheureusement il paroît n'en rester aucune trace. Saint-Marc, éditeur si soigneux en tout, assure qu'il n'a pas pu la trouver; *personne ne l'a vue*, dit M. Beuchot dans une note de la *Biographie universelle*, et *beaucoup de biographes nient son existence*, opinion assez difficile à soutenir quand on pense qu'aucun des nombreux contemporains qui ont parlé de ces Mémoires n'a remarqué qu'ils fussent encore en manuscrit, et quand l'exact, le minutieux abbé d'Olivet, dans l'histoire même de l'Académie, cite cette première édition en la désignant par sa date et par son format : 1651, in-12, dit-il. Mais enfin, d'une manière ou d'une autre, cette édition, si elle a jamais existé, a complétement disparu; et quel est donc, encore un coup, le véritable texte du travail de Racan?

Il n'y auroit ici, nous le sentons bien, de réponse véritablement concluante, que la production d'un manuscrit autographe, ou tout au moins d'une édition faite du vivant de l'auteur; mais voici comment nous croyons suppléer aujourd'hui d'une manière satisfaisante à l'absence de ces deux irrécusables témoins.

Nous avons trouvé à la Bibliothèque impériale (m. de M. L. Bigot, 360) une copie fort nette de l'ouvrage dont nous nous occupons. Ce manuscrit, que nous avons examiné avec un soin extrême, nous a laissé profondément convaincu qu'il présente le véritable texte des Mémoires pour la vie de Malherbe, sans lacune, et surtout sans aucune adjonction. « Mais précisément, nous diroit l'abbé Joly, voilà un de ces manuscrits coureurs sur lesquels des hommes licencieux et des malins s'en sont donné à cœur joie. » Nous cherchions une réponse à cette objection, qu'il étoit aisé de prévoir, et nous en trouvions de fort plausibles, lorsque deux œuvres, dont l'une a déjà été mentionnée dans cette préface, sont venues nous offrir des éléments de conviction tels qu'il ne nous étoit guère permis de les espérer : ce sont, d'un côté, les lettres de Racan trouvées dans les manuscrits de Conrart, et, de l'autre, et surtout, les historiettes de Tallemant des Réaux.

Dans ces lettres à Conrart, Ménage et Chapelain, que nous n'avons pas dû précédemment examiner sous cette face, Racan se montre avec la même aisance de style, avec la même liberté de pensées, et, pour tout dire, avec la même licence d'expression, que dans les passages des Mémoires que l'abbé Joly croyoit y avoir été subrepticement ajoutés. En un mot, si dans cette correspondance intime avec quelques célébrités de l'époque il avoit eu à écrire une lettre de plus, et qu'il eût voulu y raconter la vie de Malherbe, cette œuvre biographique, telle que l'offre le manuscrit, auroit pu être donnée tout simplement comme la sixième lettre, sans qu'on y remarquât aucune différence de ton, de forme de style, avec les cinq autres recueillies par Conrart. Il est impossible de méconnoître, entre ces divers morceaux, une complète identité d'auteur.

C'est là, sans doute, une conjecture qui a sa force, mais ce n'est, au fond, qu'une conjecture ; Tallemant des Réaux nous apporte un témoignage des plus concluants, et par les faits.

Son chapitre sur Malherbe est, comme tous les autres, composé d'anecdotes qu'il a recueillies à ses sources habituelles, c'est-à-dire dans le monde, parmi ses relations particulières, partout, excepté, assure-t-il, dans ce qui avoit été déjà imprimé [1] ; du reste, il dit comme Ménage : « Racan, de qui j'ai eu la plus grande part de ces Mémoires » ; et, en effet, dès le début il procède exactement de la même manière, c'est-à-dire avec les mêmes formes de récit, ajoutant parfois ce qu'il pouvoit avoir pris ailleurs, mais supprimant peu de ce qu'il tenoit de l'ami de Malherbe, et le reproduisant habituellement de la façon que nous allons dire.

Le travail de Racan remplit au moins les deux tiers du chapitre de Tallemant des Réaux, et un

---

[1]. Cette assertion de Tallemant des Réaux qu'il ne *se sert point de ce qu'on trouve dans les histoires et les mémoires imprimés*, rapprochée de l'époque où il commença d'écrire ses *Historiettes* (1657), sembleroit trancher la question en faveur de ceux qui nient l'existence de l'édition de 1651.

lecteur peu attentif pourroit, au premier abord, prendre l'un pour l'autre ; mais ce n'est pas de ce rapport dans l'ensemble (qui existe avec toutes les éditions de ces Mémoires) que nous voulons nous prévaloir ici ; c'est d'un rapport spécial, et bien autrement significatif pour notre objet. Tous les faits un peu saillants de ce chapitre qui ont été pris de Racan offrent une telle conformité avec le texte du manuscrit de la Bibliothèque, qu'il est permis de croire que c'est un manuscrit semblable en tout à celui-ci qui a servi de principale base à Tallemant des Réaux. Toutes les fois que, sur un point ou sur un autre, il existe quelque différence entre le manuscrit et les éditions ordinaires, c'est toujours notre manuscrit qui a été suivi par Tallemant. Nous ne voulons pas fatiguer nos lecteurs d'une suite de comparaisons fastidieuses (nous y reviendrons d'ailleurs dans les notes), mais nous citerons un seul fait, un fait de simple rédaction, d'abord parcequ'il est assez caractéristique en lui-même, et ensuite parcequ'il montre tout le cas que Tallemant des Réaux faisoit du génie de Racan : c'est une satisfaction d'éditeur.

Le manuscrit dit dans une occasion : « Ce fut où Racan..... qui commençoit à *rimailler* de méchants vers, eut la connoissance de M. de Malherbe, etc. » Ainsi devoit s'exprimer, par une modestie de bon goût, le biographe parlant de lui dans ses rapports avec son ancien maître. Saint-Ussans s'est bien gardé de reproduire ce mot *rimailler*, qui pourtant révéloit, pour sa part, l'auteur lui-même. Il a dit niaisement, et tous ont répété après lui : « *Et qui com-*

mençoit à faire des vers ». Mais vient Tallemant des Réaux, qui, gardant l'expression du manuscrit, et même la soulignant, dit : « Ce fut là que Racan, qui commençoit déjà à *rimailler*, eut la connoissance de Malherbe »; à quoi il ajoute : « et en profita si bien que l'écolier vaut quasi le maître. »

Quoique nous n'ayons nullement l'intention, ainsi que nous venons de le dire, de surcharger cette argumentation de rapprochemens plus ou moins fastidieux, il nous est d'autant plus impossible de ne pas toucher ici quelques mots d'une question incidente, que ceux qui ne l'ont pas examinée d'aussi près que nous pourroient y trouver matière à objection contre deux ou trois leçons du manuscrit que nous avons adopté. Nous avons dit plus haut que Ménage et Pellisson avoient cité dans le temps divers passages de ces Mémoires, et il étoit permis de penser que ces citations contemporaines étoient tirées du véritable texte de Racan. Or, quoiqu'elles se rapprochent généralement un peu plus du nôtre que de celui des éditions altérées, il ne nous est pas permis de ne tenir aucun compte des différences qu'elles présentent avec le manuscrit : voici donc notre pensée à ce sujet. D'abord, en ce qui touche Pellisson, il n'est pas impossible qu'il n'ait bien fait, pour sa part, quelque légère modification ; tout le monde y a vaqué un peu plus ou un peu moins; et il étoit assez difficile, il faut en convenir, de résister à la tentation, avec un écrivain aussi négligé que Racan. Cependant, comme Pellisson n'étoit pas un correcteur juré à la manière de Ménage, nous nous bornerons à lui opposer ici celui qui sera toujours à nos yeux le juge le plus compétent, et parcequ'il l'a été sans le prévoir, et parce qu'il n'affectionnoit aucun texte particulier, ne faisant état de celui qu'il avoit sous les yeux que comme d'un simple renseignement, et réservant, en définitive, sa rédaction personnelle : nous voulons dire Tallemant des Réaux. Eh bien ! si ce n'est pas toujours dans des énoncés un peu longuement développés, l'on sent, du moins, dans certaines déductions de l'auteur primitif soigneusement conservées par Tallemant, que, comme pour les éditions ordinaires, c'est évidemment le texte du manuscrit, et non celui des citations, qu'il a consulté pour son travail. Quant à Ménage, nous ne nous croyons pas obligé aux mêmes précautions, et nous dirons, sans aucun scrupule de dévotion littéraire, que c'étoit précisément un de ces mentors à qui Racan, comme on le verra dans ses lettres, abandonnoit volontiers la révision de ses écrits en prose. Nous n'en invoquerons pas moins l'arbitrage de Tallemant, qui nous est aussi favorable contre lui que contre Pellisson; enfin nous dirons surtout à l'occasion de son extrait le plus considérable, celui qui commence par ces mots : « *Sa Rhodante étoit*, etc. », qu'il faudroit avoir bien peu lu de ce qui est lisible dans Ménage pour ne pas reconnoître, de prime abord, cette phrase doucereuse : « *Leurs amours, qui n'étoient qu'amours honnêtes* », et puis le fade compliment qui suit pour madame de Rambouillet, enfin d'autres niaiseries du même genre, toutes choses si loin des allures de Racan dans ces mémoires, et dont on n'a garde de trouver le moindre vestige dans Tallemant des Réaux[1].

Ainsi donc, par des passages étendus, par des phrases qui n'ont rien de banal, quelquefois par de simples mots, mais des plus caractéristiques, Tallemant des Réaux ne manque jamais de venir confirmer, à sa manière, l'authenticité de notre manuscrit. Mais ce qui établit de la façon la plus irrésistible un rapport direct entre ces deux points de comparaison, c'est la reproduction parfois littérale de plusieurs des anecdotes plus ou moins libres que renferme le manuscrit de la Bibliothèque, et que l'éditeur de 1672 a supprimées. »*Omis par Racan* »[2], dit, en note, dans deux ou trois de ces occasions, l'éditeur de Tallemant des Réaux, l'un des éditeurs les plus distingués à tous égards de ce temps-ci, mais qui n'avoit pas été obligé comme nous à cette recherche, à ce rapprochement des divers textes de notre auteur. Eh non,

---

[1]. Saint-Marc, frappé, comme nous l'avions été nous-même avant d'avoir eu connoissance du manuscrit que nous suivons, de la pensée que ces citations devoient appartenir à un bon texte du travail de Racan, Saint-Marc, dans la reproduction de ce travail en tête de la belle édition des *Poésies de Malherbe*, qu'il donna chez Barbou en 1757, imagina de remplacer par ces divers extraits les passages correspondants qu'il voyoit bien avoir été altérés. Nous n'aurions voulu, dans aucun cas, faire ainsi de ces Mémoires une pièce de marqueterie qui eût répugné à nos instincts bibliographiques, mais nous croyons devoir donner ces citations en *appendice* à la suite de notre texte, soit comme complément de l'œuvre, au profit de ceux qui n'accepteront pas une solution que nous n'entendons imposer à personne, soit comme un des éléments de la question que nous livrons à l'appréciation des lecteurs.

[2]. 2e édit. des *Historiettes*.

pouvons-nous répondre aujourd'hui, l'omission n'étoit point du fait de Racan; elle étoit du fait de ceux qui, à quelque titre que ce puisse être, s'étoient crus en droit de réformer ce qu'il avoit écrit.

Au reste, qu'on veuille bien reconnoître que nous avons rempli comme nous devions le faire nos obligations d'éditeur, et nous reconnoîtrons volontiers de notre côté que les éditeurs postérieurs à 1651 (si 1651 il y a) ne sont nullement à blâmer d'avoir élagué ce qu'il peut y avoir de trop licencieux dans ces Mémoires, comme de n'avoir point donné au public, s'ils les ont connus, certains morceaux de poésie plus qu'érotiques de la jeunesse de Racan, et qu'il caressoit encore dans sa vieillesse. Placé dans les mêmes conditions qu'eux, il est probable que nous eussions agi de la même manière. Racan donnoit à ses amis une grande latitude : « Faites-moi le plaisir de corriger cela, leur disoit-il familièrement; mettez-moi ici une expression qui vaille mieux que la mienne : vous en savez tous plus que moi. » D'un autre côté, à cette époque les lecteurs s'occupoient uniquement de l'ouvrage, peu leur importoit qui l'avoit composé ou qui l'avoit révisé ; aussi voyoit-on alors bien plus de publications anonymes que de nos jours, et les éditeurs, quelquefois même les libraires, ne se faisoient aucun scrupule de modifier suivant telle ou telle convenance l'auteur mort ou l'auteur resté modestement inconnu. Mais il en est tout autrement aujourd'hui : soit, comme nous l'avons déjà dit, par une sorte d'esprit d'observation, soit plus souvent peut-être par une vaiee curiosité pour ce qui peut parfois, dans un écrit quelconque, rapprocher les hommes les plus éminents des autres hommes, loin que le goût actuel du public provoque jamais chez les éditeurs des anciens écrivains la moindre pensée de supprimer ou seulement d'adoucir ce qu'il pourroit y avoir de plus ou moins hasardé dans leurs ouvrages, l'on se plaît, avant tout, aux traits les plus énergiques, aux nuances les plus variées, en un mot à tout ce qui peut contribuer à rendre avec le plus d'exactitude, quoique souvent avec d'étranges disparates, la véritable physionomie de l'auteur. « Donnez-nous des œuvres bien complètes, s'écrie-t-on de toutes parts; arrière les éditions châtiées ! qu'on ne retranche pas une virgule! » Et le malheureux éditeur qui s'aviseroit de supprimer un distique s'exposeroit à voir le lendemain publier son propre livre avec toutes les améliorations qu'il y auroit faites, et surtout avec ce titre pompeux qui se produit si habituellement : « Seule édition complète ! » c'est-à-dire ayant de plus que l'autre le distique dont il auroit cru devoir le sacrifice aux plus honorables considérations.

Nous avons accepté, nous n'osons pas dire subi, les exigences bonnes ou mauvaises de notre temps; nous avons recueilli avec le plus grand soin tout ce qui nous a été connu de notre vieux poëte, et nous n'avons rien négligé pour nous mettre en mesure de reproduire ses moindres œuvres, telles qu'elles furent écrites par Racan. Ainsi donc, pour résumer en définitive tout ce que nous avons dit dans le cours de cette préface, outre les innombrables corrections de détail faites dans l'édition si estimée de 1724, nous donnons, de plus que cette édition : d'abord plusieurs pièces de poésie, tirées des différents recueils du temps ou d'ailleurs ; treize lettres, dont sept éditées par Faret en 1627, une qui existe en autographe aux manuscrits de la Bibliothèque impériale, et les cinq qui nous ont été fournies par les manuscrits de Conrart ; nous donnons particulièrement ces mémoires pour la vie de Malherbe, dont l'omission a tant été reprochée au précédent éditeur, et nous les donnons avec toutes les circonstances que nous avons exposées ; enfin, on trouvera immédiatement après cette préface la notice que nous avons citée en commençant, travail dont il nous est doublement interdit de faire l'éloge ; et, pour ce qui nous concerne, ayant reconnu depuis longtemps que la grande variété des ouvrages de notre auteur, sa position presque exceptionnelle dans les lettres, et aussi quelques autres points de détail, pouvoient souvent donner lieu à des appréciations d'un certain intérêt, nous les avons consignées dans de courtes remarques qui ont manqué jusqu'ici à toutes les éditions de Racan : puisse-t-on, après les avoir lues, ne pas dire qu'il eût été à désirer que l'on continuât de le laisser parler tout seul !

TENANT DE LATOUR.

Nous avions d'abord songé à établir quelque fixité dans l'orthographe des divers ouvrages qui composent cette édition des œuvres de Racan, mais à quel système s'arrêter? Le plus naturel sans doute eût été de tout rapporter à l'orthographe de Racan lui-même. Hélas! si notre respect pour sa dignité d'écrivain pouvoit nous permettre de donner un *fac-simile* des quelques pièces autographes que nous connoissons de lui, on verroit ce que c'étoit que l'orthographe de Racan. Maucroix écrivoit un jour à Boileau : « Ne trouvez-vous pas plaisant que j'écrive des vers (à l'occasion d'une citation de Malherbe écrite d'un trait) comme si c'étoit de la prose? Racan n'écrivoit pas autrement ses poëmes.» Assurément, c'est là un exemple fort curieux des libertés que Racan étoit généralement disposé à prendre. Eh bien! son orthographe n'étoit guère moins curieuse, et l'on a déjà vu dans la préface, l'on verra bientôt ailleurs, jusqu'où alloit sa parfaite incurie sur ces points-là. Nous aurions pu nous renfermer dans l'orthographe d'une époque, mais l'orthographe du temps de Racan étoit quelque chose de si variable, de si peu arrêté, que souvent le même mot est écrit d'une manière différente dans la même édition, quelquefois dans le même morceau tiré des recueils contemporains. Nous nous sommes donc déterminé à laisser à chacune des productions de notre auteur l'orthographe des sources mêmes où nous avons puisé. C'est toujours l'orthographe de tel ou tel moment du XVIIe siècle, et il nous a paru, en définitive, que cette sorte de chronologie matérielle pouvoit bien avoir aussi son genre d'intérêt.

T. DE L.

NOTICE

SUR LA VIE ET LES OUVRAGES DE RACAN.

Il semble que, pour produire certains génies, la nature s'y prenne à deux fois. C'est comme un essai qu'elle fait de ses forces, et une esquisse de son œuvre qu'elle jette avec une grâce négligente, avant de la réaliser avec toute sa puissance. Il est rare qu'un grand homme n'ait point de précurseur, et que Rotrou ne précède pas Corneille. Il suffiroit, pour s'en convaincre, de parcourir cette époque de transition intellectuelle qui commence à la mort de Henri IV et s'arrête à l'avènement de Louis XIV. Cette époque, tour à tour livrée à l'influence italienne ou espagnole, présente bien des physionomies indécises qui, dans l'âge suivant, nous apparoissent de nouveau, mais plus fièrement dessinées. Racan, dont je vais raconter la vie, ne seroit-il pas une première ébauche de La Fontaine?

La première fois que j'étudiai dans leur ensemble les œuvres de Racan, je crus qu'elles alloient m'introduire en pleine école de Malherbe, j'avois lu partout qu'elle se personnifioit dans Racan ; mais les vrais disciples de Malherbe, ce sont Maynard, Bertaut, l'évêque de Grasse ; quant à Racan, si par plus d'un lien il tient encore à Malherbe, par son côté le plus original il est plutôt de la famille de La Fontaine.

Ce n'est pas qu'il n'ait gardé quelque chose de cette haute et rigide expression de son maître, de cet essor d'âme qui élève plus souvent la pensée que l'imagination. Mais essayez de le surprendre à l'une de ces heures où, moins préoccupé du joug, il suit avec nonchalance la pente naturelle de son génie, et vous serez étonné de lui trouver l'allure du fabuliste. C'est souvent dans ses vers le même laisser-aller de rhythme et de langage, c'est dans l'instinct de ses goûts le même épicuréisme indolent et sensuel, c'est dans le fond du cœur le même amour des champs et de la solitude, c'est jusque dans sa vie privée la même bonhomie. Racan, par la naïveté de ses distractions, appartient aussi à la famille de ces rêveurs que Dieu, comme disoit la servante de La Fontaine, n'aura jamais le courage de damner.

Ce poëte nous apparoît donc comme l'anneau qui lie dans l'histoire de notre poésie ces deux hommes de races si diverses, Malherbe et La Fontaine. C'est comme présentant ce singulier caractère que Racan sera toujours curieux à étudier. Nous essaierons de retrouver dans sa vie et dans ses ouvrages, d'une part, l'écho affoibli de l'inspiration grave de Malherbe, de l'autre, ces épanchements naïfs d'une verve heureuse et facile qui n'attend plus que La Fontaine pour devenir du génie.

Si Racan eût été un poète créateur, il eût fait l'une de ces deux choses : ou il seroit entré hardiment dans la route frayée par Malherbe, et, chaque jour plus maître de la forme créée par le maître, il seroit devenu un franc lyrique ; ou, plus docile au penchant mélancolique de sa nature, il eût rouvert sous le règne de Louis XIII ces sources murmurantes de poésie champêtre que Théocrite retrouva, comme par enchantement, en pleine époque alexandrine. Mais Racan n'étoit pas un homme de génie. Disciple de Malherbe, quand il imite et même quand il invente, sa gloire est d'avoir répandu çà et là sur ce qu'il invente et sur ce qu'il imite quelque chose de la poésie qui va naître.

Toutefois, ce double caractère ne s'offre pas chez Racan d'une manière assez distincte pour qu'il soit possible de faire deux parts de sa vie. Cette distinction est facile à faire aux époques où le mouvement intellectuel suit une pente uniforme. Presque toujours alors le jeune écrivain paie tribut d'imitation au modèle qu'il admire, avant d'entrer d'un pas ferme dans une voie de conquête et de création. La critique alors peut choisir et classer. Les jours de cette vie qu'elle se voue à raconter se partagent d'eux-mêmes : les uns appartiennent aux premières sympathies du cœur, aux premières admirations de l'esprit ; les autres à l'inspiration personnelle. L'enfant ne quitte sa mère que le jour où il peut marcher seul ; jusque là il vit de la vie, il pense avec la pensée de sa mère : le génie exerce autour de lui quelque chose de cette autorité irrésistible et suave. On s'abrite sous son aile quand il la déploie ; les cieux que l'on parcourt sont les siens, la foi que l'on chante est la sienne, les émotions dont on croit souffrir sont à lui. Cela dure jusqu'au moment où nous nous sentons vivre nous-mêmes. La première passion qui s'éveille en nous commence la séparation douloureuse ; elle nous ouvre un monde qui est à nous, elle nous arrache des larmes qui sont bien nôtres ; en un mot, elle nous révèle notre poésie, en nous initiant à la vie. Alors on va seul, foible encore, hélas ! mais seul ; puis la tête se redresse, le pied s'affermit, la voix devient plus sonore, la parole plus accentuée. Ainsi va habituellement la destinée du poète ; lorsque le biographe se met à son œuvre, la chronologie a pris soin déjà de la faire à demi. Autre chose est la vie de Racan : tout s'y mêle, tout s'y confond, l'imitation et l'originalité s'y montrent presque toujours ensemble. Nous la raconterons au jour le jour, pour ainsi dire, laissant à chacun le soin d'y retrouver la double tendance que nous venons de signaler.

Vers la fin du XVIe siècle habitoit souvent tout au fond de la Touraine un bon et ancien gentilhomme qui servoit depuis long-temps avec une grande distinction, et qui avoit obtenu, par ses bons services, le titre de chevalier de l'ordre et le grade de maréchal de camp. Son nom étoit Louis de Bueil, homme de mœurs simples et douces, malgré ses habitudes militaires ; il aimoit beaucoup sa femme, et l'un et l'autre ils employoient les loisirs qu'ils venoient chercher dans leur terre à tourner des vers en attendant que

Dieu leur fit la grâce de leur envoyer un héritier. En l'année 1589 il leur vint un fils : ce fut notre Racan, qui reçut en naissant le prénom d'Honorat. Il passa ses premières années dans la maison paternelle et put y puiser de bonne heure le goût de la poésie ; mais de bonne heure aussi il témoigna pour l'étude une aversion fort grande, jusque là même qu'il n'arriva jamais à comprendre passablement le latin, et n'eût su, assuroit-il depuis, dire dans cette langue son *Confiteor*.

L'enfant grandissoit, quoique naturellement frêle et delicat ; bientôt il perdit son père et sa mère à peu de distance l'un de l'autre, mais il ne resta pas pour cela isolé dans le monde. Anne de Bueil, sa cousine germaine, avoit épousé le duc de Bellegarde, le grand écuyer de Henri IV. M. de Bellegarde devint le tuteur du jeune Racan, et le fit admettre en 1605 parmi les pages de la chambre du Roi.

Racan apprit trop vite à cette nouvelle école le scepticisme et l'immoralité galante de la cour de Henri IV. On peut en juger par ses premiers vers :

Vieux corps tout épuisé de sang et de moüelle, etc.

Il y a dans ces imprécations contre un vieillard jaloux une naïveté de sensualisme qui étonne.

Précisément à la même époque, Henri IV envoyoit au duc de Bellegarde un nouveau commensal : c'étoit Malherbe. Racan dit simplement le fait dans les mémoires qu'il a écrits pour Ménage. On auroit aimé à apprendre de lui-même comment se forma entre son maître et lui cette amitié qui dura jusqu'à la mort du premier. J'imagine que madame de Bellegarde, pour faire à son nouvel hôte les honneurs de sa maison, lui dit négligemment qu'il y avoit par là un petit page qui se mêloit aussi de faire des vers. On fit sans doute avertir le jeune homme, qui vint en rougissant saluer Malherbe. Je crois le voir regardant à la dérobée et avec une pieuse crainte cette belle et sévère figure; puis, pour obéir à sa noble parente, récitant d'une voix émue cette première élégie dont je parlois tout à l'heure. Le page embarrassé froisse sans doute dans ses doigts sa toque à plumes, et jette tour à tour un coup d'œil furtif à la duchesse, dont il redoute fort la colère, et à l'auguste étranger, dont il attend l'arrêt avec tremblement. J'ignore comment la belle duchesse prit les vers; mais je ne doute pas qu'ils n'aient été du goût de Malherbe. Il n'y avoit rien dans les idées qui fût de nature à lui déplaire, et la versification avoit une sorte de fermeté qui dut le charmer. J'ai peine à croire que les choses ne se soient point passées de la sorte. Racan emporta sans doute de cette première entrevue *du bonheur pour toute sa vie*; ce n'étoit pas, comme Chérubin, le baiser de Rosine, c'étoit le sourire d'un grand poète.

Quelques années après, Racan prit le chemin de Calais pour y faire ses premières armes. Il est probable qu'il y fit aussi des vers; mais aucune pièce, dans son recueil, ne porte assez distinctement la date de cette époque. Ce fut seulement après son mariage qu'il abandonna la profession des armes. Il nous apprend lui-même, dans une ode à Louis XIV, qu'il prit part à presque toutes les expéditions de Louis XIII.

>   Je l'ai suivi dans les combats,
>   J'ai vu foudroyer les rebelles,
>   J'ai vu tomber les citadelles
>   Sous la pesanteur de son bras;
>   J'ai vu forcer les avenues
>   Des Alpes, qui percent les nues
>   Et leurs sommets impérieux
>   S'humilier devant la foudre
>   De qui l'éclat victorieux
>   Avoit mis La Rochelle en poudre.

Il nous reste de la vie militaire de Racan un monument qui mérite de nous arrêter : c'est une scène de bivouac décrite avec une vérité de détails vraiment originale. Je ne saurois dire à quelle date précise elle appartient ; mais il y a là d'abord une verve de récit, libre encore de toute imitation, et ensuite une manière de prendre en riant les réalités de la vie, qui dénotent également les insouciantes années de la jeunesse. On se demande pourquoi Racan n'a pas gardé cette vive allure de style. Ce morceau est celui qui commence par ce vers :

>   Vous qui riez de mes douleurs, etc.

Ce tableau d'une halte militaire sur la côte, par une nuit d'orage, indépendamment de son côté pittoresque, est un vrai morceau d'histoire. On regrette, pour le génie du poète, cette rude école de la vie active ; il semble qu'elle l'auroit mieux inspiré que les leçons de Malherbe.

A son retour de Calais, c'étoit vers 1608, Racan prit Malherbe à l'écart et lui demanda conseil sur la carrière qu'il devoit suivre. Plusieurs chemins s'ouvroient devant lui. D'abord, se souvenant de la glorieuse vieillesse de son père, il songeoit à prendre le parti des armes. Mais il n'y avoit alors en France nulle gloire à recueillir; il falloit aller chercher une guerre en Suède ou ou Hongrie. Donc, pour la faire honorablement, c'étoit peu pour un gentilhomme que d'avoir du courage, s'il n'avoit aussi de l'argent. Or, Racan ne vouloit pas vendre le vieux manoir où son père étoit mort, où lui-même il espéroit mourir.

Resteroit-il à Paris pour mettre ordre à ses affaires? C'étoit bien le parti le plus sage. Mais imaginez un poète d'humeur rêveuse occupé à liquider de vieux procès de famille; et puis, avec la fortune de madame de Bellegarde, sur laquelle il lui est bien permis de compter, il lui sera facile quelque jour de débrouiller tout cela.

Maintenant il y a là-bas, en Touraine, cette terre de Racan qu'il a quittée si jeune, et dont le souvenir lui revient encore bien souvent. Le vœu secret de son cœur seroit d'aller y cacher sa vie, et on peut être sûr que, pour l'accomplir, il n'attendra pas la vieillesse. On sent, à lire sa belle élégie sur la retraite, si calme, si mélancolique, si attrayante, que ce n'est pas là une pensée éclose par hasard dans son âme, aux rayons de quelque beau soleil d'automne, dans les camps, loin des amis, ou bien encore à la cour, dans la salle des Gardes, après quelques pistoles perdues au jeu. Cette pensée, qu'il exhale en vers si doux, il l'a couvée toute sa vie, il se la chante à lui-même depuis des années..... Iroit-il donc ensevelir le reste de ses jours à Laroche-Racan? Hélas! non; il se sent retenu par sa jeunesse, et puis encore par je ne sais quel murmure de gloire qui commence à s'élever autour de lui.

Eh bien donc, il se mariera. Cette paisible existence dont il a besoin, n'osant, à son âge, la demander aux champs, il la trouvera dans le mariage. Mais quoi! le mariage est une mer orageuse : on le lui a dit lorsqu'il étoit page, et lui-même il a fait des vers contre un mari jaloux. Maintenant il s'épouvante de ses propres vers : il a oublié presque tous les autres, mais ceux-là lui reviennent toujours.

Ainsi, à chaque tableau qu'il se faisoit, son embarras alloit croissant, et à chaque objection qu'il s'adressoit il ajoutoit ce refrain : Et puis que dira-t-on à la cour? que dira-t-on à la ville?

Malherbe le laissoit dire. Ces projets divers lui sourioient médiocrement. La guerre? il l'avoit faite en sa jeunesse, et elle lui avoit rapporté moins de gloire qu'un sonnet. La vie des champs? il ne conservoit de la terre natale aucun souvenir que celui de son blason gravé au mur de l'abbaye de Saint-Etienne, à Caen. Le mariage? où étoit sa femme? il n'en parle jamais, et on sait à peine d'où lui étoit venu ce fils tué en duel et qu'il pleura tant. Les procès et les affaires? il plaide contre son frère, et ne cesse de s'emporter contre les juges qui jamais ne concluent. Racan n'avoit donc qu'à choisir lui-même. Quant à satisfaire tout le monde, Malherbe, pour toute réponse, raconta la fable du Meunier : il l'avoit lue sans doute dans le Pogge, à l'époque où il étoit en proie à cette fièvre d'imitation italienne qui nous a valu de lui les *Larmes de saint Pierre*. Entre deux poètes, l'entretien ne pouvoit rester longtemps dans les termes de la prose ; il devoit tourner vite à la poésie : ainsi fit-il, comme on voit. Ce conseil à la façon d'Esope fut-il perdu pour Racan ? Je ne sais. Du moins ne le fut-il pas pour la poésie : La Fontaine étoit par là qui écoutoit.

Sans doute il étoit là aussi, lisant par-dessus l'épaule de Racan, le jour où ce dernier écrivoit à son maître certaine aventure scandaleuse arrivée à La Flèche. Malherbe, dans sa réponse, demande les détails avec une avidité singulière ; et, dans le conte qu'il en fait, on voit que La Fontaine n'a pas perdu un mot du récit. Il est de mon sujet de suivre partout dans les œuvres de La Fontaine la trace de Racan.

Racan resta donc à Paris, suivant la cour, suivant la guerre, écrivant sous les yeux de Malherbe, vivant du reste assez pauvrement, vrai poète pour l'insouciance et le laisser-aller de sa vie. Il habitoit, dit-on, un mauvais cabaret, et comme Conrart vouloit l'en tirer : « Laissez, répondoit-il ; je suis bien ici ; je dîne pour tant, et le soir on me trempe pour rien un potage. » A Tours, où la cour étoit alors, il eut une fois besoin de deux cents livres. Boisrobert les lui prêta, et ce fut tout gain pour la gloire de Racan, car déjà il étoit en train de rimer quelques chansons pour un commis qui mettoit ce prix à sa générosité.

Toute cette époque, dans la vie du poète,

semble avoir appartenu au mouvement imprimé par Malherbe à notre poésie. Pour peu qu'on ait étudié Malherbe, on s'est rendu compte de l'œuvre de réforme et de création régulière que quelques-uns poursuivoient alors sous la sévère discipline du poète normand. On a dit, et avec raison, que Racan étoit le disciple bien-aimé de Malherbe; ajoutons cependant qu'il n'étoit pas le plus docile. Les maîtres acerbes aiment souvent de préférence ces écoliers d'humeur mutine; ils se laissent séduire, malgré eux, à ce quelque chose qui leur résiste. Malherbe faisoit bonne guerre aux longueurs de Racan, à ses rimes faciles, à ses épithètes traînantes. Racan gardoit ses épithètes, ses rimes et ses longueurs, et Malherbe l'aimoit avec tout cela. Il avoit, pour ainsi dire, vu naître ce jeune homme; il avoit été le confident de ses premiers vers, et il trouvoit en lui ce scepticisme que lui-même il avoit puisé au spectacle des contradictions de son siècle. Racan ne demandoit souvent pas mieux que d'obéir; mais le naturel l'emportoit. Souvent le premier à se soumettre, le premier aussi il s'ennuyoit de la règle. Tel jour, par exemple, sur un signe de Malherbe, voilà toute l'école qui s'escrime en sonnets irréguliers. Racan en fait à peine deux ou trois et s'en lasse. Maynard en fit jusqu'à la mort. Malherbe, une autre fois, défend de rimer les dérivés, et même tous mots qui ont entre eux quelque convenance; il ne veut pas davantage des vers rimés en noms propres. Racan s'observe un moment, puis il retourne à ses rimes qui viennent d'elles-mêmes, à ces épithètes naïves qui ont parfois chez lui une grâce virgilienne. Aussi que vouliez-vous qu'il fît, lui, poète de nature, des raisons de Malherbe? Les rimes rares et difficiles, disoit ce dernier, conduisent l'esprit à de nouvelles pensées, c'est-à-dire qu'il permettoit au poète d'aller de la rime à la pensée; il faisoit une règle de ce qui est parfois une heureuse trouvaille, un accident de la composition.

Toutefois, au milieu de cette discussion par articles de notre charte poétique, Racan un jour eut tort contre le maître; voici à quelle occasion: La stance de six vers de huit syllabes est, entre toutes, celle qu'affectionnent nos vieux lyriques; elle a de la grâce et de l'harmonie, mais à la condition de placer un repos après le troisième vers; ce repos est nécessaire au rhythme. Malherbe, lorsqu'il vint à Paris en 1605, n'observoit pas cette règle. Il traversa sans la reconnoître tout le règne de Henri IV; en 1612, il ne s'y soumettoit point encore. Sur la proposition de Maynard, elle fut sérieusement examinée, et Malherbe se rendit. La stance de six vers une fois constituée, la révolution s'étendit à cette majestueuse strophe de dix vers, création de Ronsard, qui vaut seule le nom qu'on lui a fait. Falloit-il établir un repos après le septième vers? Malherbe dit oui, Racan dit non; sa raison étoit que cette strophe ne se chante pas, et que, fût-elle chantée, elle ne le seroit pas en trois reprises. Racan abusoit ici de son petit talent de joueur de luth. L'usage a prononcé contre lui et a donné gain de cause à l'église contre l'hérésie. La strophe, telle que Malherbe nous l'a léguée, rapide et solennelle tout ensemble, ajoute encore à la majesté de la pensée la plus haute et à l'essor de la plus fougueuse inspiration.

Je trouve dans les œuvres de Racan une ode bachique qui, par la fermeté du style, dénote le voisinage de Malherbe; elle s'adresse au grave Maynard, et porte sa date dès les premiers vers.

> Maintenant que du capricorne
> Le temps mélancolique et morne
> Tient au feu le monde assiégé,
> Noyons notre ennui dans le verre,
> Sans nous tourmenter de la guerre
> Du tiers-état et du clergé.

Il y a là une allusion évidente à ces états-généraux de 1614 qui s'annoncèrent avec tant de grandeur, et qui nous apparoissent aujourd'hui comme un prélude lointain de 1789. Racan avoit alors vingt-cinq ans.

Mais quelque passion ne viendra-t-elle pas enfin éveiller cette verve heureuse qui s'avoue sa paresse à elle-même avec tant de grâce et de bonhomie? Un mot de Malherbe négligemment jeté dans une lettre nous apprend que son disciple avoit inutilement soupiré en Bretagne, mais cet amour n'a pas laissé trace distincte dans son livre. Racan, de sa nature, étoit plus galant qu'amoureux. Malherbe l'a bien jugé dans certaine lettre à Balzac : « Cette affaire (une affaire!) veut, dit-il, une sorte de soin dont sa nonchalance n'est pas capable; s'il attaque une place, il y va d'une façon qui fait croire que, s'il l'avoit prise, il en seroit bien empêché. »

Vous reconnoissez votre Malherbe à ces paroles ; elles peignent aussi Racan. Voici qui le peint mieux encore ; c'est lui-même qui parle : « Racan et lui, dit-il, parlant à son tour de Malherbe, s'entretenoient un jour de leurs amours, c'est-à-dire du dessein qu'ils avoient de choisir quelque dame de mérite et de qualité pour être le sujet de leurs vers. » C'est donc à dire, messieurs les poètes courtisans, que la poésie se prêtera comme une esclave à toutes les fantaisies étudiées de vos passions d'emprunt ; elle aura pour vous des chants d'ivresse et des cris de douleur, quand vous n'avez dans l'âme ni joie ni désespoir ; elle sera pour vous suppliante, jalouse, emportée, quand jalousie, remords, emportement, rien de tout cela n'est en vous! Allez, vous méritez bien que l'amour vous ait si mal inspirés l'un et l'autre! Je ne puis m'empêcher de me souvenir que l'année même où Malherbe arrivoit à Paris le *don Quichotte* s'imprimoit à Madrid. Lisez la page où le héros se choisit sa maîtresse ; le ridicule est-il plus grand ?

Malherbe ne vit rien de plus illustre que madame de Rambouillet, et il la prit pour dame de ses pensées. Racan choisit la belle-sœur du duc de Bellegarde, madame de Thermes. Don Quichotte avoit donné à sa dame le nom de Dulcinée ; nos deux poètes en cherchèrent un pour les leurs. L'une et l'autre se nommoient Catherine : on passa toute une journée à tourmenter les syllabes de ce mot, pour en tirer de jolis anagrammes ; celui d'Arténice parut le plus galant, il revenoit de droit à madame de Rambouillet. Malherbe se proposoit d'immortaliser par une églogue son entretien avec Racan; mais ce dernier le gagna de vitesse, et le premier, dans ses vers, il donna ce nom d'Arténice à madame de Thermes. La postérité s'est obstinée à le conserver à madame de Rambouillet. L'églogue de Malherbe ne nous est pas venue; celle de Racan se lit à la suite des *Bergeries*; il y est parlé naïvement d'une bergère dont les appas

>. . . . . . . trop chastement gardés,
> Par le seul Alcidor ont été possédés,
> Celui de qui la mort, si digne de la vie,
> Fit moins aux braves cœurs de pitié que d'envie.

Alcidor n'est autre que M. de Thermes, qui venoit de mourir. Racan s'échauffa si bien à célébrer les vertus de sa veuve, qu'il en devint sérieusement amoureux. Il fit, pour la voir, plusieurs voyages en Bourgogne. Malherbe n'approuvoit pas cette passion : « Pour la dame de Bourgogne, écrivoit-il à Racan, je ne lui écrirai point. Si elle m'eût envoyé de la moutarde, son honnêteté eût excité la mienne; mais elle n'a que faire de moi, ni de vous non plus, quoi que vous disent ses lettres. » Que disoient ces lettres? Je l'ignore; rien, à ce qu'il semble, qui rassurât Malherbe. « Il faut éviter, continuoit-il, la domination de je ne sais quelles suffisantes qui veulent faire les rieuses à nos dépens. Celle à qui vous en voulez est très belle, très sage, de très bonne grâce et de très bonne maison; elle a tout cela, je l'avoue, mais le meilleur y manque : elle ne vous aime point. » Cela ressembloit fort à la vérité; mais Racan étoit aveugle. Pendant qu'il s'occupoit à rimer le nom d'Arténice, Arténice recevoit les hommages de toute la province. Le bruit en venoit jusqu'à Malherbe, qui aussitôt écrivoit en Touraine : « Je voudrois que vous eussiez entendu l'homme qui vient du lieu où est votre prétendue maîtresse; vous auriez appris, etc... » Et Malherbe partoit de là pour exposer à son aise tout un code de galanterie vulgaire, sensualisme grossier qu'il ne prenoit pas même le soin de relever d'un peu d'amour. A l'appui de ses théories, il citoit son exemple. « Dans ma jeunesse, dit-il, quand quelqu'une m'avoit donné dans la vue, je m'en allois à elle : si elle m'attendoit, à la bonne heure; si elle se reculoit, je la suivois cinq ou six pas, et quelquefois dix ou douze, selon l'opinion que j'avois de son mérite; si elle continuoit de fuir, quelque mérite qu'elle eût, je la laissois aller. » Mais madame de Thermes avoit beau reculer, ce pauvre Racan avançoit toujours. Enfin Malherbe lui écrivoit : « Vous avez, aussi bien que moi, une certaine nonchalance qui n'est pas propre aux choses de longue haleine. » Il disoit vrai cette fois : Racan s'éveilla un matin sans plus songer à madame de Thermes, et tourna ses vœux autre part. C'étoit par distraction, sans doute, qu'il l'avoit aimée si longtemps.

Toutefois, il ne faut pas s'y tromper, l'amour ne faisoit pas perdre à Racan tout souci de sa renommée. Il avoit achevé en 1625 son poème dramatique des *Bergeries*. Retiré dans son domaine, il écrivoit avec une candeur charmante : « Je jouis, dans ma solitude, d'un repos aussi calme que celui des anges; j'y suis roi de mes passions aussi bien que de mon village; j'y règne paisiblement dans un royaume qui est une fois aussi grand que le diocèse de l'évêque de Bethléem. » Ce n'est guère là le langage d'un homme que la passion dévore. Une nouvelle vient troubler son bonheur; il apprend que des copies de son poème courent le monde : l'imprimer devient nécessaire. Il y a regret, je vous assure : c'est son poème de prédilection; il y met l'histoire de ses amours; c'est un compagnon qui le suit à la guerre, c'est un ami qui anime la solitude du manoir. Lorsqu'il l'emporte avec lui à Laroche-Racan, le souvenir de madame de Thermes ne lui apparoît plus qu'à travers un léger nuage de douce poésie, et s'il écrit à Malherbe, ce n'est plus pour lui parler d'elle, mais pour l'inviter à venir entendre ses vers et goûter ses melons. « En l'état où est ma pastorale, ajoute-t-il, je ne serai repris que des belles bouches de la cour, de qui les injures même me sont des faveurs; au lieu que, si je suivois votre conseil, je m'abandonnerois à la censure de tous les auteurs du pays latin, dont je ne puis pas seulement souffrir les louanges. » C'est le poète homme de cour. Ce peu de lignes jugent le poème. Ce n'est en effet que la pastorale des ruelles : des bergers à houlettes dorées, et des moutons ayant au cou des rubans roses.

Ce type italien de la pastorale, que Tasse et Guarini ont élevé par la grâce du style jusqu'à la poésie, dépouillé de ce prestige n'est plus qu'une froide allégorie de la vie de cour. Vous souvenez-vous de ces paysages du siècle dernier où de belles dames poudrées et habillées de satin se promènent, l'éventail en main, dans des bocages coquettement émondés? Les bergères de Racan ne sont pas autre chose. Ajoutez à cela les petites façons des boudoirs, des aventures invraisemblables, des sentiments faux, des passions étudiées, un dialogue affecté, et vous aurez une idée de ce qu'étoit la poésie bucolique au commencement du XVIIe siècle.

Ce que Malherbe a dit des amours de Racan, nous le dirons, nous, de ses ouvrages. Les longs poèmes ne lui conviennent pas. Tallemant raconte que notre poète, commandant un jour un escadron de gentilshommes de l'arrière-ban, « ne put jamais les obliger à faire garde ni autre chose semblable, et qu'enfin il fallut demander un régiment pour les enfermer. » Eh bien! Racan n'avoit pas moins de peine à discipliner ses vers.

On n'attend pas de moi sans doute que j'analyse sa pastorale; mais, si je l'ai citée, ce n'est pas seulement pour la grande place qu'elle occupe matériellement dans les œuvres de Racan; elle a un mérite de détail qu'il faut reconnoître. C'est, dans l'ensemble, une assez foible composition; mais s'il arrive, fois ou autre, qu'à travers les flots de rubans dont il couvre la tête de ses personnages Racan entrevoie la nature, il rencontre alors pour la peindre des traits d'une grâce charmante. Par delà les brouillards de Paris il a vu Laroche-Racan; il y a donc tout plaisir à refeuilleter le livre et à y recueillir, une à une, ces douces fleurs dont le parfum n'a pas vieilli. Il faut, pour les atteindre, traverser bien des landes incultes. Ce sont de ces fleurs qui croissent solitairement sur le rocher, ou au bord de quelque ruisseau courant à travers de maigres prairies.

Vous savez l'idylle vantée de madame Deshoulières, *Petits moutons*, etc.; elle est tout entière, moins les fades longueurs, dans ce vers si naturel et si simple :

Petits oiseaux des bois, que vous êtes heureux !

Une bergère raconte qu'elle a vu son amant :

Aussitôt qu'il fit jour, j'y menai mes brebis.
A peine du sommet je voyois la première
Descendre dans ces prés qui bornent la rivière,
Que j'entendis au loin sa musette et sa voix
Qui troubloient doucement le silence des bois.
Quelle timide joie entra dans ma pensée !

Il y a, dans ce dernier vers, une délicatesse exquise.

On cite partout deux vers de Théocrite que Virgile a traduits d'une façon charmante; trouve-t-on que la pensée ait rien perdu de sa naïveté dans les deux vers suivants :

Il me passoit d'un an, et de ses petits bras
Cueilloit déjà des fruits dans les branches d'en bas.

Ceux-ci rappellent une scène touchante d'Hamlet :

Je crois que la voilà, toute triste et pensive,
Qui va cueillant des fleurs au long de cette rive.

D'autres, avec plus de simplicité encore, n'ont pas moins de mélancolie :

> La grâce, la beauté, la jeunesse et la gloire
> Ne passent point le fleuve où l'on perd la mémoire.

On se souvient de ce vers superbe de la première églogue de Virgile : *Canit frondator ad auras.* N'en retrouve-t-on pas quelque chose dans ceux-ci? Il est parlé d'un magicien :

> Car je l'entends déjà, sur le haut de ces monts,
> D'une voix éclatante invoquer les démons.

Plusieurs se distinguent par une élégance déjà racinienne :

> Celui sur qui le jour ne luit plus qu'à regret...
> Je laisse mes troupeaux sur la foi de mes chiens...
> Les oiseaux, assoupis la tête dans la plume..., etc.

Tous ces mérites se retrouvent dans le même morceau, le plus beau peut-être que Racan ait écrit, dans ce morceau si souvent cité :

> Heureux qui vit en paix du lait de ses brebis, etc.

Nous n'avons dans notre langue rien de plus profondément mélancolique.

Toutes ces beautés de détail n'appartiennent pas exclusivement à la poésie pastorale. Racan s'inspire heureusement parfois des maximes d'Épicure, et il retrouve, pour développer Lucrèce, quelque chose de la manière de Lucrèce :

Quelle présomption de croire que les dieux, etc.

Tel vers se fait remarquer par une élévation de pensée qui se communique à l'expression :

Où le combat est grand la gloire l'est aussi.

Vous reconnoissez là l'inspiration première d'un beau vers de Corneille. Voici maintenant qui est sublime. Un père raconte qu'il a vu le berceau de son fils enlevé par la tempête, et qu'il n'a pu le lui arracher :

Tant que je le pus voir, je le suivis des yeux,
Et puis je le remis à la garde des dieux.

Il y a même tel passage où le poète s'élève jusqu'à la langue tragique. Un berger, retiré du milieu des flots, s'écrie en reprenant ses sens :

. . . . suis-je vivant ou mort ?...
Quoi ! le ciel ou l'enfer ont-ils quelque flambeau
Qui trouble le repos en la nuit du tombeau ?
Que ne suis-je en ces lieux éternellement sombres ?
Me refuse-t-on place en la troupe des ombres ?
Veut-on qu'errant toujours sous la voûte des cieux,
J'éprouve en tous endroits la justice des dieux,
Ou que mon pâle esprit, vaine terreur du monde,
Se plaigne incessamment aux rives de cette onde ?...

La suite, à part quelques taches, n'est point indigne de ce début. Il étoit beau d'écrire ainsi douze ans avant *le Cid*.

L'héroïne du poème, c'est toujours Arténice. C'est ainsi qu'amour et poésie se croisoient, se mêloient, se confondoient, dans l'âme de Racan; double passion incomplète chez lui, amour sans profondeur, poésie d'un essor peu soutenu. Le jour ou Arténice fut oubliée, la poésie le fut aussi. Madame de Thermes, piquée d'honneur, épousa je ne sais quel fou de président. Au fait, la comparaison qu'elle faisoit de Racan avec M. de Thermes n'étoit pas à l'avantage du premier. « M. de Thermes, dit Tallemant, étoit un fort beau cavalier; les dames attendoient quelquefois pour le voir passer à cheval. » Et voici ce que la même chronique nous apprend de Racan : « Jamais la force du génie ne parut si clairement en un auteur qu'en celui-ci; car, hors ses vers, il semble qu'il n'ait pas le sens commun. Il a la mine d'un fermier, il bégaie, et n'a jamais pu prononcer son nom; car, par malheur, l'*r* et le *c* sont les deux lettres qu'il prononce le plus mal. Plusieurs fois il a été contraint d'écrire son nom pour le faire entendre. Bonhomme, du reste, et sans finesse, étant fait comme je vous le viens de dire. »

Ce Tallemant des Réaux est un trésor pour notre histoire littéraire. Il faut bien lui pardonner, à cause de cela, le scandale de ses anecdotes. Sans lui, nous ne connoîtrions que d'une manière imparfaite certaines circonstances du mariage de Racan; écoutons-le donc, c'est lui qui raconte :

« Quand il faisoit l'amour à celle qu'il a épousée, et qu'il n'eut qu'à cause que madame de Bellegarde, hors d'âge d'avoir des enfans, lui assura du bien, il voulut l'aller voir à la campagne avec un habit de taffetas céladon. Son valet Nicolas, qui étoit plus grand maître que lui, lui dit : « Et s'il pleut, où sera l'habit céladon ? Prenez votre habit de bure, et, au pied d'un arbre, vous changerez d'habit, proche du château. — Bien, dit-il, Nicolas ; je ferai ce que tu voudras, mon enfant. » En un petit bois, proche de la maison de sa maîtresse, elle et deux autres filles parurent. « Ah ! dit-il, Nicolas, je te l'avois bien dit. — Mordieu ! répond le valet, dépêchez-vous seulement. » Cette maîtresse voulut s'en aller ; mais les autres, par malice, la firent avancer. « Mademoiselle, lui dit ce bel amoureux, c'est Nicolas qui l'a voulu. Parle pour moi, Nicolas, je ne sais que lui dire. » On croit lire une page de la vie de Lafontaine.

Le mariage eut lieu en 1648 : Racan avoit alors trente-neuf ans.

Remarquons bien cette date dans la vie de notre poète, car c'est aussi la date de la mort de Malherbe. Racan étoit alors au siége de La Rochelle, où il commandoit la compagnie du maréchal d'Effiat. C'est là qu'ils se revirent pour la dernière fois, lorsque Malherbe y vint réclamer, contre le meurtrier de son fils, la justice de Louis XIII. Malherbe s'en retourna assez mécontent, comme on sait, et Racan, que son devoir retint à La Rochelle, manqua au lit de mort de son maître. Il eût été beau pourtant d'entendre le vieux Malherbe, qui toute sa vie avoit combattu pour la pureté de la langue, placer, en mourant, sa noble pupille sous la tutelle de Racan.

Pendant les dernières années de la vie de Malherbe, Racan eut de rares mais beaux moments d'inspiration lyrique. Ce n'est pas toujours le tour vif de son modèle, et ce vers éclatant à force de vigueur et de précision; mais c'est, dans le développement, une largeur d'expression toute nouvelle; c'est, dans l'image, quelque chose de plus neuf et de plus naturel tout ensemble. Par exemple, dans une ode pleine d'élévation, adressée au duc de Bellegarde, je trouve cette belle comparaison, que La Fontaine encore a pris soin d'achever :

> Tel qu'un chêne puissant dont l'orgueilleuse tête,
> Malgré tous les efforts que lui fait la tempête,
> Fait admirer Nature en son accroissement;
> Et son tronc vénérable, aux campagnes voisines,
> Attache dans l'enfer ses fécondes racines,
> Et de ses larges bras touche le firmament.

Celle-ci a plus de grandeur encore. Je la détache d'une ode sur la mort de M. de Thermes. C'est de ce dernier que le poète parle ainsi :

> Il voit ce que l'Olympe a de plus merveilleux;
> Il y voit à ses pieds ces flambeaux orgueilleux
> Qui tournent à leur gré la Fortune et sa roue,
> Et voit, comme fourmis, marcher nos légions
> Dans ce petit amas de poussière et de boue
> Dont notre vanité fait tant de régions.

Cela est sublime, et la muse chrétienne n'a pas inspiré de vers plus magnifiques. Malherbe, dit-on, étoit jaloux de cette strophe. Je le crois bien, il n'en a pas écrit de plus belle.

Mais ce n'est là qu'une face du talent lyrique de Racan. De ces beautés d'un ordre si élevé, il faut rapprocher une ode charmante au comte de Bussy. C'est un regard mélancolique jeté sur la jeunesse qui s'éloigne, une invitation à jouir de ces années qui passent si vite. L'ode commence ainsi :

Bussy, notre printemps s'en va presque expiré, etc.

Il faudroit la citer tout entière, mais je renvoie au texte même [1].

La belle élégie sur la retraite, que nous savons tous depuis l'enfance, couronne dignement cette féconde époque de la vie de Racan.

On pourroit dire qu'elle a clos sa carrière poétique. Malherbe mort, Racan se tait, et son silence dure vingt ans. Il sembloit que Malherbe eût emporté dans la tombe le génie de son disciple. Mais, je n'hésite pas à le dire, ces années de silence et de repos furent les plus poétiques de sa vie. Muet pendant douze années, Jean Racine épanchoit en douces larmes toute la poésie de son âme. La poésie de Racan s'en alloit en molles et

---

1. Bussy Rabutin, dans le *Discours à ses enfants*, cite de cette ode, adressée à son père, une version qui, sur plusieurs points, diffère de la nôtre, et où la dernière strophe a été supprimée. L'on y sent de prime abord que le véritable texte a été altéré, mutilé, soit par Bussy lui-même, soit par l'éditeur de son livre posthume, pour substituer une pensée religieuse à la pensée purement épicurienne qui règne dans tout le morceau.

T. DE L.

oublieuses rêveries au fond des bois, en causeries au coin du feu. Il avoit quitté, en se mariant, la profession des armes, et, retiré dans son manoir, il y faisoit de chacun de ses jours le commentaire vivant de ses belles stances. Il avoit chanté cette nature aussi longtemps que la fortune l'en avoit tenu éloigné, l'inspiration étoit pour lui dans ses regrets et dans la mélancolie de ses désirs; mais ces désirs une fois satisfaits, il jouit des paresseuses délices de la solitude et de l'oubli, sans plus songer à la gloire. Y avoit-il jamais songé? Ces troupeaux qui, le soir, descendent des collines, il ne sait plus les peindre, il les regarde; ces feuilles qui frémissent harmonieusement sur la lisière des bois, il n'a plus souci de reproduire leur murmure lointain dans ses vers, il prête l'oreille au vent qui le lui apporte avec les senteurs du matin. Il a bien assez de jouir sans prendre la peine de chanter; c'est tout au plus s"il prend celle de vivre par lui-même. Il semble qu'il se repose de ce soin sur sa femme, et l'on verra bientôt qu'elle ira le prendre à l'Académie, comme un enfant qu'il faut ramener de l'école.

L'Académie avoit été fondée au mois de janvier 1635. Racan fut un de ses premiers membres, et dans le fauteuil qu'il occupa jusqu'en 1670, le 15 juin 1693 vint s'asseoir Jean de La Bruyère.

Il fut établi que chacun des académiciens prononceroit à son tour une harangue. Le 9 juillet, M. de Sérizay en lut une contre les sciences, qui lui étoit venue de Touraine. Au choix du sujet, vous reconnoissez l'orateur; elle étoit de Racan. Vainement on y chercheroit l'inspiration amère du discours de Rousseau. Racan ne reproche à la science que de troubler sa paresse, il ne lui sait pas d'autre défaut. Son discours n'est qu'une épigramme détournée contre l'Académie, dont l'arrêt est venu le surprendre sommeillant à demi sous ses ombrages, et encore pour lui demander de la prose, *le désarmant ainsi de la rime et de la cadence des vers*; c'est lui-même qui parle avec cette charmante élégance. Ce discours, à tout prendre, est un lieu commun assez vulgaire; mais il importe d'en détacher quelques phrases qui décèlent dans le poète un sens remarquable. Il juge ainsi lui-même ses vers faciles et négligés : « Je les compare, dit-il, à ces jeux de la nature, qui quelquefois, dans les jaspes et les cailloux, commencent des figures à peine connoissables d'arbres, de portiques ou d'animaux, à qui le seul art du peintre peut achever de donner la perfection et la forme. » Le peintre, je l'ai dit, ce fut La Fontaine.

Racan avoit un juste sentiment de l'imitation, et il se moque ingénieusement des imitateurs maladroits, qui, dit-il, « prennent indifféremment tout ce qu'ils trouvent dans les latins et dans les grecs. Si, par hasard, il leur tombe en main quelque bonne pensée de Virgile ou d'Horace, on voit bien que cela ne leur est pas propre; ils s'en servent de si mauvaise grâce et avec autant de foiblesse que Patrocle faisoit des armes d'Achille. »

De temps à autre il venoit à Paris; jamais alors il ne manquoit une séance de l'Académie. Il prenoit même, pour s'y rendre, le chemin le plus court, laissant le plus long à La Fontaine.

Il disoit qu'il n'avoit d'amis que messieurs de l'Académie, jusque là, dit Tallemant, « qu'il prit pour procureur le beau-frère de Chapelain, parce qu'il lui sembloit que cet homme étoit beau-frère de l'Académie. » Aussi traitoit-il ses confrères sans aucune façon; il s'en vint un jour au milieu d'eux avec un chiffon de papier tout déchiré dans ses mains : « Messieurs, dit-il, je vous apportois ma harangue, mais une grande levrette l'a toute mâchonnée. La voilà, tirez-en ce que vous pourrez.... » Quand son fils aîné fut assez grand, ajoute la chronique, il le mena à l'Académie pour lui faire saluer tous les académiciens.

Ce fils aîné n'étoit qu'un sot : c'étoit pour le bonhomme une grande douleur. Le second, qui avoit de l'esprit, mourut à l'âge de seize ans. Son père lui fit une épitaphe touchante. Le malheureux père comprit alors sans doute pourquoi, vingt ans auparavant, il avoit eu tant de peine à calmer le pauvre Malherbe, dans la cour du logis du Roi, à La Rochelle.

J'ai parlé déjà des distractions de Racan, je pourrois en parler longtemps; j'aime mieux renvoyer le lecteur aux *ana* de l'époque. On a lu partout l'aventure des trois Racan; il faut la relire dans les *Historiettes* : elle y est merveilleusement racontée. On voit bien que Tallemant l'a recueillie de la bouche de Boisrobert, et qu'il a entendu le vieux Racan lui-même dire en secouant la tête et riant jusqu'aux larmes : *Il dit vlai, il dit vlai.* Cette pauvre mademoiselle de Gournay, si cruellement jouée en cette occasion par les enfans de Malherbe, étoit le dernier débris de l'école déchue de Ronsard. O fortune ennemie ! pouvoit avec ironie s'écrier le jeune Corneille, qui commençoit dès lors à hériter des deux écoles.

Cependant le génie de notre poète se renouveloit aux champs dans le calme de la solitude; la poésie lui revenoit doucement à l'âme. Il l'accueillit comme un ami de la jeunesse qu'on retrouve avec bonheur dans ses vieux jours. Quelque matin sans doute, en refeuilletant son Malherbe, il tomba sur ce beau cantique : *N'espérons plus, mon âme*, etc., et il lui revint en mémoire qu'il avoit lui-même publié autrefois une traduction des sept psaumes de la pénitence. Plus tard il en avoit envoyé quelques autres à l'Académie, avec l'aveu naïf qu'il ne savoit pas le latin et qu'il traduisoit sur les versions françoises. Il songea à reprendre cette œuvre deux fois interrompue. Ses idées s'étoient élevées dans la retraite; rien n'enseigne la religion à l'âme comme le repos des champs et l'égalité de la vie domestique. Racan comprit que ce n'étoit plus pour lui la saison des stances bachiques et des amoureuses chansons : « Je suis, disoit-il, comme ces vieilles beautés qui, ayant perdu toutes les grâces de la nature et de la jeunesse, sont réduites à payer dans les compagnies de la gravité de leur mine et de l'agrément de leurs paroles. » Notre poète, sur le retour, se remet donc à traduire les psaumes. Certain abbé de Raimefort, qui, après avoir longtemps vécu dans les tempêtes du monde, étoit venu, comme dit Racan, prendre terre dans son voisinage, l'encourageoit fort en ce dessein.

Il eût mérité d'y réussir mieux; mais, outre que l'art de traduire étoit alors bien imparfait, traduisant, comme il le dit, sur le françois, Racan avoit grand peine à se rapprocher un peu de l'original. Aussi l'image, fort souvent, disparoît devant l'expression abstraite. Lorsque Racan retrouve le mouvement lyrique, le tour élégiaque, poète, c'est que l'instinct le pousse; chrétien, c'est que la foi le porte. Il s'est très rarement douté de la poésie des saints livres; il ne fait qu'entrevoir la pensée de David, et il la voit toute nue et dépouillée de sa pompe orientale. Aussi se gardera-t-il de la présenter à son siècle telle qu'elle se montre à lui; il faut auparavant qu'il la revête de sa poésie. Les traducteurs ne lui ont donné que le sens de l'Ecriture; pourvu que ce sens demeure, qu'importe le reste? La métamorphose sera complète. David va renaître en Louis XIV, et le canon prendra la place des chars armés de faulx. Le poète veut que l'on dise les *psaumes de Racan*, comme on a dit les *psaumes de Marot*, et certes il seroit difficile de leur donner un autre nom.

Mais oublions l'Orient, oublions David, oublions cette harpe mélancolique qui endormoit la fureur de Saül et qui pleuroit la mort de Jonathas; oublions tout cela et acceptons ces paraphrases comme œuvre originale et spontanée. Une versification ferme, soutenue, un langage naturellement élevé et dont le tour a peu vieilli, çà et là enfin une expression grandiose qui sent le voisinage de Polyeucte : voilà ce qu'un lecteur de bonne volonté peut y découvrir encore.

Nous citerons seulement quatre vers ; on pourroit en choisir beaucoup d'autres :

> Sa voix, comme un tonnerre, effraya tout le monde ;
> La mer en fut émue, et ses flots entr'ouverts
> Découvrirent à nu, dans le fond de son onde,
> Le large fondement de ce vaste univers.

Loin de nous cependant la pensée d'offrir cette traduction des psaumes comme une œuvre de sincère poésie : c'est plutôt un exercice de la poésie et de la langue ; mais, à ce titre, faisons une part à Racan dans la gloire de nos grands poètes. Ce que nous disons des psaumes pourroit s'étendre à tout ce qu'il a écrit : poète, grand poète même en quelques pages, partout ailleurs il n'a fait que donner un peu de souplesse à cette langue jetée par Malherbe dans un moule d'airain. C'est encore une gloire assez haute que d'avoir par là quelque chose à revendiquer dans les plus belles renommées du XVIIe siècle.

Racan vécut encore longtemps après son dernier ouvrage. L'autorité de son nom étoit grande, et sa réputation survivoit tout entière à la nouveauté de ses écrits. Sa conversation étoit spirituelle et enjouée. On se pressoit autour de lui pour l'entendre. Chaque souvenir de sa vie lui rappeloit quelque mot charmant, quelque facétie ingénieuse, qu'il racontoit avec grâce, mais si bas, si bas, que souvent on ne l'entendoit pas, et qu'il s'étonnoit d'avoir ri seul du mot que seul il avoit entendu. Alors il se tournoit vers Ménage, qui heureusement pour nous avoit l'oreille plus fine, et lui disoit : « Je vois bien que ces messieurs ne m'ont pas entendu ; traduisez-moi en langue vulgaire. » Il y a quelque mélancolie dans ce dernier mot. Le pauvre vieux poète comprenoit qu'on ne parloit plus autour de lui la langue de sa jeunesse. Ceux qu'il avoit chantés n'étoient plus, celles qu'il avoit aimées appartenoient à un autre règne. C'étoient de nouveaux noms, de nouvelles mœurs, tout un siècle nouveau; et au milieu de ce siècle, il étoit là, lui, comme un débris vivant de la société d'autrefois. La France entière battoit alors des mains aux triomphes du grand Corneille. Dans son coin, Pascal écrivoit les *Provinciales*, et mouroit de ses pensées. Racan étoit un habitué de l'hôtel de Rambouillet; il étoit là peut-être le jour où Molière y fut présenté, le jour où Bossuet, enfant, y prêcha, dit-on, son premier sermon. On murmuroit déjà dans quelques ruelles le nom d'un jeune clerc de La Ferté-Milon, protégé par Chapelain, et qui depuis fut Racine. Mais les vieilles renommées se tournent rarement du côté des gloires naissantes, et vivent plus volontiers dans le passé. Boileau, qui l'aimoit, ce passé, s'arrêta avec respect devant le disciple de Malherbe. Lui qui, dans ses vers du moins, oublia La Fontaine, s'est trois fois souvenu de Racan, et trois fois il le nomme avec honneur. Il appartenoit à Boileau de payer à la vieillesse de Racan et à la mémoire de Malherbe les services que l'un et l'autre ils avoient rendus à la langue.

Racan mourut au mois de février 1670. Il avoit quatre-vingt-un ans.

Un peu auparavant, La Fontaine avoit publié ses premières fables. On aime à se figurer ce livre tombant un beau matin à Laroche-Racan.

Voilà, sans doute, notre poète bien étonné en recevant de Paris tant de vers empreints de ce doux et sincère amour de la nature, écrits avec cette aisance et cette bonhomie où parfois il pouvoit se reconnoître lui-même. Mais lorsque, feuilletant ce volume, ses yeux s'arrêtèrent sur la fable du Meunier, est-ce qu'il ne lui arriva pas de renaître en imagination à cette époque de sa vie où, incertain de la carrière qu'il devoit embrasser, il demandoit conseil à Malherbe? Que d'espérances trompées! que d'illusions évanouies! C'est toujours là ce que nous trouvons en remuant la cendre du passé. Racan, du moins, avoit cette consolation qu'il voyoit éclore dans la pensée d'un beau génie cette fleur de poésie naïve qu'il avoit, lui, trop peu et trop rarement cultivée.

ANTOINE DE LATOUR.

APPENDICE

APPENDICE.

I.

Ayant cru devoir placer ici une suite de pièces qui se rattachent à la vie et aux ouvrages de Racan, nous commençons naturellement par son extrait de naissance. C'est à M. Taschereau que nous devons cette intéressante communication, tirée des précieux documents qu'il se complaît à réunir sur les hommes remarquables de sa belle province. Nous lui devons également plusieurs indications rentrant dans cet appendice, et quelques autres que nous mentionnerons en leur lieu; mais nous n'avons pas voulu ajourner nos vifs remercîments.

TENANT DE LATOUR.

Extrait des registres de la paroisse de Saint-Paterne, en Touraine (1586-1592).

Le cinquième iour de febvrier 1589, nasquit le fils de noble homme Loys de Bueil, chevalier de l'ordre du Roy, capitaine de 50 hommes d'armes et seigneur de Racan, et fut baptisé par le curé d'Aubigné. Nommé *Honorat* par Cosme, fils de feu Jehan Royer, de Saint-Paterne, et par Julian Boussard, de Vas.

(Il n'y a pas de signature.)

II.

L'auteur des curieux commentaires sur la 3e édition de Tallemant des Réaux donne la généalogie suivante de la maison de Bueil : l'on peut tout accepter de confiance d'une telle main.

« La maison de Bueil est une de celles qui ont fourni le plus de grands hommes.

« La première branche finit dans le XVIIe siècle, avec le neveu de Claude de Bueil, dit le chevalier de Bueil. Celui-ci étoit le frère de la célèbre comtesse de Moret.

« A la seconde branche, celle des seigneurs de Fontaines, détachée de la première à la fin du XIVe siècle, appartenoit Jean de Bueil, seigneur de Fontaines, dont le fils aîné fut Honorat de Bueil, père d'Anne de Bueil, femme du duc de Bellegarde et cousine germaine de Racan.

« Le quatrième fils de Jean de Bueil fut Louis de Bueil, seigneur de Racan, qui n'eut d'autre fils que notre poète.

« De sa femme, Magdelaine Dubois, Racan eut deux fils et une fille. Celle-ci épousa, en 1658, Claude de La Rivière-Montigny, sieur de La Bresche. Le second fils, Antoine, dit le chevalier de Bueil, ne fut pas marié. L'aîné, Antoine de Bueil, seigneur de Racan après son père et baron de Fontaines-Guérin, eut deux enfants, dont le second, Pierre de Bueil, colonel du régiment de Bueil, paroît avoir continué la postérité après la mort de son frère, tué en 1709 à la bataille de Malplaquet.

« Aujourd'hui cette grande et illustre maison paroît éteinte. »

III.

La lettre suivante de Henri IV, dont nous sommes heureux d'orner notre édition, peut seule fixer sur plusieurs points relatifs à Racan et à sa famille.

LETTRE DE HENRI IV.

Original autographe (Bibliothèque impériale de Saint-Pétersbourg, ms. 849, lettre 2).

1605 (17 septembre).

A Monsr de Bellièvre, chancellier de France.

Monsr le chancellier, je n'ay pas moins esté meu de pitié que d'équité à accorder à M. le Grand le respit (1) de deux ans dont il m'a supplié avec grande instance pour le jeune Racan, cousin de sa femme (2), et duquel il est tuteur. Car, outre que le père de ce jeune gentilhomme est mort à mon service, après m'avoir assisté en ces dernières guerres, et que je sçay la plus grande partie de ses debtes proceder à cause de mon dict service, la perte de ses père et mère au bas âge où il se retrouve me convie à contribuer ce remède à la manutention de sa personne et maison; et puis je desire conforter le fils en l'inclina-

1. Des lettres de répit pour le mettre, pendant un temps, à l'abri des poursuites de ses créanciers.
2. Madame de Bellegarde étoit fille d'Honorat de Bueil, frère aîné du père de Racan.

tion qu'il a (1) d'imiter et se rendre digne de continuer les services de son père, dont la memoire m'est très fresche et recommandée. Je vous prie donc ne différer luy depescher le dict respit pour ce temps là, et vous ferés chose qui me sera très agréable. Adieu, Monsr le chancellier. Ce XVII septembre, à Saint-Germain-en-Laye.

(*Collection de documents inédits sur l'histoire de France.* — *Recueil de lettres missives de Henri IV*, publié par M. Berger de Xivrey.)

IV.

Les *Bergeries* étant l'œuvre la plus populaire de notre poète, et tenant d'ailleurs à la littérature dramatique, nous n'avons pas craint d'y rattacher en général un plus grand nombre de détails qu'à ses autres productions.

Extrait de l'Histoire du théâtre françois (des frères Parfaict), t. 2, édit. de 1736.

1618.

LES BERGERIES,

ou

ARTENICE (2),

Pastorale de M. le marquis de Racan.

De tous les ouvrages de M. de Racan, le plus connu, et celui qui lui donne encore aujourd'hui sa

---

1. Il étoit alors dans les pages de Henri IV.
2. M. de Racan ne fit imprimer ses *Bergeries* qu'en 1625, mais sûrement elles parurent au théâtre en 1618 et précédè-

plus grande réputation, c'est la pastorale dont nous allons rendre compte. Elle parut dans le temps que celles de Hardy étoient sur la scène françoise, et elle les en fit descendre d'une façon à ne plus oser s'y montrer. En effet, autant les pastorales de Hardy sont mal imaginées, peu conduites et bassement versifiées, autant la pastorale de M. de Racan est heureuse dans son plan, sensée dans sa conduite et élégante dans sa versification. Un style naïf, mais noble, règne dans son poème. A la vérité, l'unité de lieu et celle de temps n'y sont point observées, il y a même un défaut essentiel dans l'action principale, qui devient double par les épisodes; mais ces finesses de l'art n'étoient point encore pratiquées, et, de plus, le génie naturel et peu instruit de M. de Racan ne lui permettoit point d'aller jusqu'à ce période. Ainsi, tenons-lui compte de n'avoir rien emprunté (1) des Italiens (qui se disent nos maîtres en ce genre de poème) et de s'être élevé si supérieurement au dessus de ses contemporains par le seul effort de son talent. Cette

---

rent les premiers ouvrages de Mayret. Ce dernier en convient dans son épître familière à M. Corneille au sujet du Cid. Voici comme il s'exprime : « Pour ma *Silvie*, que vous nom- « mez les saillies d'un jeune écolier qui craint encore le fouet, « vous ne sçauriez nier qu'elle a brillé dans un temps que « celles de M. Hardy n'étoient pas encore hors de saison, et « que celles de ces fameux écrivains, MM. de *Racan* et « *Théophile*, conservoient encore dans les meilleurs esprits « cette puissante impression qu'elles avoient si justement « donnée de leur beauté, etc. » Au reste, ce poème ne fut point représenté sous le titre des *Bergeries*; on l'intitula *l'Artenice*, du nom du principal personnage de cette pastorale, et on retrancha beaucoup de vers de la pièce pour la rendre théâtrale. (*Note des frères Parfaict.*)

1. Comment comprendre ceci de la part d'hommes spéciaux, même aussi peu lettrés, au fond, que l'étoient les frères Parfaict? Nous montrons ailleurs les rapports continuels des *Bergeries* avec les pastorales italiennes, notamment avec le *Pastor fido*. (T. de L.)

justice rendue à M. de Racan, passons à l'extrait de sa pastorale.

(*Suit l'analyse, calquée en quelque sorte sur l'argument.*)

V.

M. Guizot, dans son beau livre *Corneille et son temps*, a aussi envisagé les *Bergeries* comme appartenant au théâtre et comme ayant contribué à ses progrès.

« Théophile donna au théâtre sa *Thisbé*, où se rencontroit quelquefois, mêlée aux ridicules *concetti* du temps, une élégance poétique dont Hardy n'avoit jamais eu l'idée. Racan, dont Malherbe admiroit l'imagination et blâmoit la négligence, y porta, dans ses *Bergeries*, plus d'élégance encore et de pureté. Mairet, Rotrou, ne firent connoître leurs noms que sur le théâtre; Scudéry et La Calprenède s'y jetèrent à corps perdu. « Depuis que Théophile eut fait jouer sa *Thisbé* « et Mairet sa *Sylvie*, M. de Racan ses *Bergeries* et « M. de Gombauld son *Amaranthe*, le théâtre fut plus « célèbre, et plusieurs s'efforcèrent d'y donner un « nouvel entretien. Les poètes ne firent plus de diffi- « culté de laisser mettre leurs noms aux affiches des « comédiens (1), car auparavant on n'y en avoit jamais « vu aucun; on y mettoit seulement que leur auteur « leur donnoit une comédie d'un tel nom. » (SOREL, *Bibliothèque françoise*.)

« Le poète dramatique (reprend M. Guizot après

1. Il paroît que les *Bergeries* étoient aussi, parfois, représentées en société. Tallemant des Réaux parle d'une représentation qui, un jour, eut lieu chez Guiet, greffier du Parlement de Paris. (T. de L.)

cette citation de Sorel) ne fut plus l'*auteur des comédiens*, mais celui du public; l'art dramatique devint, dans les lettres, un des plus brillants moyens de succès, et bientôt le goût que prit à ce divertissement le cardinal de Richelieu en fit un des plus sûrs moyens de faveur. »

VI.

Dans cet admirable cours de littérature dramatique qui, après avoir charmé les innombrables auditeurs de la Sorbonne, charme aujourd'hui tous les ordres de lecteurs, M. Saint-Marc-Girardin a, comme M. Guizot, considéré les *Bergeries* en tant qu'œuvre appartenant plus ou moins au théâtre. Seulement, moins circonscrit dans son objet, il les a comprises sous le titre spécial de pastorales dramatiques, et, par suite, il a étendu davantage ses considérations littéraires.

« Les *Bergeries* de Racan, dit M. Saint-Marc-Girardin, ont leur place dans la littérature françoise. Elles ne sont pas seulement une curiosité, elles sont une lecture. »

Et, après une analyse entremêlée de citations des passages les plus remarquables; après avoir expliqué, sinon justifié, le singulier mélange que nous avons reproché à Racan (page 69 de ce volume) de nos idées, de nos expressions religieuses, avec les formes druidiques; après avoir, dis-je, expliqué cet étrange alliage par les mœurs ou plutôt par les lois du temps, qui ne permettoient pas de produire sur la scène les institutions catholiques, M. Saint-Marc termine ainsi :

« J'ai cité avec plaisir les *Bergeries* de Racan, parcequ'elles marquent, dans le genre de la pastorale, le moment où notre langue poétique atteint son juste point d'élégance et de clarté. C'est par là que Racan est supérieur, comme poète, non seulement à ses prédécesseurs, mais à ses successeurs, tels que Mairet, Gombaud et Rotrou. Le style du théâtre, dans Mairet, dans Rotrou, et même dans Corneille, est beaucoup plus incorrect et plus négligé que le style des *Bergeries* de Racan. L'école de Malherbe semble, au théâtre, avoir attendu Racine. »

VII.

Nous citons ailleurs, dans une note de ce volume, l'opinion de l'abbé de Marolles sur ce que Racan pouvoit savoir de latin; mais, en revenant sur la lettre qui renferme cette opinion, il nous a semblé que peu de documents du temps contenoient sur le vieux poète des détails aussi précis et empreints d'autant de sincérité. L'abbé de Villeloin, on le sait, a montré que, s'il n'étoit pas un excellent traducteur, il étoit du moins assez heureusement né à écrire des mémoires; et originaire de la Touraine, voisin de Racan, il avoit assurément mission particulière pour parler de son compatriote avec une grande autorité. Cette lettre a été trouvée par l'honorable M. de Monmerqué dans les manuscrits de Beaucousin, qu'il avoit acquis à la vente de M. Boulard : « C'est le jeune Brienne, dit l'auteur des Commentaires sur la 3e édition de Tallemant, qui en avoit fourni la copie ancienne à Beaucousin. »

« Je vous diray que M. de Racan estoit mal fait de corps et brilloit peu dans la conversation, mais ne laissa pas d'escrire admirablement bien en prose et en vers. Il estoit très peu sçavant dans la langue latine, qu'il n'eut jamais assez d'esprit pour bien apprendre, ce qui faisoit qu'il disoit à tout le monde qu'il n'en sçavoit pas un mot. Cela n'est pas veritable : il entendoit assez bien les poètes latins pour les pouvoir lire en leur langue. Cependant il n'en avoit point dans son cabinet que de françois, et est cause en partie que j'ay tant traduit d'auteurs latins en nostre langue. Il avoit tous mes ouvrages, et me tesmoignoit en faire cas, en cela bien différent de ceux qui ne cessent de les blasmer, soit par jalousie, soit par ignorance : car mes livres ne sont pas ni si meschans qu'ils le publient, ni si bons peut-estre que le croyoit M. de Racan.

« Je ne sçay rien de particulier de sa naissance, sinon que feu son père estoit chevalier des ordres du roy, à qui il donna son fils (1), à l'aage de douze ans, pour

---

1. Il y a ici, de la part de l'abbé de Marolles, très vieux alors, une erreur de date évidente. Dans un *factum* que M. Ravenel, avec son obligeance accoutumée, a porté à notre connoissance, Racan dit ou fait dire qu'il avoit huit ans quand il perdit son père et treize ans quand il perdit sa mère. Or, en supposant qu'il soit entré aux pages à douze ans, ce qui est plus que douteux, sa mère, Marguerite de Vendosmois, vivoit encore; mais son père, dont le dernier acte militaire fut d'exercer la charge de grand maître de l'artillerie au siége d'Amiens, en 1597, avoit, comme l'indique le *Factum*, cessé de vivre depuis plusieurs années. (T. de L.)

estre page de sa chambre. Il fut agreé, mais il ne plut pas dans la suite à son maistre, tant il estoit mal-adroit et mal propre. Cela fit qu'il se mit tout de bon à apprendre l'art de la poésie sous Malherbe, qui trouva ses premières productions assez bonnes pour meriter les sçavantes ratures dont sa main n'estoit pas chiche, car jamais personne ne barbouilla plus de papier que luy, et il luy arrivoit souvent de changer le bien en pis, dont je pourrois vous citer plusieurs exemples, si je n'apprehendois d'estre trop long et trop prolixe dans un billet. A propos de *prolixe*, c'est un vieux mot; mais il me fasche fort de ne m'en oser servir aussi souvent que je le souhaitterois. Il est si doux à l'oreille! Pourquoy veut-on le bannir de nostre langue?

« Voilà donc M. de Racan initié poète par Malherbe. Il ne pouvoit pas naistre sous une plus heureuse constellation, ni estre formé d'une meilleure main. Il fit en peu de temps un progrès très considérable, et je vous dois dire que le bon mot que vous avez sans doute remarqué dans la Poétique du P. Rapin, jesuite, m'a esté volé, non par luy, à la verité, mais par quelque autre larron qui, me l'ayant oüy dire, le luy a rapporté peut-estre comme estant de son invention, quoy qu'il soit purement de la mienne, car j'avois escrit le premier, dans mes *Eloges des hommes illustres*, que je me propose de donner au public, si toutefois mon grand aage, qui est ma plus considerable maladie, ne m'en empesche; j'avois, dis-je, escrit le premier, en parlant de M. de Racan, qu'il estoit né poète sans le sçavoir, et ne s'en feust peut-estre jamais apperçu si le peu de satisfaction que le roy son maistre tesmoignoit avoir de ses services ne luy eust donné l'envie d'essayer à faire des vers, pour se distinguer au moins par là de ses camarades. Ce rayon celeste (1) [c'est le bon mot que je me plains

---

1. Le P. Rapin a retranché *céleste* de cette belle période, parceque cela s'entend assez. Pour moi, j'eusse mis : « Ce

qu'on m'a volé] estoit tombé dans son esprit. Il ne sçavoit rien, mais il estoit poète. Il eut bien des concurrens, et peu de semblables.

« A peine eut-on veu à la cour les premiers essays de sa muse que tout le monde en devint amoureux jusqu'à donner mesme de la jalousie à Malherbe, qui croyoit devoir estre seul adoré; mais il se trompoit beaucoup, à mon sens : Racan l'auroit surpassé, sans doute, s'il ne se fust obstiné à le suivre trop en esclave; et, au lieu d'estre le lacquais ou le page de Malherbe, nom que les railleries des courtisans luy imposèrent, parcequ'on croyoit le jeune Racan beaucoup plus à la suite de son maistre Malherbe qu'à celle du roy..., si, dis-je, il eust eu assez d'audace pour ne se pas croire inferieur à son maistre, il l'auroit sans doute autant surpassé que Virgile surpasse Theocrite et Hesiode dans ses tendres *Bucoliques* et ses divines *Géorgiques*.

« Je ne sçay pas bien quelle fut la première pièce de Racan, mais je sçay bien que le progrès qu'il fit dans la poésie surprit Malherbe, son maistre, en même temps qu'il estonnoit toutes les personnes qui ne connoissoient le jeune Racan que par sa stupidité et par sa malpropreté naturelles. Mais, s'il a eu ces defauts, peu considerables pour un poète, ils ont esté tellement etouffés sous la grandeur de sa reputation et obscurcis par l'eclat de ses vers, que je ne m'en suis jamais apperceu, quoyque je sois un des hommes du monde qui, en qualité de voisin et d'ami particulier, ait le plus conversé avec luy.

« De vous dire, Monsieur, s'il a esté mareschal de camp, ou seulement mareschal de bataille, c'est ce que je ne puis bien decider. Je sçay bien que c'est l'un ou l'autre. Pour mareschal de bataille, j'en suis très certain, et je n'ay pas peine à croire qu'ayant

rayon étoit tombé du ciel dans son esprit, car, etc. » (Note de M. de Brienne, 3e édition de Tallemant.)

servi aux guerres de Languedoc et de Dauphiné sous le connestable de Lesdiguières et le malheureux duc de Montmorency, où il fit connoissance avec MM. de Termes et Bussy de Bourgogne(1), tous deux attachés à la personne de cet illustre gouverneur du Languedoc, je ne doute pas, dis-je, qu'il n'ait obtenu facilement, par leur moyen, le brevet de mareschal de camp dont vous estes en peine; mais je n'oserois vous l'assurer, pour n'en avoir moy-mesme nulle certitude, etc.

« L'abbé DE VILLELOIN.

« Ce 10 mars 1677. »

VIII.

De toutes les pièces dont nous avons composé cet appendice, voici assurément celle qui apporte le moins de lumière sur ce qui concerne Racan. Ce n'est qu'une simple lettre isolée, sans réponse connue, n'engageant ainsi en aucune façon (et nous en sommes heureux) les sentiments de notre poète envers sa parente et sa bienfaitrice. Mais cette lettre est si singulièrement pensée, si spirituellement écrite; elle révèle avec tant de vérité la nature effrontément cynique de l'abbé de Bois-Robert, que nous ne sommes pas étonné qu'on

---

1. L'on a déjà compris, par le rapprochement des dates, que ce Bussy n'est pas l'auteur de l'*Histoire amoureuse des Gaules*, celui qu'a fait revivre M. Paul Boiteau avec une finesse de critique et une verve de talent si vivement appréciées de tous les lecteurs de la Bibliothèque elzevirienne : il s'agit ici de son père, Léonor de Bussy.

l'ait comprise dans les recueils postérieurs à celui de 1627, et que nous n'avons pu résister, pour notre compte, à la tentation de la mettre sous les yeux de nos lecteurs.

A M. de Racan.

MONSIEUR,

Ayant appris depuis trois jours seulement, de M. Leroyer (1), vostre bon amy, la grande perte que vous avez faite et le grand profit qui vous en est revenu à mesme temps, j'ay pris aussi tost part à vos deplaisirs et me suis consolé dans vos joyes; et, comme je me suis imaginé que vous seriez incontinent passé d'une extremité à l'autre, j'ay creu que, de la mesme sorte, je vous devois tesmoigner mes ressentimens. Souffrez donc, Monsieur, qu'après avoir, à vostre exemple, pleuré les trois jours que j'ay demeuré sans vous ecrire, je me rejouisse aujourd'huy tout de bon avec vous, et que, passionément amoureux de vos interests comme je suis, je gouste à loisir les nouvelles prosperitez qui vous sont arrivées. Certes, elles vous doivent estre d'autant plus douces que vous les avez longuement attenduës, et que vous estiez presque à la veille de ne les esperer plus. J'avoue, Monsieur, que, madame la duchesse de Bellegarde estant, comme elle estoit, dans l'estime de tout le monde, ce ne vous estoit pas un petit avantage de la voir vivre si glorieuse et de toucher de si près à une si grande vertu; mais quand je considère que vous avez assez acquis d'honneur de vous-mesme, et que vous n'aviez pas assez de bien pour le soustenir, non plus

---

1. Le nom de Royer figure à l'extrait de naissance de Racan. V. ci-dessus.

que la dignité de vostre naissance, je pense que, pour ceste mort, je n'ay rien à reprocher à la nature, et qu'elle a traitté vostre parente comme elle devoit. Si feu monsieur vostre père, qui a plus aymé le bien de son prince et de sa patrie que celuy de ses enfans, eust eu le soin de vous laisser un peu plus riche qu'il n'a fait, je ne plaindrois pas encore dix ans de vie à celle que nous regrettons; mais, puisqu'elle devoit suppléer si abondamment à ce defaut que vous commenciez de remarquer en vostre fortune, il n'y avoit point d'inconvénient qu'elle vous fist place et qu'elle vous laissast enfin jouyr du bien qui vous estoit deu. Dieu veuille que vous le puissiez posséder à longues années, et que vous reveniez icy aussi satisfaict de vos possessions que je le suis d'estre creu partout,

Monsieur,

Vostre très humble et très
fidelle serviteur.

BOIS-ROBERT.

LES
BERGERIES
DE MESSIRE

HONORAT DE BUEIL

Chevalier

SEIGNEUR DE RACAN

AU ROY.

IRE,

Les bergers qui vont faire le tour du monde sous la conduitte des Muses craindroient avecque raison qu'ils ne fussent accusez de peu de jugement d'aller si loing voir les merveilles de la nature et n'en voir point une dont ils sont si près. C'est Vostre Majesté, Sire, de qui j'entends parler. Qui considerera les rares vertus que l'on voit paroistre en toutes ses actions n'avoüera-t'il pas que les plus celebres peuples de la terre n'ont jamais veu de merites qui se puissent égaler aux vostres, et que tous ces grands hommes des siecles passez, qui servent à celuy-cy d'exemple, ne vous ont precedé que du temps? Nostre repos est si universel, vos loix si bien maintenües, et tous vos conseils ont de si glorieux évenements, que vostre prudence n'est pas plus admirée des ministres que de vos sujets, ny vostre nom plus cognu des François que des nations les plus éloignées. Pour moy, quand je me remets devant les yeux les memorables avantures que vous avez si heureusement achevées (¹), je m'imagine que, si elles sont escrites fidelement, la posterité croira que ce soit plustost un roman qu'une histoire, et que l'on a choisi ce qu'il y avoit de plus beau dans les vies de tous les autres princes pour en faire une qui servist de modelle à ceux qui regneront après vous. Les premieres esperances que vostre enfance nous donna furent telles qu'elles eurent presque le pouvoir de nous faire oublier dès l'heure la perte que nous venions de faire de Henry le Grand, ou plustost nous faire croire que nous n'avions rien perdu, et que toutes les excellentes qualitez que nous regretions en luy estoient desja ressuscitées en vous. Quand nous possedions ce genereux monarque, nous disions que la bonne fortune de la France estoit en son periode, et que, ne pouvant monter plus haut, il falloit de necessité qu'elle allast desormais en diminuant ; mais, après vous avoir veu faire en vos plus jeunes années ce qu'il n'a fait qu'après estre vieilly dans les armes et dans les affaires, nous estimons avec plus de raison pouvoir faire le mesme jugement de vostre regne que nous faisions du sien, et disons que, s'il y a une borne à la gloire de ce royaume, ce ne peut estre que sous vous qu'elle se doit trouver. Je sçay bien, Sire, que vostre modestie

---

1. En 1625, époque de la première publication des *Bergeries*, les faits les plus importants du règne de Louis XIII n'voient pas encore été accomplis ; mais ce prince avoit déjà eu l'occasion de donner assez de marques d'une grande valeur personnelle pour justifier ce degré d'hyperbole dans l'épître dédicatoire d'un ouvrage de poésie.

nous deffend d'élever vos loüanges au dessus de celles du feu roy vostre pere ; mais pardonnez, s'il vous plaist, à ma liberté si je vous dis qu'en ce seul poinct nous vous serons toujours desobeissans. C'est une verité si cognuë qu'elle n'est pas mesme ignorée dans les cabanes de ces pauvres bergers, et c'est ce qui leur a faict naistre le desir de voir celuy dont la renommée les avoit si souvent entretenus, et de vous asseurer qu'ils iront en tant de lieux publier les douceurs de vostre empire, qu'ils feront envie à tous les peuples du monde d'y venir garder leurs troupeaux, et aux rois mesme d'y changer leurs sceptres en houlettes. Ce sera lors, Sire, que je n'auray plus d'autres demandes à faire à Dieu que de nous conserver ce que vous nous aurez acquis, ny d'autres grâces à luy rendre que de m'avoir fait naistre,

    Sire,

        Vostre très-humble, très-obeyssant
          et très-fidele sujet et serviteur,

                RACAN.

ODE AU ROY.

Par M. DE RACAN.

Victorieuses des années,
Nymphes dont les inventions
Tirent des mains des destinées
Les memorables actions,
Si jadis aux rives de Loire
Vous avez recité l'histoire
De mes incurables douleurs,
Quittez cette inutile peine :
Aussi bien ma belle inhumaine (1)
Ne faict que rire de mes pleurs.

Faites, déesses, que ma lire,
Traisnant les rochers après soy,
Aux deux bouts du monde aille dire
Des chansons dignes de mon Roy.
Tous les veritables oracles
Nous promettent que les miracles
De son courage ambitieux
Feront tant bruire son tonnerre
Qu'un jour il sera sur la terre
Ce qu'est Jupiter dans les Cieux.

Dès son printemps, chacun s'estonne
De la sagesse de ses mœurs,

1. Mme de Thermes. Voir la Vie de Racan.

Et juge qu'avant son automne
Il produira des fruicts tous meurs.
Fit-il pas voir à ces armées,
D'injuste colere animées,
Que rien ne pouvoit l'empescher
De leur faire mordre la poudre,
Et qu'il a sceu jetter la foudre
Aussi-tost qu'il a sceu marcher ?

Desja la Discorde enragée
Sortoit des gouffres de l'enfer,
Desja la France ravagée
Revoyoit le siecle de fer,
Et desja toutes les Furies,
Renouvellans leurs barbaries,
Rendoient les Vices triomphans
Par une impieté si noire,
Que la Nuit mesme n'eût peu croire
Avoir produit de tels enfans.

Toutesfois, nos rages civiles
Ont trompé l'espoir des meschans :
La Paix rend la pompe en nos villes
Et l'abondance dans nos champs;
Et maintenant qu'en asseurance
Il conduit la nef de la France,
Et que les plaisirs ont leur tour,
Ses yeux, qui pour venger nos larmes
S'armoient d'éclairs dans les alarmes,
Sont armez d'atraicts pour l'amour.

Cette belle nymphe du Tage (1),
Pour qui nous fismes tant de vœux,
Tient ce miracle de cét âge

---

1. Anne d'Autriche, fille de Philippe III et mère de Louis XIV, que Louis XIII avoit épousée en 1615.

Dans les chaînes de ses cheveux.
Les Graces, dont elle est suivie,
La font admirer de l'Envie;
Tous les mortels sont ébloüys
D'y voir tant de flames paroistre.
Aussi les dieux l'avoient faict naistre
Pour Jupiter ou pour LOUYS.

Roy dont le pouvoir indomptable
Est des loix le ferme soustien,
Aux meschans aussi redoutable
Comme agreable aux gens de bien,
Quel hymne en la bouche des anges
Pourra celebrer vos loüanges,
Si l'univers dans sa rondeur
N'a rien digne de vos merites,
Et si le Ciel dans ses limites
N'en peut limiter la grandeur?

Ce grand HENRY, dont la memoire
A triomphé du monument,
Est maintenant comblé de gloire
Sur les voûtes du firmament.
La nuict pour luy n'a plus de voiles,
Il marche dessus les estoiles,
Il boit dans la coupe des dieux,
Et voit sous ses pieds les tempestes
Venger sur nos coulpables testes
La juste colere des Cieux.

Mais quoy que ce Roy considere
De tout ce qu'il voit aux deux bouts
De l'un et de l'autre hemisphere,
Il ne voit rien d'égal à vous.
Aussi, combien qu'après sa vie
Son ame, d'honneur assouvie,
Possede ce bon-heur entier
Qu'à ses vertus le Ciel octroye,

Il n'a point de si grande joye
Que d'avoir un tel heritier.

 Il voit dans les choses futures,
Qui sont presentes à ses yeux,
Les glorieuses advantures
De vos exploicts laborieux ;
Il voit desja les citadelles
Que defendent les infidelles (¹)
Cacher sous l'herbe leur sommet,
Et dans Bizance reconquise
Les fleurs de lys venger l'Eglise
Des blasphemes de Mahomet.

 O que lors, dans ses deux rivages,
Le Nil oira nos combatans
Faire jour et nuict de ravages
Dans les provinces des sultans !
Que Biserte dans ses murailles
Verra faire de funerailles,
Et que de peuples deconfis
Pleureront leurs maisons superbes
Quand l'on moissonnera les gerbes
Sur les ruynes de Memphis !

A LUY-MESME.

SONNET.

Prince, l'aise et l'amour des ames et des yeux
Que le Ciel mesme voit avecque reverence,
Quoy que facent de grand vos travaux glorieux,
Ils ne peuvent jamais passer nostre esperance.

 1. Ce vers manque dans l'édition de Coustelier ; nous le tirons de celle de 1630, faite du vivant de l'auteur.

Je sçay que vostre bras, fatal aux factieux,
Et par qui cét Estat repose en asseurance,
Avant que l'on vous mette au rang des autres dieux,
Doit borner l'univers des bornes de la France.

Mais, bien que ce bonheur ne soit promis qu'à vous,
Depeschez, brave Roy, d'aller en ces deux bouts,
Les armes à la main, vous faire recognoistre,

De peur que vos bontez, qu'on oit par tout vanter,
Luy faisant desirer de vous avoir pour maistre,
Ne vous aillent ravir l'honneur de le domter.

CHANSON DE BERGERS (1),

A la loüange de la Reyne mere du Roy.

Paissez, cheres brebis; jouïssez de la joye
    Que le Ciel nous envoye.
A la fin sa clemence a pitié de nos pleurs.
Allez dans la campagne, allez dans la prairie;
    N'espargnez point les fleurs :
Il en revient assez sous les pas de Marie.

Par elle renaistra la saison desirée
    De Saturne et de Rhée,
Où le bon-heur rendoit tous nos desirs contens,
Et par elle on verra reluire en ce rivage
    Un éternel printemps,
Tel que nous le voyons parestre en son visage.

1. Nous laissons ici cette pièce parceque Racan l'avoit placée lui-même en tête des *Bergeries*, et que d'ailleurs elle les annonce assez heureusement.

CHANSON DE BERGERS.

Nous ne reverrons plus nos campagnes desertes,
    Au lieu d'espics, couvertes
De tant de bataillons l'un à l'autre opposez;
L'innocence et la paix regneront sur la terre,
    Et les dieux appaisez
Oubliront pour jamais l'usage du tonnerre.

Le soin continuel dont son puissant genie
    Nos affaires manie
Rend tousjours leur succez conforme à son desir.
Nostre bonne fortune est par luy gouvernée,
    Et souffre avec plaisir
Que de si belles mains la tiennent enchaînée.

Son bon-heur nous rendra la terre aussi feconde
    Qu'en l'enfance du monde,
A l'heure que le Ciel en estoit amoureux,
Et jouyrons d'un âge ourdy d'or et de soye,
    Où les plus malheureux
Ne verseront jamais que des larmes de joye.

Desja ce grand soleil, dissipant les nuages
    Autheurs de nos orages,
Espand de tous costez sa lumiere si loin,
Que celuy qui le soir se va coucher dans l'onde
    Voit bien que sans besoin
Il en sort au matin pour éclairer le monde.

En nos tranquillitez aucune violence
    N'interrompt le silence;
Nos troubles pour jamais sont par elle amortis:
Depuis les premiers flots de Garonne et de Loire
    Jusqu'à ceux de Thetis,
On n'entend autre bruit que celuy de sa gloire.

La Nymphe de la Seine incessamment revere
    Cette grande bergere
Qui chasse de ses bords tout suject de soucy,
Et, pour jouyr long-temps de l'heureuse fortune

Que l'on possede icy,
Porte plus lentement son tribut à Neptune.
Paissez donc, mes brebis, prenez part aux delices
Dont les destins propices
Par un si beau remede ont guery nos douleurs.
Allez dans la campagne, allez dans la prairie;
N'espargnez point les fleurs :
Il en revient assez sous les pas de Marie.

A MONSIEUR DE RACAN.

EPIGRAMME.

Tes bergers ont si bien parlé
Que mon esprit les idolatre;
Rome n'a jamais estalé
Tant d'ornements sur le theatre.
Miraculeux pere des vers,
Grand RACAN, fais que l'univers
Puisse lire une œuvre si belle;
Donne-luy ce rare entretien;
Ta gloire ne doit craindre rien :
Malherbe et Balzac sont pour elle.

MAYNARD.

AUTRE A LUY-MESME,

Par M. DE SIGONGNE, son nepveu, et de defunct M. de Sigongne.

EPIGRAMME.

C'est ouvrage par qui l'Amour
Nous rend luy-mesme ses oracles
Faict encore voir à la Cour
Tous les jours de nouveaux miracles.
Il ravit les cœurs et les yeux,
Il se faict admirer des dieux
Et donne de l'amour aux anges;
Mais, parmy tant d'effets divers,
En a-t'il faict de plus estranges
Que m'avoir faict faire des vers?

LE LIBRAIRE AU LECTEUR.

Il n'a pas esté en ma puissance de retirer la preface de ceste pastoralle de monsieur de Racan, encore qu'il me l'ait fait voir presque achevée; mais, ayant esté contraint d'en faire à la haste l'argument (parce qu'un de ses amis qui luy avoit promis de le faire est tombé malade sur le poinct qu'elle s'achevoit d'imprimer), j'ay creu qu'il valoit mieux, pour ne vous faire point attendre davantage, vous donner la lettre mesme qu'il escrivoit à monsieur de Malherbe de chez luy, lors qu'il luy envoya ceste piece pour la mettre sous la presse. Vous y verrez, à mon advis, les mesmes choses qu'il eust dit dans sa preface.

LETTRE

De M. DE RACAN à M. de Malherbe, gentilhomme ordinaire de la chambre du Roy.

Monsieur,

Je vous envoye ma pastoralle, non pas tant pour l'estime que j'en fais que pour celle que je fais de vous. Je sçay bien que vostre jugement est si generalement approuvé, que c'est renoncer au sens commun que d'avoir des opinions contraires aux vostres. C'est pourquoy je suis d'avis que vous la consideriez un peu plus exactement, et que vous sçachiez les raisons qui m'ont jusques icy obligé à luy faire garder la chambre. Auparavant que vous me condamniez de la donner au public, vous me mandez qu'il en court tant de copies mal correctes, qu'il est à propos que je me justifie des fautes que les mauvais escrivains (1) ont adjoustées aux miennes. En effet, j'avouë que c'est bien assez d'estre responsable de mes pechez sans porter la peine de ceux d'autruy ; mais aussi, en l'estat où elle est, je ne seray repris que des belles bouches de la Cour, de qui les injures mesmes me sont des faveurs ; au lieu que, si je suivois vostre conseil, je m'abandonnerois à la censure de tous les auteurs du pays latin, dont je ne puis pas seulement souffrir les loüanges. Vous sçavez qu'il est mal aisé que ceste sorte de vers, qui ne sont animez que par la representation de plusieurs acteurs, puissent reussir à n'estre leus que d'une seule personne : d'où vient que ce qui semblera excellent sur un theatre sera trouvé ridicule en un cabinet, outre qu'il est impossible que les grandes pieces puissent estre polies comme une ode ou comme une chanson. Et, s'il y a aucune raison qui me dispense des reigles que vous m'avez prescrites, ce doit estre la multitude des vers qui sont en cét ouvrage. Il est plus aisé de tenir cent hommes en leur devoir que dix mille, et n'est pas si dangereux de naviger sur une riviere que sur l'Ocean. Pour en parler sainement, je pense que vous jugerez que je suis autant au dessous de la perfection comme je suis au dessus de tous ceux qui m'ont precedé en ce genre de poësie, et que, parmy ceste grande confusion de paroles mal digerées, vous n'y trouverez rien digne d'admiration que de ce qu'un travail de si longue haleine a esté entrepris par un homme de mon mestier et de mon humeur. Je sçay bien que c'est assez dire qu'on est

---

1. Il est évident que Racan veut dire par là les mauvais copistes.

ignorant et paresseux à escrire, que de dire qu'on fait profession des armes; mais ce n'est pas assez me cognoistre que de croire que je ne le suis que comme l'ordinaire de ceux de ma condition. Je veux qu'on sçache que je le suis au suprême degré, et me trouve moy-mesme tellement estonné d'une si longue navigation, que j'ay peine à me ressouvenir du port d'où je suis party. J'ai fait comme ceux qui, entreprenans un bastiment avec irresolution, le continuent sur divers desseins dont les derniers condamnent ce que les premiers avoient approuvé. D'abord je m'estois proposé de me servir d'un sujet assez cogneu dans la Cour; mais les desplaisirs que je receus d'une certaine personne qui eût peu s'en attribuer les plus belles advantures me firent resoudre à changer les deux premiers actes, qui estoient desja faits, plustost que de luy donner le contentement de voir l'histoire de ses amours dans mes vers. Il est vray que je suis bien-aise qu'elle porte le nom d'Artenice, et voudroie estre capable d'en faire durer la memoire aussi long-temps que l'amour que j'ay pour elle. Il y a si peu de chose en ce siecle digne de loüange, que je croy que la posterité ne doit point trouver mauvais de quoy je ne l'entretiens que des folies de ma jeunesse, puis que je n'ay rien de meilleur à luy dire. Chose estrange, que ceux qui recherchent l'immortalité au prix de leur sang et de leurs veilles, que celles qui se retranchent des plus doux plaisirs de la nature pour s'acquerir la gloire d'estre vertueuses, facent si peu de cas de ceux qui la donnent, et qui ont une jurisdiction aussi absoluë sur la reputation de tout le monde que celle des parlements sur les biens et sur les vies. N'est-ce pas faire comme ces gens qui dependent tout ce qu'ils ont à la Cour pour essayer d'y faire leur fortune sans penser à se rendre agreables aux ministres de l'Estat? Vous me direz qu'il ne me faut point tourmenter de cela; que ce n'est point à moy à reformer les humeurs du siecle, qu'il le faut laisser comme il est, et suivre mon inclination. J'en suis d'accord avec vous, et certes ce qui m'a fait estendre si long-temps sur ceste matiere est que je n'ay point de meilleure occupation en ma solitude que de vous entretenir. J'y jouis d'un repos aussi calme que celui des anges; j'y suis roy de mes passions aussi bien que de mon village; j'y regne paisiblement dans un royaume qui est une fois aussi grand que le diocese de l'evesque de Bethleem; et si je quitterois de bon cœur cette royauté (si mes affaires me le permettoient) pour avoir l'honneur de vous gouverner, et vous dire moy mesme que je suis (1),

Monsieur,
Vostre très-humble serviteur,

RACAN.

Ce 15 janvier 1625, de la Roche-Racan.

1. Cette lettre m'a toujours semblé charmante. Racan, sans renoncer à ses priviléges d'écrivain, qu'il revendique même avec un certain orgueil, se montre ici surtout homme d'esprit et homme du monde. Sa déférence pour son ancien maître en poésie est à la fois digne et pleine de bonne grâce. Enfin cette lettre, loin d'avoir rien de la dédicace presque toujours apprêtée du temps, tiendroit fort bien son rang dans un recueil purement épistolaire, et l'on verra, du reste, en lisant celles que nous donnons dans cette édition, que Racan avoit le mérite, assez peu commun alors, malgré quelques grandes exceptions connues, d'écrire admirablement une lettre.

ARGUMENT.

Crisante, femme de Silene, ne pouvant nourrir d'enfans, voüa le premier qu'elle auroit à la bonne déesse. Au bout de neuf mois elle accoucha d'une fille, qu'elle nomma Artenice, de qui la parfaite santé fist assez cognoistre que les vœux de sa mere estoient exaucez, et que les dieux prenoient soin de sa conservation. A peine sçavoit-elle parler que son pere lui fit promettre mariage à Lucidas, recogneu pour lors le plus riche berger du pays, encore qu'il fust sorty d'un estranger qui s'y estoit venu habituer il y avoit quelques années. A mesure qu'elle croissoit, ses parens taschoient de la nourrir en ceste affection; mais la bonne déesse, qui ne jugeoit pas que ce fût son bien, s'apparoissoit fort souvent à elle et lui deffendoit de n'en espouser point qui ne fust de son pays et de sa race. Elle en advertit plusieurs fois sa mere Crisante, qui n'en faisoit point de cas, estimant que ce fust un artifice pour colorer la repugnance qu'elle avoit pour Lucidas; mais Artenice, ne cognoissant que le seul Tisimandre qui eût les qualitez requises par la bonne déesse, s'imagina que c'estoit celuy qu'elle lui designoit pour mary; elle fit ce qu'elle peut pour le rendre amoureux d'elle, mais ce fut inutilement : il ne pouvoit aymer qu'Ydalie, ny Ydalie qu'Alcidor. Ceste bergere estoit fille d'un nommé Damoclée, chez qui Alcidor (jeune berger incogneu) avoit esté noury depuis l'âge de neuf à dix ans, qu'il s'y estoit venu retirer. Pour ceste raison il l'aymoit comme sa sœur, mais il n'avoit de l'amour que pour Artenice ; il la servoit avec tant de soins et avoit de si excellentes qualitez qu'il sembloit à ceste jeune bergere que la conqueste d'un tel amant valloit bien la peine de contrevenir à la deffense de la bonne déesse, estimant qu'il ne luy pouvoit arriver de plus grand malheur que celuy de ne le posseder point. Du commencement, elle souffroit seulement sa recherche pour le seul plaisir qu'elle prenoit en sa conversation; mais enfin elle s'y engagea de telle sorte que son amour parut assez pour donner de la jalousie à Lucidas, qui, pour cet effet, eut recours à un magicien, son ancien amy, nommé Polistene. Il le prie d'employer tous ses secrets pour divertir Artenice de ceste nouvelle affection. Le conseil du magicien fut de luy donner du soupçon des familiaritez qui estoient entre Alcidor et Ydalie, ce qui luy fut facile en adjoustant aux apparences exterieures les artifices que sa magie luy fournissoit. Ils avisent donc ensemble que Lucidas, feignant de vouloir rompre l'acord qui estoit entre luy et Artenice, tascheroit à mesme temps de luy faire connoistre la faute qu'elle faisoit de souffrir la recherche d'Alcidor, qu'il estoit acordé avec Ydalie, qu'ils faisoient desja les actions de femme et de mary quand ils en avoient la liberté, et qu'il offriroit de le luy faire voir dans un miroir enchanté, sur la promesse que son amy Polistene luy faisoit de faire paroistre ce qu'il voudroit par le moyen de ses démons. Ceste entreprise est si dextrement conduite qu'Artenice s'engagea de faire espreuve de ce charme, feignant neantmoins que ce n'estoit que par curiosité. Elle se trouva donc à l'assignation que luy donna Lucidas, où, pendant qu'elle l'attendoit, elle trouva Tisimandre (desesperé de ce que ny sa fidelité, ny l'obligation qu'Ydalie luy venoit d'avoir tout fraischement de l'avoir retirée des mains d'un Satyre, ne luy avoient de rien profité à radoucir le cœur de ceste ingrate). Elle croit qu'elle ne le pouvoit trouver plus à propos pour luy faire changer d'affection, et, bien qu'avec l'esperance de luy donner de l'amour, elle en ait tout-à-fait perdu la volonté, neantmoins, ne sçachant à quoy passer le temps en attendant Lucidas, elle se résolut de tenter encore une fois pour son plaisir ce qu'elle avoit tenté plusieurs fois par consideration; mais elle y réussit aussi mal qu'elle avoit fait par le passé. Tisimandre ne la veut point escouter, et elle, continuant son premier dessein, rencontra Lucidas, qui la mena dans la grotte de Polistene, où elle vit dans un miroir enchanté Alcidor et Ydalie se baiser avec tant de privautez qu'elle creut que ce qu'il luy en avoit dit n'estoit que trop veritable. Les déplaisirs qu'elle receut en mesme temps du mespris de Tisimandre et de l'infidelité d'Alcidor la firent résoudre à se retirer avec des filles voüées à Diane, et, comme elle y alloit, elle rencontra (pour augmenter son erreur) Alcidor et Ydalie qui gardoient leurs troupeaux ensemble au mesme lieu où le miroir de Polistene les luy avoit representez. Alcidor la voulut aborder de la mesme sorte qu'il avoit acoustumé, mais il y trouva un grand changement; elle luy reprocha sa déloyauté, et, sans vouloir entendre ses justifications, luy deffend de la voir jamais. Cela le mit tellement au désespoir qu'il se résolut de se précipiter dans la Seine. Cependant Artenice, pour continuer son dessein, se retire avec ces filles devotes, où Silene, son pere, et Damoclée, son oncle et pere d'Ydalie, la vont trouver pour essayer à l'en divertir. Estant forcée de leur dire le sujet de son déplaisir, l'accusation qu'elle fait contre Ydalie fait résoudre Damoclée de faire passer sa fille par la rigueur de la coustume du pays. Il va luy-mesme trouver le grand druide Chindonnax pour se rendre tesmoin contr'elle. Cela n'interrompit que fort peu le dessein qu'avoit Silene de persuader à la sienne de revenir au monde. Elle s'en deffendoit opiniastrement; mais, comme ils estoient en ceste dispute, Cleante arriva, encore tout effrayé du malheur qui venoit d'arriver d'un berger qui par désespoir s'estoit précipité dans la riviere, dont il l'avoit retiré aussi mort que vivant. Il les prie tous deux de luy venir rendre les derniers devoirs; ils y vont et trouvent que c'est Alcidor qui, pour le danger qu'il avoit couru, estoit en si mauvais estat qu'Artenice ne le sceut voir sans en tesmoigner une sensible douleur. Elle tomba évanouïe entre les bras de son pere, qui, ne la pouvant soustenir à cause de son extreme vieillesse, se laissa tomber avec elle. Peu de temps après Alcidor reprit ses esprits, et l'horreur de ce spectacle fit tant de pitié au bon homme Silene qu'il se résolut de ne se plus opposer au mariage de luy et d'Artenice : de sorte qu'il n'y avoit plus rien à surmonter que les deffenses que la bonne déesse luy avoit faites en songe. Pendant que cela se passoit, Damoclée, continuant son dessein, eût fait sacrifier sa fille Ydalie sans le retardement que causa Tisimandre en s'offrant de mourir pour elle. Cela donna le temps à Cleante d'apporter la nouvelle du mariage d'Alcidor et d'Artenice, qui troubla tellement Lucidas que, sans y penser, il avoüa la fausseté qu'il avoit faite par le moyen du miroir enchanté de Polistene, et justifia Ydalie par sa propre bouche. Ceste derniere obligation qu'elle eut à Tisimandre la toucha plus que pas une, et la fist résoudre à recevoir son affection. Il sembloit qu'il n'y avoit plus rien qui s'opposast au contentement des uns et des autres; mais, comme Silene alloit au temple accomplir les ceremonies du mariage de sa fille et d'Alcidor, assisté de sa femme Crisante et de son frere Damoclée, Crisante creut estre obligée de déclarer à la compagnie comme la bonne déesse s'estoit apparuë à elle la nuict précédante, et lui avoit dit les mesmes choses qu'elle avoit dites plusieurs fois à Artenice, qui estoit qu'elle ne vouloit pas qu'elle fût mariée qu'à un qui ne fût de son pays et de sa race. Cela fist changer de dessein de la marier à Alcidor, et Damoclée, voyant qu'il n'y avoit plus de garçons que le seul Tisimandre du sang de sa niepce, estima que ce seroit une cruauté de le luy oster pour le donner à sa fille Ydalie, puis qu'il estoit libre de la marier à qui bon luy sembleroit. Les peres trouverent donc à propos de changer les mariages et de luy donner Alcidor, et Tisimandre à Artenice ; mais il s'y trouva tant de répugnance qu'il fut impossible d'effectuer ceste proposition. Alcidor et Tisimandre aymoient mieux quitter le pays que d'en espouser d'autres que celles qu'ils avoient choisies. Artenice estoit tellement désesperée des mespris que Tisimandre avoit fait de son amitié qu'elle ne pouvoit pas s'imaginer qu'il peust jamais changer d'humeur ; et Ydalie estoit si vivement touchée des obligations qu'elle avoit à Tisimandre et des tesmoignages d'affection qu'il luy avoit rendus, qu'elle pensoit ne pouvoir jamais vivre heureuse avec d'autre qu'avec luy. Comme toutes ces choses se passoient, survint le vieil Alcidor, qui recogneut Alcidor pour l'avoir eslevé jusqu'à l'âge de neuf ou dix ans, depuis qu'il le sauva de la riviere, qui l'avoit apporté dans son berceau, en un débordement arrivé il y avoit dix-neuf ans. Ce bon vieillard fit voir un bracelet qu'il luy avoit pris au bras lors qu'il le retira de l'eau, et ceste derniere remarque le fist recognoistre à Damoclée pour son fils Daphnis, qu'il avoit perdu en mesme temps, avec sa maison que la Seine avoit submergée : de sorte que, s'estant trouvé de la race et du pays d'Artenice, les deffenses de la bonne déesse furent levées, rien n'empescha plus leur mariage, et Damoclée n'eut plus de raison de s'opposer à celuy de Tisimandre et de sa fille Ydalie.

LES ACTEURS.

La NYMPHE DE LA SEINE.
ARTENICE, bergere.
YDALIE, bergere.
ALCIDOR, berger.
TISIMANDRE, berger.
LUCIDAS, berger.
CLEANTE, berger.
SILENE, pere d'Artenice.
CRISANTE, mere d'Artenice.
DAMOCLÉE, pere d'Ydalie.
POLISTENE, magicien.
PHILOTHÉE, vestale.
CLORISE, confidente d'Artenice.
CHINDONNAX, druide.
DARAMET, l'un des sacrificateurs.
Le vieil ALCIDOR.
Le SATYRE.

LES BERGERIES

DE

MONSIEUR DE RACAN.

PREMIERE JOURNÉE (¹).

PROLOGUE DE LA NYMPHE DE LA SEINE.

Au Roy.

Du profond de ces flots, dont je regle le cours
Depuis que le soleil regle celuy des jours,
Je sors pour adorer sur le bord de mon onde
La merveille du Ciel et la gloire du monde.
Grand prince, dont l'exemple autant que le pouvoir
Fait demeurer le vice aux bornes du devoir,
Miroir de la vertu, support de l'innocence,

1. La Harpe a dit que Racan, le premier, avoit saisi le vrai ton de la pastorale, *qu'il avoit étudiée dans Virgile.* « Il formoit, ajoute-t-il ailleurs, son goût sur celui des anciens; mais, s'il imite leur naturel, il n'égale pas leur précision. » L'on

Qui de sa courtoisie égalle sa puissance,
Recevez à vos pieds d'un favorable accueil
Ces bergers que la Muse a tirez du cercueil.
Ils n'ont repassé l'onde où l'on perd la memoire
Que pour le seul desir d'honorer vostre gloire,
Que jusques aux enfers on entend publier,
Et que dans l'Oubly mesme on ne peut oublier ;
Mais, de quelques discours fertiles en merveilles
Dont vostre renommée ait charmé leurs oreilles,
Ne confessent-ils pas que ce qu'on en sçavoit
Est beaucoup au-dessous de ce que l'on y voit ?
Pour moi, quand le pouvoir qui de tout est le maistre
Dessous vos justes loix ne m'auroit point fait naistre
Vous eussiez tousjours eu de mon affection
Ce que vous en avez par obligation ;
Et certes, ni l'éclat de vostre auguste race,
Qui dans le rang des dieux assigne vostre place,
Ny le sceptre éternel qu'ils vous ont mis és mains
Pour disposer comme eux du destin des humains,
Ny tant d'autres honneurs sans fin et sans limites,
Ne m'obligent pas tant que vos propres merites.
Par vos utiles soings je possede sous vous
L'heur de vivre en un siecle aussi juste que doux.

ne s'explique pas cette double assertion relative à Virgile, et généralement aux anciens, en présence de ce qu'assurent de leur côté tous les biographes : car, lorsqu'il a dit que Racan formoit son goût sur celui des anciens, La Harpe n'a probablement pas voulu parler simplement des traductions de leurs ouvrages. Or, il résulte de tous les documents qui se rapportent à notre poëte, et plus particulièrement peut-être des lettres que nous avons puisées dans les manuscrits de Conrart, que Racan ne savoit pas un mot de latin. Nous n'oserions en dire tout à fait autant de la langue italienne, que Marie de Médicis avoit alors mise un peu à la mode dans sa cour ; mais, dans tous les cas, c'est bien uniquement chez les Italiens qu'il a pris la forme et beaucoup du fond de sa pastorale, qui, surtout dans certaines parties du drame, est une imitation marquée du *Pastor fido*.

L'honneur de vous servir égalle ma fortune
A celuy de regir l'empire de Neptune.
Vos exploicts genereux, miracles de nos jours,
Ont espandu ma gloire aussi loin que son cours.
Depuis qu'ils ont dompté l'orgueil de l'heresie,
L'astre qui nous éclaire a de la jalousie,
Quand il voit mon renom, sous vostre illustre appuy,
Faire le tour du monde aussi bien comme luy.
Puissiez-vous, brave Roy, porter à main armée (1)
Vos exploits aussi loing que vostre renommée,
Et puisse le destin, pour me combler de biens,
Faire durer vos jours aussi longs que les miens.

ACTE PREMIER.

SCENE PREMIERE.

ALCIDOR.

Que cette nuict est longue et fascheuse à passer (2) !
Que de sortes d'ennuis me viennent traverser !
Depuis qu'un bel objet a ma raison blessée,
Incessamment je voi des yeux de ma pensée

---

1. Je n'affirmerois pas que Racan seul, parmi les poètes de son temps, ait employé, en s'adressant à un roi lui-même, cette expression *brave roy*; mais je n'ai aucune mémoire de l'avoir rencontrée ailleurs qu'ici et dans le sonnet : *Prince, l'aise et l'amour*. Je l'ai inutilement cherchée dans Malherbe, si souvent imité par son disciple, et qui, dans un grand nombre de ses odes, s'adresse à des rois. S'il en étoit ainsi, cette forme de langage, quelque peu familière, seroit assez caractéristique en ce qu'elle sembleroit moins appartenir au poète qu'au courtisan militaire, comme l'étoit alors Racan.

2. Racan avoit un sentiment vrai des beautés de la nature, qui se produit dès le début de son poème. Outre cette

Cet aymable Soleil, autheur de mon amour,
Qui fait qu'incessamment je pense qu'il soit jour.
Je saute à bas du lict, je cours à la fenestre,
J'ouvre et hausse la veuë, et ne voit rien parestre
Que l'ombre de la nuict, dont la noire pasleur
Peint les champs et les prez d'une mesme couleur (1);
Et cette obscurité, qui tout le monde enserre,
Ouvre autant d'yeux au Ciel qu'elle en ferme en la terre.
Chacun jouyt en paix du bien qu'elle produit.
Les cocqs ne chantent point, je n'entens aucun bruit,
Sinon quelques Zephirs qui le long de la plaine
Vont cajolant tout bas les Nymphes de la Seine.
Maint phantosme hideux, couvert de corps sans corps,
Visite en liberté la demeure des morts.
Les troupeaux, que la faim a chassez des bocages,
A pas lents et craintifs entrent dans les gagnages;
Les funestes oyseaux qui ne vont que la nuit
Annoncent aux mortels le malheur qui les suit;
Les flambeaux éternels qui font le tour du monde
Percent à longs rayons le noir cristal de l'onde,
Et sont veus au travers si luisans et si beaux
Qu'il semble que le Ciel soit dans le fonds des eaux.
O nuict, dont la longueur semble porter envie
Au seul contentement que possede ma vie,
Retire un peu tes feux et permets que le jour
Vienne sur l'horison éclairer à son tour,
Afin que ces beaux yeux pour qui mon cœur souspire

description de la nuit, remarquable à beaucoup d'égards, le choix de ce moment pour introduire son héros et peindre ses agitations donne à la scène plus de mouvement que l'églogue n'est généralement en possession de le faire.

1. Le vieux poète a fait, en deux fois, le vers de l'abbé Delille :

> Il ne voit que la nuit, n'entend que le silence,

la première ici, l'autre dans ses psaumes :

> Dont le silence parle et *s'entend* par les yeux.
>
> (Psaume 18, 1re strophe.)

Sçachent avant ma mort l'excez de mon martyre.
Certes, c'estoit en vain que j'avois esperé
De posseder par toy mon repos desiré.
Mes larmes de mon lict ont faict une riviere;
J'ay tasché maintefois de fermer la paupiere,
Mais, helas! je voy bien qu'en ce mal nompareil
La mort la fermera plustost que le sommeil.
Tenebreuse deesse, ingrate à ma priere,
Qui te fait si long-temps retarder ta carriere?
Veux-tu par ta longueur advancer mon trépas?
Mais je la prie en vain, elle ne m'entend pas.
Celuy de qui le monde admire les merveilles,
La faisant toute d'yeux, ne luy fit point d'oreilles (1).
Et toy, race des dieux, belle Nymphe du jour,
Qui n'es pas insensible aux attraits de l'Amour,
Agreable lumiere, espoir de tout le monde,
Qui te retient si tard dans le sejour de l'onde,
Où ton jeune desir demeure languissant
Dessous les froids baisers d'un vieillard impuissant?
Si de ce beau chasseur le merite et la flame
Ont encore pouvoir de captiver ton ame,
Va jouyr en ses bras de ton souverain bien,
Et soulage ton mal en soulageant le mien.

 Depuis le premier jour que je vis Artenice,
Et qu'elle prit en gré les vœux de mon service,
Je n'ay fait en tous lieux que plaindre mon tourment,
Sans espoir d'y trouver aucun soulagement;
Ce reconfort me reste en ma douleur extréme
Que je sçay qu'elle m'ayme autant comme je l'ayme.

 1. Il faut, en abordant *les Bergeries* de Racan, savoir prendre son parti d'avance de ces restes d'afféterie, qu'on rencontre moins dans ses autres ouvrages. Ce monologue, au surplus, indépendamment de ce que nous en avons déjà dit, se termine par deux vers tout à fait en situation, et dont la grande naïveté, que d'autres trouveront peut-être excessive, rentre, selon nous, d'une manière heureuse dans le vrai genre pastoral.

Mais que me sert de voir ses beaux yeux languissans
Témoigner d'avoir part aux ennuis que je sens,
Si je ne puis jouyr du bonheur que j'espere
Sans le consentement des parens et du pere,
De qui l'avare faim, qui ne peut s'assouvir,
L'empesche de m'aymer, et moy de la servir ?
Je fais ce que je puis pour leur estre agreable,
Mais rien ne radoucit leur ame impitoyable;
Tout le soing que j'y prends ne profite de rien :
Leur esprit aveugle n'estime que le bien,
Et veulent sans raison contraindre ceste belle
D'en aymer un plus riche et de m'estre infidelle.
Desja leur tyrannie a fait tout son pouvoir
Afin de m'empescher les moyens de la voir ;
Ils éclairent ses pas en quelque part qu'elle aille,
Ils lisent les premiers les lettres qu'on luy baille
Et pensent follement captiver ses beaux yeux,
Qui pourroient captiver les hommes et les dieux.
Mais l'Amour qui se loge en un jeune courage
N'est pas de ces oyseaux que l'on enferme en cage.
Elle leur montre bien, car, si par leur rigueur
Ils possedent son corps, je possede son cœur.
Mais le jour n'est pas loing, les ombres s'éclaircissent ;
Desja d'étonnement les estoiles pâlissent,
Et desja les oyseaux, joyeux de son retour,
Commencent dans les bois à se parler d'amour.
Afin de ne point perdre un temps si favorable
Je vay faire sortir mes brebis de l'estable.

Scene II.

Lucidas, Polistene.

LUCIDAS.

Sous quel astre funeste, ô destins rigoureux !
Ourdissez-vous le fil de mes ans malheureux !
Je voy tous mes desseins d'eux-mesmes se détruire,
Et semble que le ciel ne se plaist qu'à me nuire.
J'aimois dès mon enfance une jeune beauté
A qui rien ne manquoit que la fidelité
De toutes les vertus, de qui les destinées
Ornent avecques soing les ames les mieux nées.
Chacun prenoit plaisir à voir de jour en jour
Augmenter à la fois nostre âge et nostre amour,
Et la jalouze Envie estoit mesme contrainte
De benir le progrez d'une amitié si saincte,
Qui bornoit ses desirs aux amoureux apas
Où ses ans et les miens nous menoient pas à pas.
Mais, lors que j'esperois voir l'heureuse journée
Qui devoit de nos vœux accomplir l'hymenée,
L'injustice du sort qui preside à mes jours
Luy fit tourner ailleurs l'espoir de ses amours,
Et donner cette foy qu'elle m'avoit promise
Au berger Alcidor, dont son ame est éprise.
Ce jeune homme tout seul la possede aujourd'huy,
Elle n'a plus d'attraits pour d'autres que pour luy
Qui l'en veut divertir perd son temps et sa peine.
Cela passe l'effort de la puissance humaine.
Il me faut au besoin les démons pratiquer
Que l'art de Polistene a pouvoir d'évoquer.
Cependant que le jour qu'on voit naistre dans l'onde
Ne chasse point encor les tenebres du monde,
Je vay, sous leur faveur, implorer ce vieillard

De me vouloir ayder des secrets de son art.
De tout temps sa franchise a chery mon enfance,
Aussi-tôt que du jour j'en eus la cognoissance;
Il me témoignera l'effect de sa bonté,
S'il en a le pouvoir comme la volonté.
Je croy que le voilà qui tout seul se promeine,
Un livre dans sa main, au long de cette plaine.
Il le faut aborder pour voir si mon tourment
Peut esperer de luy quelque soulagement.
 Pere, dont la science en prodiges feconde
D'horreur et de merveille étonne tout le monde,
Si nostre affection, qui naquist avec moy,
Vous peut rendre sensible au mal que je reçoy,
Ou si vous voulez faire une œuvre memorable
Et vous monstrer sçavant autant que charitable,
Guerissez les ennuis d'un pauvre amant jaloux
Qui n'attend son repos que du ciel ou de vous.
J'aimay dès le berceau la bergere Artenice,
De qui l'esprit leger, mesprisant mon service,
Au lieu de prendre exemple à ma fidelité,
M'a si legerement pour un autre quitté
Qu'il semble que sa flame, en cette amour nouvelle,
Ne cherche autre raison que de m'estre infidelle.

POLISTENE.

Mon fils, j'aurois de l'heur si mon affection
Vous pouvoit secourir en vostre affliction.
Je sçay combien l'amour trouble un jeune courage.
Les tourmens que j'ai plains au plus beau de mon âge,
En suivant ces plaisirs de pleurs accompagnez,
Me font avoir pitié de ceux que vous plaignez.
Si la part que je prends au mal qui vous possede
Y pouvoit tenir lieu d'un utile remede,
Cette ame qui sans fard vous a tousjours chery
Seroit le seul démon dont vous seriez guery;
Mais certes c'est en vain qu'on a recours aux charmes
Pour éteindre les feux et se parer des armes
De ce dieu si petit et si grand en tous lieux :

Le pouvoir des démons ne peut rien sur les dieux.
Il faudroit essayer, par quelque jalousie,
De guerir sa raison de cette fantaisie ;
Peut-estre cet esprit, qui se tourne à tout vent,
Vous aymeroit alors autant qu'auparavant.
Mon fils, vostre rival n'en ayme-t-il point d'autre
Que celle où son amour a traversé la vostre ?

LUCIDAS.

Nenny, mais je sçay bien qu'il doit voir aujourd'huy
Une jeune beauté qui meurt d'maour pour luy.

POLISTENE.

L'occasion pour vous ne peut estre meilleure,
Pourveu que vous puissiez vous asseurer de l'heure.

LUCIDAS.

Ce doit estre à midy qu'ils se doivent trouver.

POLISTENE.

Il me faut leurs deux noms dans un cerne graver
Pour rendre de tous poincts ma figure accomplie.

LUCIDAS.

L'homme c'est Alcidor, et la fille Ydalie.

POLISTENE.

Mon fils, tout ira bien, pourveu que promptement
Vous voyez Artenice, et qu'avec jugement
Vous tâchiez de la mettre en telle defiance
Que son esprit troublé recoure à ma science.
Je puis, dans les objets d'un cristal enchanté,
D'un mensonge apparent masquer la verité.
Gouvernez-vous y donc avecque modestie,
Vous verrez son amour en rage convertie (1).

LUCIDAS.

J'y vay tout de ce pas ; attendez un moment,

1. L'expédient proposé par le devin Polistène, en ce qui touche la loyauté, sent un peu trop la civilisation.

Mon retour de bien peu suivra mon partement.
Soit que je puisse ou non amener ma cruelle,
Dedans une heure ou plus vous en aurez nouvelle.

SCENE III.

Artenice; Silene, son pere.

ARTENICE.

Honneur, cruel tyran des belles passions (1),
Qui traverses l'espoir de nos affections,
De combien de malheurs est la terre feconde
Depuis que ton erreur empoisonne le monde !
Ce dieu dont les amants reverent le pouvoir
Ne recognoissoit point l'empire du devoir :
Ce fust toy qui premier fit glisser en nostre ame
Ces folles visions de la honte et du blasme,

---

1. Voilà un monologue sur lequel les observations ne tariroient pas s'il n'entroit dans les convenances de notre travail et de notre sujet de les rendre rares et courtes. Il commence par des imprécations contre l'honneur, singulièrement placées dans la bouche d'une *timide* bergère, et, vers la fin, Artenice déclare que, tout en aimant tendrement Alcidor, elle

. . . . s'efforce de prendre
Aux appas de l'amour le berger Tisimandre,

parcequ'en définitive elle se décideroit à l'épouser, faute d'autre, ce qui est une grande hérésie en amour de roman, surtout de roman pastoral. Avec tout cela, des détails pleins de charme et de naïveté, qui font de ce morceau un des meilleurs de l'ouvrage. Ces contradictions s'expliquent par ce que nous avons déjà indiqué de la situation personnelle de Racan, qui, malgré d'admirables instincts poétiques, ne cessa jamais tout à fait d'être, en écrivant, un peu homme de guerre, et surtout homme de cour.

Qui premier nous apprint à taire nos desirs,
Qui premier nous apprint à cacher nos plaisirs,
Et dont la tyrannie, aux amants trop cruelle,
S'opposa la premiere à la loy naturelle.
Petits oiseaux des bois, que vous estes heureux
De plaindre librement vos tourments amoureux !
Les valons, les rochers, les forests et les plaines
Sçavent également vos plaisirs et vos peines ;
Vostre innocent amour ne fuit point la clarté,
Tout le monde est pour vous un lieu de liberté.
Mais ce cruel honneur, ce fleau de nostre vie,
Sous de si dures lois la retient asservie
Qu'au plus fort des ennuis que je souffre en aymant,
J'ay honte de le dire aux rochers seulement.
Il est vray, je ressens une secrette flame
Qui, malgré ma raison, s'allume dans mon ame,
Depuis le jour fatal que je vis sous l'ormeau
Alcidor qui dansoit au son du chalumeau.
La grace qu'il avoit me pleust de telle sorte
Qu'à tous autres objets mon cœur ferma la porte ;
Dès l'heure sourdement je taschay de sçavoir
Les lieux les plus frequents où l'on le souloit voir.
On me dit que c'estoit où les flots de la Seine
Vont arrousant le pied des cousteaux de Surene ;
Et dès le lendemain, en mes plus beaux habits,
Aussi-tost qu'il fut jour j'y menay mes brebis.
A peine du sommet je voyois la premiere
Descendre dans ces prez que borne la riviere,
Que j'entendis de loing sa musette et sa voix,
Qui troubloit doucement le silence des bois.
Lors, tous mes sens ravis de ces douces merveilles,
Mes yeux portent envie à l'heur de mes oreilles ;
Je passay tout le front par dessus un buisson,
Du costé d'où venoit cet agreable son.
De quel aymable traict fut mon ame blessée,
Quelle timide joye entra dans ma pensée,
Lors que j'en vy l'auteur, sous un chesne écarté,
Qui remplissoit le lieu de sa propre clarté !

Tel estoit Apollon au service d'Acmete,
Alors que de sa lyre il fit une muzette.
Quand je vy de plus près ses aymables apas,
Feignant de me cacher, je redoublay le pas;
Mais tousjours dessus luy j'eus la veüe attachée
Pour voir s'il me verroit avant qu'estre cachée.
Il vint droit où j'estois, il s'approche de moy,
Et, me voulant dès lors asseurer de sa foy,
Ses yeux qui, demy morts, dans les miens se mirerent,
Bien mieux que ses discours de sa foy m'asseurerent.
Alors, le cœur joyeux d'un si riche butin,
Je rends graces tout bas à mon heureux destin,
Et quand ce jeune amant, après quelque silence,
Eut lasché maints souspirs avecque violence,
Qui, comme prisonniers, sortans tous à la fois,
Ouvrirent le chemin à sa timide voix,
Ne pouvant plus celer ce qu'il avoit dans l'ame,
Il me dit le sujet de sa nouvelle flame.
Maints zephirs amoureux, dans les fueilles cachés,
Furent à ce discours par l'oreille attachez,
Et la nymphe de Seine, en sa couche profonde,
Fit cesser pour l'ouyr le murmure de l'onde.
Je ne sçaurois choisir un plus parfait berger;
Tout le mal que j'y trouve est qu'il est estranger,
Et la bonne déesse à qui, dès ma naissance,
Mes parens ont remis le soin de mon enfance,
M'apparoist, en dormant, presque toutes les nuicts,
Et menasse mes jours d'incurables ennuis
Si jamais je me lie au nœud de mariage
Qu'à ceux de mon pays et de mon parentage.
Je ne sçay tantost plus à qui je dois penser;
Cela me trouble toute, il le faut confesser.
En vain, pour ce sujet, je m'efforce de prendre
Aux apas de l'amour le berger Tisimandre,
Berger aussi parfait comme il est malheureux
D'estre depuis cinq ans d'une ingrate amoureux,
Qui n'est pas moins constante à mespriser sa peine
Qu'est ce pauvre berger en sa poursuite vaine.

Mais quoy ! le jour s'augmente et dérobe à nos yeux
Les roses dont l'aurore avoit semé les cieux.
Il est temps de partir ; tout ce que j'apprehende
Est qu'au cry des agneaux mon pere ne m'entende
S'il vient à s'éveiller. Je crains que d'aujourd'huy
Je ne puisse aisément me défaire de luy.
Sa méfiante humeur de jour en jour s'augmente.
Mon Dieu ! qu'il est fascheux ! que cela me tourmente !
Je pense que je l'oy.

SILENE.

    Ma fille, à quelle fin
Voulez-vous aujourd'huy vous lever si matin ?
Le soleil n'a pas beu l'égail de la prairie.
Cela mettra le mal en vostre bergerie.

ARTENICE.

Nostre chien, qui resvoit de moment en moment
Au loup que son penser luy forgeoit en dormant,
D'un veritable loup m'a fait naistre la crainte.

SILENE.

L'inutile soucy dont vostre ame est atteinte
Ne m'est que trop cogneu, je ne puis l'ignorer,
Et c'est ce qui me fait jour et nuict souspirer.
Je sçay ce qui vous met la puce dans l'oreille :
Je vis hyer icy le loup qui vous reveille,
Mais si tost qu'il me vit il rebroussa ses pas,
Fasché d'avoir trouvé ce qu'il ne cherchoit pas.
Il ne faut point pour luy ny rougir ny sousrire.

ARTENICE.

Je ne puis deviner ce que vous voulez dire.

SILENE.

A quoy vous sert cela de le dissimuler ?
Vous sçavez bien celuy de qui je veux parler.
Ne me le celez plus, j'ay decouvert la mine :
Ce n'est pas avec moy qu'il faut faire la fine.
Je sçay que vous aymez celuy qui, l'autre jour,

Menoit le premier bransle en nostre carrefour,
Et souffrez, sans mon sceu, l'affection secrette
De ce pauvre incogneu qui n'a que sa houlette.
Il est vray que sa grace est si pleine d'attraits
Qu'il n'est point de beauté qui n'en sente les traits.
Soit qu'il danse ou qu'il chante, en ses moindres mer-
Il arreste sur luy nos yeux et nos oreilles.   [veilles
Mais ces jeunes bergers, si beaux et si cheris,
Sont meilleurs pour amants qu'ils ne sont pour maris;
Ils n'ont aucun arrest : ce sont esprits volages
Qui souvent sont tous gris avant que d'estre sages;
Et doit-on souhaitter, pour leur utilité,
De voir finir leur vie avecques leur beauté,
Semblables à ces fleurs dont Venus se couronne,
De qui jamais les fruicts n'enrichissent l'automne.
Oubliez, oubliez l'amour de ce berger,
Et prenez en son lieu quelque bon ménager
De qui la façon masle, à vos yeux moins gentille,
Témoigne un esprit meur à régir sa famille,
Et dont la main robuste au mestier de Cerés
Fasse ployer le soc en fendant les guerets.
Vous estes grande assez, vous devriez estre sage,
Et plustost projetter quelque bon mariage
Que de vous amuser à ces folles amours.

ARTENICE.

Mon pere, à quelle fin tendent tous ces discours?
Si je hante Alcidor, en dois-je estre blasmée?
Ce n'est ny pour l'aymer ny pour en estre aymée.
Je n'ay point fait dessein d'en faire mon espoux:
Je ne veux point avoir d'autre mary que vous.
Tandis que vous aurez mon service agreable,
Ce me sera, mon pere, un bien inestimable
De meurir avec vous la fleur de mon printemps
Avant que d'en partir.

SILENE.

    C'est comme je l'entends
Et certes le seul bien à quoy je veux pretendre

Est qu'avant mon trespas vous me donniez un gendre
Dont le bon naturel, me venant à propos,
Me donne le moyen de mourir en repos.
Je n'auray plus regret de luy quitter la place
Quand je verray mon sang revivre en vostre race.
Je croy que Lucidas seroit bien vostre fait :
La fortune luy rit, tout lui vient à souhait ;
De vingt paires de bœufs il seillonne la plaine ;
Tous les ans ses acquests augmentent son domaine ;
Dans les champs d'alentour on ne void aujourd'huy
Que chèvres et brebis qui sortent de chez luy ;
Sa maison se fait voir par dessus le village,
Comme fait un grand chesne audessus d'un bocage,
Et sçay que de tous temps son inclination
Vous a donné ses vœux et son affection.
Mais le voicy qui vient au long de ceste roche ;
Je m'en vay vous quitter avant qu'il soit plus proche.
Bien qu'Amour soit enfant, c'est un enfant discret,
Qui n'oseroit parler s'il ne parle en secret (1).

SCENE IV.

Lucidas, Artenice.

LUCIDAS.

Agreable sujet de mes inquietudes,
Après tant de mépris et tant d'ingratitudes,
Puis qu'à la fin mon cœur, vomissant son poison,
Au lieu de son trespas trouve sa guarison,
Bien que vous me quitiés pour en aimer un autre,

---

1. Ce dialogue est encore moins pastoral que le monologue qui l'a précédé. Silène est un véritable fermier de la Touraine, et non le vieux pasteur de convention.

Sçachez que je plains moins mon malheur que le vostre,
Et que le seul dépit dont je suis enflamé
Est de voir mépriser ce que j'ay tant aymé,
Quand vostre amant nouveau, pour comble de folie,
Prefere à vos beautez les beautés d'Ydalie.

ARTENICE.

Autant que vostre espoir eut de presomption
Quand il creut avoir part à mon affection,
Autant vostre creance est injuste et cruelle
Lors que vous m'accusez de vous estre infidelle.
Ce que j'engage ailleurs ne fut jamais à vous :
Vous n'en devez point estre amoureux ny jaloux.
Ma perte vous apporte aussi peu de dommage
Qu'à moy le changement de ce berger volage,
Et certes sans raison vous m'en parlez ainsi :
Cela ne mettra point mon esprit en soucy.

LUCIDAS.

Je n'ay point ce dessein : la chose est asseurée
Par la foy qu'ils se sont l'un à l'autre jurée.

ARTENICE.

Qu'ils fassent à leur gré : je n'y demande rien ;
Je ne regrette point ce qui n'estoit point mien ;
Le Ciel rende en leurs vœux la fortune prospere !
Je quitte de bon cœur la part que j'en espere ;
Mais comment, Lucidas, se seroient-ils promis
Sans le consentement de parens ny d'amis ?

LUCIDAS.

Ils ont fait, et bien pis : c'est chose trop certaine
Que souvent dans un bois, sur la rive de Seine,
Ils jouyssent desja des plus secrets plaisirs
Dont Hymen assouvit les amoureux desirs.
Je sçay bien le moyen d'en sçavoir des nouvelles :
Je cognois un devin de mes amis fidelles
Qui me doit faire voir par ses enchantemens
Toutes les privautez de ces jeunes amans.
J'espere avant disner d'en voir faire l'épreuve.

ARTENICE.

A quelle heure, berger, est-ce que l'on le treuve ?

LUCIDAS.

Si vous le voulez voir, il faut prendre le temps
Que ces jeunes bergers rendent leurs vœux contens :
C'est vers le haut du jour, lors que de ces campagnes
L'ombrage est retiré jusqu'au pied des montagnes,
Quand le soleil est presqu'au milieu de son cours.

ARTENICE.

Je n'ay point d'interest à leurs folles amours ;
Mais je prendray plaisir à voir l'experience
Des effets merveilleux que produit sa science.

LUCIDAS.

Trouvez-vous donc tantost sur le bord de ceste eau,
Et conduisez vos pas devers un vieux chasteau
Maintenant des lutins l'effroyable demeure.
C'est où je me promets de vous voir dans une heure.
Là, sous un chesne creux, de fourmis habité,
Dont la seule grosseur monstre l'antiquité,
Se void dans un rocher, sur la rive où nous sommes,
Un antre plus hanté des demons que des hommes,
Qu'une viorne épaisse enclost tout à l'entour :
C'est de ce vieux devin l'ordinaire sejour.
    Cette belle trompeuse enfin sera trompée ;
Je la verray bien tost dans le piege attrapée,
Et verray cét esprit, qui fait tant le ruzé,
Vomir bien tost le feu dont il est embrazé.
Je m'en vay cependant, tout le long de la Seine,
Par un autre chemin retrouver Polistene,
Afin de l'advertir d'apprester promptement
La glace destinée à son enchantement.
Il est vray, je commets une grande malice,
Mais ce n'est pas moi seul : le Ciel, dont l'artifice
Couvre de tant d'apas tant d'infidélité,
Est le premier autheur de ma méchanceté.

CHOEUR DES JEUNES BERGERS.

Sus, bergers, qu'on se resjouysse,
Et que chacun de nous jouysse
Des faveurs qu'Amour luy depart.
Ce bel âge nous y convie :
On ne peut trop tost ny trop tard
Gouster les plaisirs de la vie.
　Suivons ce petit roy des ames
De qui les immortelles flames
Gardent Nature de perir;
Choisissons-le pour nostre maistre,
Et ne craignons point de mourir
Pour celuy qui nous a fait naistre.
　Les oyseaux des bois et des plaines
Chantent leurs amoureuses peines,
Qui renaissent au renouveau,
Glorieux, au mois où nous sommes,
De brusler du mesme flambeau
Qui brusle les dieux et les hommes.
　L'astre doré qui sort de l'onde
Promet le plus beau jour au monde
Que puissent choisir nos desirs.
Tout rit à sa clarté premiere,
Qui semble apporter les plaisirs
En nous apportant la lumiere.
　Desja les plus belles bergeres
Sont assises sur les fougeres,
Chacune avecques son amant.
Un beau feu leur ame consume,
Et nous autres, sans mouvement,
Sommes encore dans la plume.
　Fuyons ceste molle demeure;
Il faut cherir cette belle heure
Pendant qu'on en est possesseur.
Tout le reste de la journée
N'a rien d'égal à la douceur

Des plaisirs de la matinée.
  En l'Orient de nos années,
Tout le soin de nos destinées
Ne tend qu'à nous rendre contens.
Les délices en sont voisines,
Et l'Amour, amy du printemps,
A plus de fleurs et moins d'espines.
  Lors que ce bel âge s'écoule
Les soucis nous viennent en foule,
Venus se retire autre part.
Conservons en tousjours l'envie :
On ne peut trop tost ny trop tard
Gouster les plaisirs de la vie (1).

ACTE II.

Scene premiere.

Le Satyre (2).

D'où me vient, hors de temps, cette bouillante rage ?
Quelle nouvelle ardeur s'allume en mon courage ?
Je ne fais jour et nuit, ny veillant, ny dormant,
Que souspirer le mal que je souffre en aymant,
Depuis que les attraits de la belle Ydalie
Ont fait naistre en mon cœur cette douce folie !

1. Ce chœur de jeunes bergers n'est ni sans grâce, ni sans quelque couleur.
2. Voici le Satyre obligé, conception malheureuse des pastorales italiennes, et qui n'est guère moins Satyre que les autres, sans offrir le dédommagement de l'admirable monologue :
> Picciola è l'ape e fa col picciol morso
> Pur gravi e pur moleste le ferite.

Pourquoy, mon vain esprit, viens-tu m'entretenir
D'un bien où mes travaux ne sçauroient parvenir ?
O Dieu! qui sous tes loix tiens mon ame asservie,
Donne-m'en le merite, ou m'en oste l'envie!
Elle n'a point d'égard à l'excez de ma foy :
Si-tost qu'elle me void elle s'enfuit de moy
Pour aymer un mignon, de qui le beau visage,
Empruntant de l'Amour le pouvoir et l'image,
A de plus doux appas et plus selon ses vœux
Que ces membres pelus, robustes et nerveux.
Plus je luy fay de bien, plus elle m'est cruelle.
Je ne cueille des fleurs ny des fruits que pour elle;
Lors que de son logis elle sort au matin,
Je pave son chemin de lavande et de tin.
Sous l'habit d'un berger souvent je me déguise,
J'arrache mes sourcils, je me farde et me frise;
Mais tout ce que je fais ne me profite rien.
Peut-estre son desir s'accorderoit au mien
Si, dessous les efforts de ma flame insensée,
Sa pudeur pouvoit dire avoir esté forcée.
Je sçay que le matin elle ne manque pas
De prendre dans les eaux conseil de ses appas,
Afin qu'un element aussi perfide qu'elle
Lui monstre à me dresser quelque embusche nouvelle.
Dans ce buisson espais, loin du monde et du jour,
Je m'en vay me cacher pour la prendre au retour.

SCENE II.

Ydalie, Tisimandre, le Satyre.

YDALIE.

Agreables déserts, bois, fleuves et fontaines,
Qui sçavez de l'Amour les plaisirs et les peines,
Est-il quelque mortel esclave de sa loy

Qui se pleigne de luy plus justement que moy ?
Je n'avois pas douze ans quand la premiere flame
Des beaux yeux d'Alcidor s'alluma dans mon ame ;
Il me passoit d'un an, et de ses petits bras
Cueilloit desja des fruicts dans les branches d'enbas (¹).
L'Amour qu'à ce berger je portois dès l'enfance
Creut insensiblement sa douce violence,
Et jusques à tel poinct s'augmenta dans mon cœur
Qu'à la fin de la place il se rendit vainqueur.
Déslors, je prins un soin plus grand qu'à l'ordinaire
De le voir plus souvent et tascher à luy plaire ;
Mais, ignorant le feu qui depuis me brusla,
Je ne pouvois juger d'où me venoit cela.
Soit que dans la prairie il vist ses brebis paistre,
Soit que sa bonne grace au bal le fist paroistre,
Ou soit que dans le temple il fist priere aux dieux,
Je le suivois partout de l'esprit et des yeux.
A cause de mon âge et de mon innocence,
Je le voyois alors avec plus de licence,
Et souvent tous deux seuls, libres de tout soupçon,
Nous passions tous les jours à l'ombre d'un buisson.
Il m'appelloit sa sœur, je l'appellois mon frere ;
Nous mangions mesme pain au logis de mon pere.
Cependant qu'il y fut nous vescumes ainsi ;
Tout ce que je voulois, il le vouloit aussi ;
Il m'ouvroit ses pensers jusqu'au fond de son ame ;
De baisers innocens il nourrissoit ma flame.
Mais, dans ces privautez dont l'Amour nous masquoit,
Je me doutois tousjours de celle qui manquoit ;

---

1. Jam fragiles poteram à terra contingere ramos.
(Ecl. 8.)

Si che appena
Giunger potea con la man pargoletta
A corre i frutti da i piegati rami.
(*Aminta*, acte 1, sc. 2.)

Je suis porté à croire que Racan s'est souvenu ici du texte de l'Aminte plutôt que d'une traduction de la 8e églogue.

Et, combien que desja l'amoureuse manie
M'augmentast le plaisir d'estre en sa compagnie,
Je goustois neanmoins avec moins de douceur
Ces noms respectueux de parente et de sœur.
Combien de fois alors ay-je dit en moy-mesme,
Ayant les yeux baissez et le visage blesme :
« Beau chef-d'œuvre des Cieux, agreable pasteur,
Qui du mal que je sens estes le seul autheur,
Avec moins de respect soyez-moy favorable ;
Ne soyez point mon frere, ou soyez moins aimable ! »
Mais quoy ! cet aveuglé ne me regarde pas,
Et quelquefois, songeant aux aimables appas
Dont une autre bergere a son ame blessée,
Me force d'escouter son amour insensée.
A l'heure mes douleurs perdent tout reconfort,
Comme si j'entendois ma sentence de mort.
Si la civilité m'oblige à luy respondre,
Je sens au premier mot mon discours se confondre ;
Je ne sçay que luy dire, et mon esprit troublé
Tesmoigne assez l'ennuy dont il est accablé.
Après cet entretien, si la nuict nous separe,
J'apprehende le mal que le lict me prepare,
Alors que mes pensers, de mon aise envieux,
Deffendent au sommeil d'approcher de mes yeux.
Il est vray qu'au matin aucune fois les songes
Me déçoivent les sens par de si doux mensonges,
Qu'encore que je deusse éviter ses attraits,
Je ne puis m'empescher d'y repenser après.
Ce qui me desespere en ma perseverance
Est que l'heur où j'aspire est sans nulle apparence.
Cet aimable berger est pris en des liens
Qu'il ne quittera pas pour s'enchaisner aux miens :
La bergere Artenice a captivé son ame ;
Le Ciel mesme benit leur amoureuse flame,
Et comme à la plus belle a choisi justement
Le plus beau des bergers pour estre son amant.
Moy, je suis cependant réduite à me deffendre
Des importunitez du fascheux Tisimandre,

Qui tout le long du jour, malgré tous mes efforts,
Ne me quitte non plus que l'ombre fait le corps.
Je pense que voilà ce pauvre temeraire
Qui rumine tout seul sa folie ordinaire.
Il ne faut dire mot : s'il entendoit ma voix,
Il me viendroit chercher jusqu'au fonds de ces bois.

CHANSON DE TISIMANDRE.

Donc, après tant de maux soufferts,
  Il faudra mourir dans les fers
Où les yeux d'une ingrate ont mon ame asservie.
    Je n'en puis eschapper,
    On ne les peut coupper
Qu'on ne couppe avec eux le filet de ma vie.

  Mes cris sont partout eslancez;
  Les pleurs que mes yeux ont versez
Ont fait dans ces deserts de nouvelles rivieres.
    J'invoque tous les dieux
    Des enfers et des cieux,
Et pas un que la mort n'exauce mes prieres.

  A grands pas elle vient à moy;
  Devant elle marche l'effroy;
L'Amour, triste et pensif, à ses pieds rend les armes,
    Et ce monstre inhumain
    Arrache de sa main
Son flambeau pour l'esteindre en un fleuve de larmes.

  Elle eust desja fait ses efforts
  Pour me délivrer de ce corps
Où mon esprit captif souffre des maux sans nombre;
    Mais l'extreme tourment
    Me change tellement,
Qu'elle croit qu'à présent je ne sois plus qu'une ombre.

  Dernier espoir des langoureux,
  Seul azile des malheureux,

Inhumaine déesse, acheve ton ouvrage ;
    Tu feras ton devoir,
    Et moy je feray voir
Qu'ayant beaucoup d'amour, j'ay beaucoup de courage.

    Mon cœur est las de souspirer,
    Mes yeux sont lassez de pleurer ;
Le ciel mesme est lassé de m'ouïr tousjours plaindre.
    Denué de tout bien,
    Je n'espere plus rien,
Et, n'esperant plus rien, je n'ay plus rien à craindre.

    Mes ans ont achevé leur cours ;
    Desormais je voy que les jours
M'accordent à regret leur clarté coustumiere.
    O malheur sans pareil !
    En servant un soleil,
Je verray de ma vie esteindre la lumiere !

    Heureux si ma longue amitié
    L'esmouvoit alors à pitié,
Et qu'elle eust quelque part en ma douleur profonde !
    Pour le moins, en ma mort,
    J'aurois ce réconfort
Que je serois pleuré des plus beaux yeux du monde.

YDALIE.

O Dieux ! il vient icy ; que luy pourray-je dire ?

TISIMANDRE.

Adorable beauté, que tout le monde admire,
Voulez-vous de ces bois les tenebres chasser,
Que le jour seulement n'a jamais sceu percer ?
Quel miracle de voir en ce lieu triste et sombre
Une déesse en terre et le soleil à l'ombre !
Qui vous meine en ces lieux solitaires et doux ?

YDALIE.

Rien que le seul desir de m'esloigner de vous

TISIMANDRE.
C'est bien fait de fuir l'abord d'un miserable.

YDALIE.
Celuy d'un importun est bien moins agreable.

TISIMANDRE.
Nommez-vous mon service une importunité ?

YDALIE.
Me voulez-vous aimer contre ma volonté ?

TISIMANDRE.
N'avez-vous point pitié d'un cœur qui s'humilie ?

YDALIE.
Si j'ay pitié de vous, c'est de vostre folie.

TISIMANDRE.
Est-ce-là le loyer de mon affection ?

YDALIE.
C'est trop long-temps souffrir la persecution :
Si vous ne me laissez, il faut que je vous laisse.

TISIMANDRE.
O cruauté du sort, qui n'as jamais de cesse !
A quelle nuict d'ennuis me dois-je préparer,
Puis que ce beau soleil ne veut plus m'esclairer ?

YDALIE.
Que j'ay le cœur joyeux de ce qu'il m'a quittée !
Dieux ! qu'il est mal-plaisant ! que j'en suis tourmentée !
Certes, je ne sçay plus où je me dois cacher,
Tant il est importun à me venir chercher.
Ce qui me desplaisoit en sa perseverance,
Et ce qui me donnoit autant d'impatience,
Est le desir que j'ay d'aller voir aujourd'huy
Le berger Alcidor, que j'aime mieux que luy.
Il le faut advoüer, bien que ceste belle ame

Soit esclave d'une autre et mesprise ma flame,
Sa grace naturelle est si pleine d'appas
Qu'il faut que ma raison mette les armes bas.
J'ay long-temps disputé si je luy devois dire
L'amoureuse douleur dont mon ame souspire;
Mais, puis que de la sienne il m'importune tant,
Je croy que sans rougir j'en puis bien faire autant.

LE SATYRE.

Enfin je jouïray de celle que j'adore.
La voicy qu'elle vient, plus belle que l'Aurore.
J'ay vaincu ces vainqueurs qui souloient me braver.
Je vous tiens, je vous tiens, rien ne vous peut sauver(1).

YDALIE.

Quoy, meschant! prenez-vous les filles de la sorte?
A l'aide, mes amis! à l'aide, je suis morte!

LE SATYRE.

Vous ne sçauriez mourir d'une plus douce mort.

TISIMANDRE.

Vilain, arrestez-vous! Quel furieux transport
Vous a fait profaner le corail de ces levres?
Allez, bouquin puant, faire l'amour aux chevres.
Cher objet de mes vœux, beaux astres inhumains,
Comme estes-vous tombée en ces barbares mains?
Ces roses et ces lis où la beauté se mire
Ne sont point destinez à l'amour d'un Satyre;
Le Ciel, qui de son œuvre est luy-mesme amoureux,
Reserve à leur merite un destin plus heureux :
C'est le juste loyer d'un serviteur fidelle,
Qui depuis cinq moissons, plein d'amour et de zele,
Surmontant la tempeste et les vents ennemis,
Est demeuré constant en ce qu'il a promis.

---

1. Le Tasse a mis sagement l'odieuse tentative du Satyre en récit; le Guarini, moins habile, l'a mise en action, et Racan a eu la mauvaise pensée d'imiter le Guarini.

YDALIE.

Je vous entends venir, il ne faut plus vous feindre :
Vous parlez de vous-même, et me voulez contraindre
D'accorder à vos vœux, par obligation,
Ce que l'on n'a de moy que par affection.
Je ne vous puis aimer, quoy que vous puissiez dire.
Remettez-moy plustost és mains de ce Satyre ;
Quand je serois contrainte à l'avoir pour espoux,
J'en aurois moins d'horreur que je n'aurois de vous.

TISIMANDRE.

Est-ce là le loyer de vous avoir sauvée
De ce monstre hydeux, qui vous eust enlevée ?
O Dieux ! elle s'en va sans vouloir m'escouter ;
Mes raisons ny mes pleurs ne sçauroient l'arrester.
De quelle folle amour est mon ame enflammée,
De quel enchantement est ma raison charmée,
Que de tant de beautez que la Seine produit
Mon cœur ne fasse choix que d'une qui me fuit ?
Si je voulois aimer la bergere Artenice
Elle satisferoit mon fidelle service.
Ses attraits sont puissans, il n'est cœur de rocher
Qui de sa douce humeur ne se laisse toucher.
Je ne voy que bergers qui souspirent pour elle,
Et tous, excepté moy, la trouvent la plus belle ;
Mais je croy que mes yeux sont complices du sort,
Qui malgré ma raison a conspiré ma mort.
Cette jeune beauté, que j'ay tant mesprisée,
Ne se refroidit point pour se voir refusée,
Et me tesmoigne assez l'amour qu'elle a pour moy
Par le soin qu'elle prend de m'arrester à soy.
Certes, j'en suis honteux, et ne sçay que luy dire
Quand son teint, qui rougit, et son cœur, qui souspire,
En s'approchant de moy, me disent, sans parler,
Le mal que le respect luy contraint de celer.
Je croy que la voilà, toute triste et pensive,
Qui va cueillant des fleurs au long de cette rive.

Scene III.

Artenice, Tisimandre.

Artenice.

Que Lucidas est long! qu'en ce retardement
  La crainte et le desir me donnent de tourment!
Voicy l'heure et la place où je le dois attendre;
Cette vieille mazure est où je me dois rendre.
Dans cet antre remply de tristesse et d'horreur,
C'est où ma passion doit finir son erreur.
Je sens l'impatience en mon ame s'accroistre
De cognoistre le mal que j'ay peur de cognoistre (1),
Qui me fait sans besoin descouvrir un peché
Qui ne m'offençoit point lors qu'il estoit caché
Sous les plaisirs d'amour. Souvent la jalousie,
Après s'estre couvée en nostre fantaisie,
Par nostre propre faute esclost de grands malheurs,
De mesme qu'un serpent endormy sous des fleurs.
O Dieux! qui sçavez tout, en quelle inquietude

---

1. M. L. Lacour, qui a commenté Bonaventure Des Périers avec autant de distinction que de savoir, et qui s'est aussi occupé de recherches sur notre poëte, a pensé que Molière avoit pu s'inspirer de ces deux vers dans ceux-ci de l'*Amphytrion* :

> La foiblesse humaine est d'avoir
> Des curiosités d'apprendre
> Ce qu'on ne voudroit pas savoir.

Nous sommes aussi porté à le croire.. Cependant il n'est pas impossible que Racan et Molière aient songé l'un et l'autre à ce passage du 43e chant de l'*Orlando* :

> Ben sarebbe folle
> Chi, quel che non vorria trovar, cercasse.

Demeure mon esprit en cette incertitude!
Qu'un quart d'heure à passer me donne de soucy!
TISIMANDRE.
Elle ne me voit pas : elle viendroit icy.
ARTENICE.
Il n'en faut plus parler, la pierre en est jettée.
TISIMANDRE.
Quelque chose la fasche; elle est inquietée.
ARTENICE.
Mais ne cognois-je point ce berger arresté
Que j'entre-voy de loin dedans l'obscurité?
Helas! c'est Tisimandre; il monstre à son visage (1)
Qu'un sanglant desespoir luy ronge le courage.
Il le faut aborder : peut-estre qu'à present
Qu'il ressent dans son ame un desplaisir cuisant
De ne pouvoir dompter la rigueur d'Ydalie,
Il sera plus aisé de guerir sa folie.
Maintenant que j'en pers l'espoir et le desir,
Je veux encor un coup en avoir le plaisir.
Quelquefois aux desseins qui sont hors d'apparence
On y réussit mieux lorsque moins on y pense.
  Berger, que dites-vous? quel tourment excessif
Vous rend le teint si pasle et l'esprit si pensif?
N'oublirez-vous jamais cette nymphe cruelle
Qui se rit des ennuis que vous souffrez pour elle?
On ne peut à bon droict estimer bon nocher
Celuy qui tous les jours heurte un mesme rocher.
Guerissez vostre esprit, remettez-le en vous-mesme,
Fuyez ce qui vous fuit, aimez ce qui vous aime.
Celuy, certes, berger, est digne de mourir
Qui voit sa guerison et ne veut pas guerir.
TISIMANDRE.
Il est vray que mon mal tout autre mal excede

1. Voir la note de la page 32.

De n'estre pas guery par un si beau remede.
Je suis bien en cela despourveu de conseil,
De vouloir preferer une estoille au soleil;
Je sçay vostre merite et sçay que ma cruelle
Ne doit qu'à mon malheur le choix que j'ai fait d'elle.

ARTENICE.

Comme avez-vous fait choix de cet esprit ruzé
Qui d'un autre berger a le cœur embrazé ?

TISIMANDRE.

Quoy ! le feu de quelqu'autre a-t-il peu trouver place
Dans ce cœur qui pour moy n'est que roche et que glace ?

ARTENICE.

Estes-vous si nouveau que de ne sçavoir pas
Que c'est pour Alcidor qu'elle tend ses appas ?

TISIMANDRE.

Combien que ce berger soit tousjours avec elle,
Je sçay que leur amour n'est qu'amour fraternelle,
Et n'y sçaurois encor aucun mal concevoir.

ARTENICE.

Bien-tost la verité vous fera tout sçavoir :
Devant que le soleil se recache dans l'onde,
Leur feu sera visible aux yeux de tout le monde.
Oubliez, oubliez ceste ingrate beauté :
Vors trouverez ailleurs plus de facilité.
Deffendez à vos yeux cette perseverance,
Perdez-en le desir avecques l'esperance.

TISIMANDRE.

Ce conseil seroit bon à quelque autre qu'à moy,
Qui fust encore libre et maistre de sa foy.

ARTENICE.

Bien que pour son amour vous l'ayez destinée,
N'en estant point receuë, elle n'est point donnée.
Elle est encor à vous pour en disposer mieux.

TISIMANDRE.

Helas ! il faudroit donc que j'eusse d'autres yeux,
Car ses beautez aux miens y sont ce que les vostres
Sont, aux rives de Seine, aux yeux de tous les autres.
Il faut bien qu'à présent mon cœur soit hors de soy
De n'estre point touché des charmes que je voy.
Vostre beauté n'est point pour estre mesprisée.

ARTENICE.

Ny vostre affection pour estre refusée.

TISIMANDRE.

Je ne sçay de quels yeux je puis voir vos attraits,
Et ne point ressentir leurs flames et leurs traits.

ARTENICE.

Je ne sçay de quels yeux l'on peut voir vos services,
Et n'estre pas sensible à tant de bons offices.

TISIMANDRE.

Vous attirez les cœurs avec un tel aimant
Que qui n'a point d'amour n'a point de sentiment.

ARTENICE.

Vous aymez et servez avec tant de constance
Que qui n'a point d'amour n'a point de cognoissance.

TISIMANDRE.

Je sçay que vos appas sont adorez de tous,
Et, si j'avois deux cœurs, j'en aurois un pour vous ;
Mais le mien desormais n'est plus en ma puissance.

ARTENICE.

L'on ne peut trop louër vostre perseverance ;
Je voudrois que l'Amour, qui vous peut esmouvoir,
Avecque le désir m'eust donné le pouvoir
De vous faire oublier ce cœur inexorable.

TISIMANDRE.

Cessez, belle, cessez de m'estre favorable.

Lors que j'ay mesprisé l'heur de vostre amitié,
J'ay rendu mon tourment indigne de pitié.
Quiconque vous a veuë et ne tasche à vous plaire
N'est pas digne de voir le jour qui nous esclaire.
Souffrez donc que du sort le juste chastiment
Punisse mon amour de cet aveuglement,
Afin que vos beautez, à qui j'ay fait l'offense,
Puissent par mon trespas en avoir la vengeance.

ARTENICE.

Je ne gagneray rien contre cet obstiné :
Le mal qui le possede est trop enraciné.
Il n'entend point raison, mon entreprise est vaine ;
Il ne veut pas guerir, il se plaist en sa peine ;
Il s'en va tout courant la mettre en liberté
Dans les antres affreux d'un désert escarté,
Qui ne sont point si noirs que sa mélancholie,
Ny leurs rochers si durs que le cœur d'Ydalie.
Pour moy, je veux sçavoir si j'auray tout perdu.
Lucidas ne vient point, c'est assez attendu :
Je m'en vais le chercher pour passer mon envie
De sçavoir du devin ou ma mort ou ma vie.

SCENE IV(1).

Polistene, Lucidas, Artenice.

POLISTENE.

Au creux de ces rochers, d'où l'éternelle nuict
A chassé pour jamais la lumiere et le bruit,
J'ay choisy mon séjour, loin de la multitude,
Pour jouïr en repos du plaisir de l'estude.

1. A part le sujet même de la scène, qu'il faut accepter résolûment, il ne manque point ici de choses dignes d'être

Par elle tous les jours, comme maistre absolu,
Je fais faire aux démons ce que j'ay résolu,
Et mon pouvoir, cogneu dans tous les coins du monde,
Met c'en-dessus dessous le ciel, la terre et l'onde.
Des jours je fais des nuicts, des nuicts je fais des jours;
J'arreste le soleil au milieu de son cours,
Où la honte qu'il a d'obéyr à mes charmes
Souvent luy fait noyer son visage de larmes;
Les brouillards, par le frein de mes enchantements,
Dans le vague de l'air changent leurs mouvements,
Et portent où je veux, sur l'onde et sur la terre,
La tempeste, le vent, la gresle et le tonnerre;
Quand le fier Aquilon, l'horreur des matelots,
Met la guerre civile en l'empire des flots,
Bien qu'il ait de Neptune irrité la puissance,
Mon seul commandement excuse son offence.
Bref, je suis tout-puissant si-tost que des enfers
Mon art a délivré les esprits de leurs fers.
N'est-il pas vray, démons, spectres, images sombres,
Noirs ennemis du jour, phantosmes, lares, ombres,
Horreur du genre humain, trouble des élémens?
Qu'est-ce qui vous rend sourds à mes commandemens?
Que retardez-vous tant? Hé quoy! trouppe infidelle,
Ne cognoissez-vous pas la voix qui vous appelle?
Descouvrez des enfers le funeste appareil;
Que l'horreur de la nuict fasse peur au soleil;
Faites couler le Styx dessus nostre hemisphere,
Et faites seoir Pluton au thrône de son frère;
Tonnez, greslez, ventez, estonnez l'univers,
Monstrez vostre pouvoir et celuy de mes vers.
Et vous qui dans un verre en formes apparentes
Imitez des absents les actions presentes,
Faites voir Ydalie avec son favory

remarquées. Le tableau assez énergique fait par le devin, quelques contrastes fort heureusement amenés, enfin un style très pur pour l'époque, tout concourt à faire de cette scène une des bonnes inspirations de Racan.

Joüir des privautez de femme et de mary,
Afin que sa rivale, en voyant cette feinte,
Quitte la passion dont son ame est atteinte,
Et que de ce tyran qu'on craint mesme aux enfers
Nous brisions aujourd'huy les prisons et les fers.

LUCIDAS.

Voilà, ma belle ingrate, où le devin demeure.
Si vous le voulez voir, allons tout à cette heure,
Car je l'entends desja sur le haut de ces monts
D'une voix esclatante invoquer les démons.

ARTENICE.

Allons donc, Lucidas.

LUCIDAS.

          Allons, belle Artenice,
Sçavoir de mon rival l'infidelle artifice.

POLISTENE.

Mais je croy que desja voilà ce pauvre amant
Qui cherche dans mon art la fin de son tourment.

LUCIDAS.

Venerable vieillard, dont l'obscure science
Ne tire sa raison que de l'expérience,
Et dont nos sens ravis, et non pas satisfaits,
D'une cause incogneuë admirent les effets,
Quand vostre art leur découvre en ces noires merveilles
Les secrets ignorez des yeux et des oreilles,
Je vous viens retrouver, désireux de sçavoir
Ce que dans vostre glace il me doit faire voir.
Permettez qu'avec moy ceste jeune bergere
Contente son désir à voir ce qu'elle espere.

POLISTENE.

Mon fils, je le veux bien : vous pouvez librement
De tout ce que je puis user absolument ;
Mais je crains que ceste ame, encore jeune et tendre,
Ne transisse de peur, mais qu'il luy faille entendre

Les foudres esclattans et les horribles cris
Que font autour de moy ces bijarres esprits.

ARTENICE.

Non, non, ne craignez point, je suis bien asseurée :
Avant que d'y venir je m'y suis préparée.

POLISTENE.

Je vais donc de ce pas mes charmes commencer.
Ne bougez de ce lieu, gardez d'outrepasser
Les bornes de ce cerne imprimé sur la terre ;
Ne vous ennuyez point, je vay querir le verre
Où mes enchantemens feront voir à vos yeux
Ce que le monde croit n'estre veu que des dieux.

ARTENICE.

Nous attendrons long-temps.

LUCIDAS.

          C'est ce que j'apprehende ;
Mais il faut trouver bon tout ce qu'il nous commande.

ARTENICE.

Dieux ! qu'est-ce que je voy ?

LUCIDAS.

          Dieux ! qu'est-ce que j'entens ?

ARTENICE.

Que de monstres hideux !

LUCIDAS.

          Que de feux esclattans,
D'horribles tourbillons, d'esclairs et de tempestes,
Dans ce nuage espais s'assemblent sur nos testes !

ARTENICE.

Tout le ciel est couvert d'une noire vapeur.

POLISTENE.

Ne vous estonnez point, vous n'aurez que la peur.

ARTENICE.

Faites donc appaiser cet horrible tonnerre,
Qui semble menacer le ciel, l'onde et la terre.

POLISTENE.

Courage, mes enfans; bien-tost je me promets
De vous rendre le jour aussi clair que jamais.

ARTENICE.

Je croy qu'il dira vray : la nuë est dissipée,
La terre de brouillards n'est plus enveloppée ;
Son sçavoir, admiré des ames et des yeux,
Rend le beau temps au monde et le soleil aux cieux.
Dieux ! que sur ces démons il s'est acquis d'empire !
Voyez quel changement ! ils font ce qu'il désire,
Et semble qu'il les tient sous son pouvoir enclos,
Comme Eole les vents, ou Neptune les flots.

POLISTENE.

Tenez, jeunes bergers, considerez ce verre :
C'est le portraict naïf des secrets de la terre.
Maintenant que mon art, à sa puissance joint,
Luy fait rendre à nos yeux les objets qu'il n'a point,
Commencez-vous à voir ?

LUCIDAS.

Nous commençons à peine
A descouvrir un peu des deux bords de la Seine,
Qui, serrant en ses bras ces beaux champs plantureux,
Fait cognoistre à chacun l'amour qu'elle a pour eux.
Quel esclat de grandeurs reluit en ces rivages !
Quel amas de palais riches de leurs ouvrages,
Où la nature et l'art semblent de tous costez
Disputer à l'envy le prix de leurs beautez !
Que ces ruisseaux d'argent, fugitifs des fontaines,
Coulent de bonne grace au travers de ces plaines !
Voyez-vous au-dessous de ce petit couppeau
Le berger Alcidor qui meine son trouppeau ?

ARTENICE.

Ouy, certes, je le voy bien près de sa maistresse;
On reconnoist assez le désir qui les presse.

LUCIDAS.

Le vermillon leur vient, ils entrent dans le bois;
Tous deux sous un ormeau s'assisent à la fois.
Que je voy de baisers prins à la desrobée!

ARTENICE.

O Dieux! en quel malheur se voit-elle tombée!
Que leurs sales plaisirs, détestez en tous lieux,
Font de peine à mon cœur et de honte à mes yeux!
Que long-temps cet affront vivra dans ma memoire!

LUCIDAS.

Au moins vous l'avez veu! vous n'en vouliez rien croire!

ARTENICE.

Je n'en ay que trop veu pour mon contentement.
Peut-on plus se fier à la foy d'un amant?
Va, triomphe à ton aise, esprit plein d'artifice,
De l'honneur d'Ydalie et du cœur d'Artenice,
En me voyant punie avec indignité
De m'estre trop fiée en ta legereté.
Quant à moy, désormais, le seul bien que j'espere
Est de passer ma vie en un désert austere,
Où, sage à mes dépens, je veux à l'avenir
Au seul amour du ciel mes volontez unir.

LUCIDAS.

Vous pleurez une perte indigne de vos larmes:
La faute est à ses yeux, et non pas à vos charmes,
Qui pourroient arrester les cœurs les plus legers
Et contraindre les dieux d'estre encore bergers.

ARTENICE.

Que servent, Lucidas, toutes ces flateries?
Je ne me repais plus de vos cajoleries;
Je prends congé du monde et de ses vanitez,

Qui succent le venin de tant d'impietez.
Adieu donc pour jamais, plaisirs pleins d'amertume!
Adieu, vaine esperance où l'âge se consume!
Adieu, feux insensez, autheurs de mes ennuis!
Adieu, doux entretien où je passois les nuicts!
Adieu, rochers et bois! adieu, fleuves et plaines,
Qui saviez de mon cœur les plaisirs et les peines!
Adieu, sages parens, de qui les bons advis
En mon aveuglement furent si mal suivis!
Adieu, pauvre berger, dont la perseverance
Reçoit de mon amour si peu de recompence!
Adieu, sage vieillard, dont l'art prodigieux
Fait que la verité se découvre à mes yeux!
Adieu, cheres brebis, qui parmy ces campagnes
Me serviés tous les jours de fidelles compagnes!
Adieu donc, Lucidas, encore un coup, adieu!
Je vay finir mes jours dedans quelque sainct lieu
Où jamais le malheur ne me pourra desplaire.

LUCIDAS.
Comment! c'est tout de bon?

POLISTENE.
      Il la faut laisser faire:
Un mal si violent est sourd à la raison;
Son secours à present seroit hors de saison.
Le temps seul peut guerir une si grande playe.

LUCIDAS.
Pere, vous dites vray, c'est en vain qu'on essaye
A consoler une ame au fort de son malheur:
Les remedes trop prompts irritent la douleur.
Il faudra donc attendre, et le mieux pour cette heure
Est d'aller au village où son pere demeure,
Afin de l'avertir qu'il la suive de près
Cependant que le mal est encore tout frais.

Scene V.

Alcidor, Ydalie, Artenice.

ALCIDOR.

Que le soleil est haut ! Desja de ces colines
L'ombre ne s'estend plus dans les plaines voisines ;
Desja les laboureurs, lassez de leurs travaux,
Tous suants et poudreux, emmeinent leurs chevaux ;
Desja tous les bergers se reposent à l'ombre,
Et, pour se festoyer des mets en petit nombre
Que la peine et la faim leur font trouver si doux,
Font servir au besoin de table à leurs genoux ;
Les oyseaux, assoupis, la teste dans la plume,
Cessent de nous conter l'amour qui les consume ;
L'air est par tout si clair qu'il deffend à nos yeux
D'admirer les saphirs dont il pare les cieux.
Le soleil trop à plomb nous voit sur ce rivage :
Il nous faut retirer et nous mettre à l'ombrage
De ce bocage espais, où l'on diroit qu'Amour
A voulu marier la Nuict avec le Jour.

YDALIE.

Helas ! mon frere, helas ! en quelque part que j'aille,
Je ne puis moderer le feu qui me travaille.
J'ay par tout le soleil autheur de mon ennuy :
Les antres ny les bois n'ont point d'ombre pour luy.

ALCIDOR.

Quelle secrette ardeur vous ronge le courage ?

YDALIE.

Ce que j'ay dans le cœur se lit dans mon visage ;
Je voudrois bien le dire et ne le dire point.
Je sçay bien en cela ce que l'honneur m'enjoint,

Et ne puis sans rougir, quoy que je me propose,
En vous le descouvrant en descouvrir la cause.

ALCIDOR.

Pourquoy, ma chere sœur? quelle timidité
Retient vostre discours en cette obscurité?

YDALIE.

Pleust à ce petit dieu qui me reduit en cendre
Que sans vous en parler vous le peussiez entendre!

ALCIDOR.

Avez-vous des secrets dont vous n'osiez parler
A celuy dont le cœur ne vous peut rien celer?

YDALIE.

Las! c'est aussi le seul que je ne vous puis dire.

ALCIDOR.

Quand vous me le diriez, en deviendroit-il pire?
Ay-je quelque interest en vostre passion
Qui vous fasse doubter de ma discretion?

YDALIE.

Au trouble où je me voy, je ne sçay comme faire:
Je ne vous l'ose dire et ne vous le puis taire.

ALCIDOR.

Ma sœur, ne craignez point, dites-le librement:
Il ne faut point rougir pour avoir un amant.
La seule opinion rend ce plaisir blasmable,
Et, si c'est un peché, le Ciel mesme est coupable.
Combien qu'il le deffende, il en est desireux :
Il est, au renouveau, de la terre amoureux,
Il void de tous ses yeux ses beautez rajeunies;
Elle sent dans son cœur leurs flames infinies,
Et, s'estoilant de fleurs, tasche à se conformer
Avec celuy qui l'ayme et qu'elle veut aymer.
Leur mutuelle ardeur rend la terre feconde,
Et le feu s'en repand dans tous les cœurs du monde.

Ces rochers et ces bois n'entendent nuict et jour
Que de pauvres bergers qui se pleignent d'amour.
S'ils ne sont point suspects aux secrets de tant d'autres,
Quelle crainte avez-vous de m'y dire les vostres ?

YDALIE.

Que servira cela ?

ALCIDOR.

C'est un soulagement
D'oser en liberté declarer son tourment.
Il n'est rien de si doux aux ames bien atteintes
Que de pouvoir trouver à qui faire leurs plaintes.
Un mal se diminuë et n'est plus que demy
Quand nous le partageons avecques nostre amy.

YDALIE.

Mais c'est à ces amis, compagnons de fortune,
Qu'on ayme seulement d'une amitié commune.

ALCIDOR.

Ma sœur, c'est au contraire : à ceux qu'on ayme bien
Il faut ouvrir son cœur et ne leur celer rien.

YDALIE.

Le mien vous est ouvert : ces souspirs tout de flame
Vous descouvrent assez ce que j'ay dedans l'ame.

ALCIDOR.

Ces souspirs enflamez dont je suis spectateur,
En disant vostre mal, n'en disent point l'autheur.

YDALIE.

Las ! il ne m'entend point ; je me rends trop obscure :
Il a, comme le cœur, l'intelligence dure.

ALCIDOR.

Je ne sçay pas de vray pourquoy vous differez
A me nommer celuy pour qui vous souspirez.

YDALIE.
Vous le verrez bien tost, et sans beaucoup de peine,
Si vous baissez les yeux dans les flots de la Seine.

ALCIDOR.
Helas! je vous entends et tiendrois à bon-heur
D'avoir en moy dequoy meriter cét honneur.
J'ay pitié de vous voir le visage si blesme.
Assez depuis trois ans j'ay cogneu par moy-mesme
Quel tourment c'est d'aymer et de n'esperer rien.
Je deplore en cela vostre sort et le mien.

YDALIE.
Vous seul à tous les deux pouvez donner remede.

ALCIDOR.
Ouy, si j'estois gueri du mal qui me possede.

YDALIE.
Las! guerissez-vous donc à fin de me guerir.

ALCIDOR.
De manquer à ma foy j'aymerois mieux mourir.

YDALIE.
Vostre mort pour cela seroit mal employée.

ALCIDOR.
Heureux si le destin me l'avoit envoyée!
Je ne sçaurois mourir pour un plus beau suject.

YDALIE.
Vos desirs feront mieux d'avoir un autre object.

ALCIDOR.
La Seine dans son lict verra plustost son onde
Rebrousser contremont sa source vagabonde,
Et plustost le soleil luira dans les enfers,
Que seulement je pense à sortir de mes fers,
Et qu'une autre beauté que celle d'Artenice
Ait jamais le pouvoir d'arrester mon service.

YDALIE.

Puis qu'elle n'est pas libre en son affection,
Vous n'en aurez jamais que de l'affliction,
Et vieillirez tous deux en ces poursuittes vaines
Avant que de cueillir le loyer de vos peines :
Son pere et ses parens ne le desirent pas.

ALCIDOR.

Je suis assez content d'adorer ses appas,
Combien que son destin soit à mes vœux contraire;
L'honneur que j'en reçoy me tient lieu de salaire.

YDALIE.

Languirez-vous tousjours en si dure prison?

ALCIDOR.

Ouy, si je ne perdois le sens et la raison.

YDALIE.

Appellez-vous raison d'aymer sans esperance?

ALCIDOR.

La raison nous oblige à la perseverance,
Après que nous avons engagé nostre foy.

YDALIE.

Vous ne voulez donc point avoir pitié de moy?

ALCIDOR.

Que peut un affligé dont le mal incurable
A luy-mesme le rend luy-mesme inexorable?
Mais, si vous recevez quelque contentement
De me voir comme frère, et non pas comme amant,
Nous nous verrons toujours sans contrainte et sans peine
En gardant nos troupeaux sur le bord de la Seine.

YDALIE.

Puisque pour posseder le bon-heur de vous voir
Il faut regler mes vœux aux loix de mon devoir,
Bien qu'il soit mal-aisé, belle ame de mon ame,
De paroistre de glace estant toute de flame,

Toutesfois, pour jouyr d'un bien qui m'est si doux,
Je tairay pour un temps l'amour que j'ay pour vous.

ALCIDOR.

Vous me permettrez donc d'aller voir ceste belle
Qui seule et sans troupeau dans ce bois se recele.
Beauté le cher soucy de tant de beaux esprits,
Qui d'une douce flame avez mon cœur espris,
Merveille d'icy-bas, chef-d'œuvre de nostre age
Où la nature mesme admire son ouvrage,
Quel soin guide vos pas en ces lieux escartez?

ARTENICE.

Quoy! tu ne rougis point de tes desloyautez!
Tu me parles encor, meschant, ingrat, parjure,
Après que tu m'as fait une si grande injure!

ALCIDOR.

Quelle rage vous meut à me traitter ainsi?

ARTENICE.

Ce que tout maintenant tu viens de faire icy.

ALCIDOR.

O quelle calomnie! ô Dieux, quelle malice!

ARTENICE.

Voyez qu'il est meschant et remply d'artifice!
Laisse moy, desloyal, ne m'importune plus.

ALCIDOR.

Beauté dont mon malheur a son flus et reflus,
S'il vous reste dans l'ame un rayon de justice,
Pour le dernier loyer de trois ans de service,
Differez d'un moment l'arrest de mon trespas;
Avant que de m'oüyr ne me condamnez pas.
O Dieux! elle s'en va sans me vouloir entendre!
O destins trop cruels! que voulez-vous attendre
A couper de mes ans le filet malheureux?
N'estes-vous sans pitié que pour les amoureux?
Et toy, pere du jour, dont la flame feconde

Comble de tant de biens tout ce qui vit au monde,
Seul astre sans pareil, arbitre des saisons,
Qui repands ta splendeur aux celestes maisons,
Jadis j'ay comparé des yeux de ma cruelle,
La flame perissable à ta flame immortelle.
Pourquoy ne punis-tu pour t'avoir offensé
D'une éternelle nuict ce blaspheme insensé ?
A quoy me sert de voir ta lumiere importune ?
A quoy me sert la vie en butte à la fortune ?
Il vaut mieux, il vaut mieux en arrester le cours,
Et mourir une fois que mourir tous les jours.

CHŒUR DES BERGERS.

Jouets du temps et de l'envie,
 Esprits dans le monde agitez,
Qui passez toute vostre vie
Beants après les vanitez,
Que vos desirs sont miserables !
Que vos grandeurs sont peu durables !
Et que l'espoir est glorieux
Des ames devotes et sainctes
Qui libres de soings et de craintes
Vivent en terre comme aux cieux !
 En une éternelle bonace
Tous leurs jours ont un mesme sort ;
Leur vie, exempte de menace,
Ne voit l'orage que du port ;
Au lieu que la nostre est complice
De tant de malheur et de vice,
L'un de l'autre se nourrissant,
Qu'à bon droit la mieux fortunée
Porte envie à la destinée
De ceux qui meurent en naissant.
 Nos offences innumerables
Ne se peuvent plus endurer ;
Les astres les plus favorables

Ont horreur de les éclairer.
Tant de signes dans les planettes,
Tant d'éclypses, tant de comettes
Et tant d'effects prodigieux,
Ne sont-ce pas des propheties
Aux ames les plus endurcies
De la juste fureur des dieux?
 Je sçay bien que l'outrecuidance
Qui nous porte à l'impieté
Nous figure leur Providence
Sans pouvoir et sans volonté;
Mais, au premier coup de tonnerre
Dont le Ciel menace la terre,
La frayeur saisit les mortels;
On voit leurs rages assoupies
Et les ames les plus impies
Embrasser le pied des autels.
 O trois fois heureuse Artenice,
Qui fais par generosité
Ce que la terreur dusupplice
Exige de leur lascheté,
Et qui, sagement retirée
Des plaisirs de peu de durée
Dont nous sommes ambitieux,
En une paix douce et profonde
T'exemptes du trouble du monde
Et de la colere des Cieux!

ACTE III.

SCENE PREMIERE.

Artenice, Philothée.

ARTENICE.

Que cette vie est douce ! ah ! que je suis contente (1)
De me voir en ce lieu conforme à mon attente !
Que j'y trouve d'appas qui charment ma douleur !
Que le sort m'a renduë heureuse en mon malheur !
Doux poison des esprits, amoureuse pensée,
Qui me ramentevez ma fortune passée,
Esloignez-vous de moy, sortez de ces sainets lieux :
Les cœurs n'y sont espris que de l'amour des Cieux.
La gloire des mortels n'est qu'ombre et que fumée :
C'est une flame esteinte aussi tost qu'allumée.
Desillez vous les yeux, vous dont la vanité
Prefere cette vie à l'immortalité.
Maintenant que je gouste une paix si profonde,
Que j'ay pitié, ma sœur, de ceux qui sont au monde,
Et qui sur cette arene esmeuë à tous propos
Fondent sans jugement l'espoir de leur repos !

PHILOTHÉE.

Ma sœur, ne plaignez point ceux que le sort convie

---

1. Racan n'arrive jamais (du reste il le veut bien ainsi) à rien idéaliser complétement. Voici Artenice qui se fait religieuse, plus que vestale, en plein paganisme, et qui, consacrée aux autels de Diane, a un entretien empreint de l'ascétisme le plus pur avec une *Philothée*, nom, suivant toute vraisemblance, emprunté à la Philothée de saint François de Sales, alors encore dans sa nouveauté. A cela près, d'heureux détails, de belles maximes, ainsi que dans la longue scène qui suit.

A passer loin de nous la course de leur vie,
Parmy les vanitez qui ne sont point icy :
Où le combat est grand, la gloire l'est aussi.
Nous vivons sur la terre en éternelle peine,
Et, de plusieurs chemins par où le Ciel nous meine
Au repos glorieux qui nous est preparé,
Celuy que nous tenons est le plus asseuré.
Benissez donc, ma sœur, sa bonté paternelle,
Qui vous met au chemin de la vie éternelle,
Et benissez aussi la tempeste du sort
Qui du milieu des flots vous a jettée au port.
Les Dieux diversement nous retirent du monde :
L'esprit ne peut sonder leur prudence profonde.
C'est d'eux d'où le soleil emprunte sa splendeur ;
Il faut, en se taisant, admirer leur grandeur.
Alors que vous perdiez au milieu des delices
Qui cachent comme fleurs les abysmes des vices,
Ces esprits, tousjours prests au secours des humains,
Vous sauvent du naufrage et vous tendent les mains.
Oubliez donc le feu de ce berger parjure
Qui fait à vostre amour une si grande injure ;
Donnez leur vos pensers, vostre ame et vos appas :
Ces amans tous parfaits ne vous tromperont pas.

ARTENICE.

Je vous croyray, ma sœur, leur bonté m'y convie,
Et, tant que le destin me laissera la vie,
Jamais autre desir n'entrera dedans moy
Que de leur conserver mon amour et ma foy.
C'est en cette asseurance aussi douce que saincte
Que je veux terminer mon espoir et ma crainte.

PHILOTHÉE.

Quand on vient en ce lieu, devant que s'engager
Au vœu que nous faisons, il faut bien y songer ;
Nostre reigle est estroicte et malaisée à suivre :
Dans un desert austere il faut mourir et vivre,
Prendre congé du monde et de tous ses plaisirs,

N'avoir plus rien à soy, pas mesme ses desirs,
Mediter et jeusner avecques patience,
Et souffrir doucement la loy d'obedience.
Nous en voyons assez de pareilles à vous
Par un prompt desespoir se retirer chez nous;
Mais, quand il faut jeusner et faire penitence,
Souvent leur desespoir se tourne en repentence.
Conseillez vous aux Dieux, pensez-y meurement;
Ne vous engagez point inconsiderement.

ARTENICE.

Ma sœur, ceste harangue est pour moy superfluë.
Avant que d'y venir je m'y suis resoluë,
Et croy qu'avec le temps j'eusse fait par raison
Ce que par desespoir j'ay fait hors de saison.

PHILOTHÉE.

Qui sont ces deux vieillards que je voy dans la plaine?

ARTENICE.

C'est mon pere et mon oncle. O Dieux! qu'ils ont de
   peine!
Que je crains leur abord! que je plains leur soucy!
Que je maudits le soing qui les ameine icy
Tourmenter mon esprit de leurs raisons frivoles
Et perdre sans effect leurs pas et leurs paroles!

PHILOTHÉE.

Je vous laisseray seule, afin que librement
Ils vous puissent tous deux dire leur sentiment.

Scene II.

Silene, Damoclée, Artenice.

SILENE.

Dans ce triste sejour, loin du peuple profane,
C'est où ma fille sert les autels de Diane.
Le bon-heur nous conduit; nous ne pouvions choisir
Un temps plus à propos selon nostre desir :
La voila toute seule au frais de ce bocage.
    Ma fille, hé! qui vous meut à quitter le village
Pour venir demeurer en de si tristes lieux?

ARTENICE.

Pour la haine du monde et pour l'amour des Cieux.

SILENE.

D'où vous vient cette humeur en l'avril de vostre âge?
Si ce sont les effects d'une amoureuse rage,
Nommez nous en l'auteur.

ARTENICE.

                    C'est tout ce que je crains
Que de vous declarer celuy dont je me plains,
Parce qu'en l'accusant moy-mesme je m'accuse.

SILENE.

Cet extreme remords dont vostre ame est confuse
Repare assez le mal que vous tenez caché.

ARTENICE.

Vostre seule deffense en a fait un peché.
Si vos justes rigueurs, dont je fus menacée,
Eussent peu trouver place en ma raison blessée,
Mon cœur ne plaindroit pas l'ennuy que je reçoy
De voir un estranger m'avoir manqué de foy.

SILENE.

Elle en a dit assez : nous le pouvons cognoistre.
L'excuse qu'elle faict nous fait assez paroistre
Que c'est ce beau garçon qui demeure chez vous
Depuis que le destin l'arresta parmy nous.

ARTENICE.

Mon pere, c'est luy-mesme; excusez mon enfance.
Il est vray, je l'aymois contre vostre deffence,
Ce meschant, cét ingrat, cét esprit inconstant.

DAMOCLÉE.

Quel sujet avez vous de vous en plaindre tant?

ARTENICE.

Ne vous enquerrez point de ceste perfidie :
Vous la sçaurez trop tost sans que je vous la die.

DAMOCLÉE.

Quel timide respect vous deffend d'en parler?
Est ce quelque secret qu'on me doive celer?

SILENE.

Ma fille, dites luy, puis qu'il vous le commande.

ARTENICE.

Par où commenceray-je? O Dieux! que j'apprehende
De vous entretenir de ce triste discours,
Qui comblera d'ennuy le reste de vos jours!

DAMOCLÉE.

Dépeschez-vous, ma niepce; en vain on me le cache :
Quand ce seroit ma mort, il faut que je le sçache.

ARTENICE.

D'un autre que de moy le puissiez vous sçavoir!

DAMOCLÉE.

Que de peurs à la fois vous me faites avoir!
Que vous m'apprenez bien qu'en un sujet de plainte
Le plus souvent le mal est moindre que la crainte!

ARTENICE.
Le crime qu'Alcidor a fait contre sa foy
Vous offense, mon oncle, aussi bien comme moy.

DAMOCLÉE.
Est-ce point que ce traistre, abusant de ma fille,
Avec elle eust tasché l'honneur de ma famille ?

ARTENICE.
Helas! j'en ay trop dit.

DAMOCLÉE.
     Je vous prie, achevez,
Et nous dites comment ils ont esté treuvez.

ARTENICE.
Que le seul souvenir des maux que je raconte
Me comble maintenant de tristesse et de honte!
Sur la rive de Seine, en ces lieux escartez
Que son cours sinueux borne de trois costez,
Est dans un petit bois un cabinet champestre,
D'où sans se faire voir on voit ses brebis paistre.
Là ces jeunes amants vont presque tous les jours
Esteindre en liberté le feu de leurs amours,
Et desja leurs plaisirs pensent couvrir leur crime
Sous le vœu fait entr'eux d'un hymen legitime,
Et pensent que des maux dont ils sont entachez
Ils sont assez absous en les tenant cachez ;
Mais Lucidas et moy, consultans les mysteres
Que Polistene observe en ses grottes austeres,
Descouvrismes au jour d'un cristal enchanté
Ce que le bois cachoit dans son obscurité.

DAMOCLÉE.
O Dieux! que vistes-vous ?

ARTENICE.
     Je rougis quand j'y pense,
Et ma condition ne peut avoir dispense
De conter devant vous de quelles actions

Ils taschoient d'assouvir leurs folles passions.
Si tost que le viellard, imprimant sur l'argile,
Eut achevé son cerne, ou plustost nostre azile,
Et qu'il eut par trois fois invoqué les démons
D'une voix estouffée en ses foibles poulmons,
Dans l'air clair et serain maints nuages s'étendent,
De mainte estrange voix les murmures s'entendent,
Des morts pasles et froids sortent du monument ;
Il semble que l'enfer s'assemble au firmament ;
L'air éclatte frappé de maint coup de tonnerre,
Et l'ombre de la nuict environne la terre.
A l'heure la frayeur commence à me saisir ;
Tous mes sens estonnez ne sçavent que choisir ;
Mes vœux sont sans effect aussi bien que mes larmes.
Le vieillard cependant continuoit ses charmes :
Un orage bouffy, qui se fendit en deux,
Peupla l'obscurité de phantosmes hideux,
D'où des lances de feu, de respect retenuës,
Descendent sur ma teste et remontent aux nuës ;
Et lors, pour tesmoigner son pouvoir souverain,
Ses seuls commandemens rendirent l'air serain,
Des tourbillons esmeus calmerent l'insolence,
Et mèsmes aux zephirs imposerent silence.
Il presente à mes yeux le cristal enchanté
Dont l'oracle muet m'apprit la verité,
Qui, trop longtemps cachée et trop tost descouverte,
A produit mon salut en produisant ma perte.
Je me sens toute esmeue en regardant les lieux
Que cette glace offroit à mes timides yeux,
Qui, de tant de brebis dont la plaine est remplie,
Ne cognurent d'abord que celles d'Ydalie ;
Je contemple ce bois si plaisant et si beau
Qui fut de son honneur l'agreable tombeau ;
J'entrevoy son amant au pied d'une colline,
Qui gardoit son troupeau dans la plaine voisine.
Son regard, à la fois en tous lieux attaché,
Monstroit assez le soing dont il estoit touché.
Là ses moutons espars paissoient dans les campagnes ;

Là ses chevres pendoient au sommet des montagnes;
Là son mastin, veillant pour le salut de tous,
Asseuroit leur repos des embusches des loups.
Il advise Ydalie au milieu de la plaine;
Il luy veut abreger la moitié de sa peine.
Tous deux d'un pas égal s'advancent à la fois;
Ils traversent les prez, ils entrent dans le bois,
Sans avoir que l'amour pour complice et pour guide.
Il semble qu'à regret elle suit ce perfide :
La crainte et le desir la troublent en tous lieux;
La honte est dans son teint et l'amour dans ses yeux;
Elle resiste un peu, mais c'est de telle sorte
Qu'on void bien qu'elle veut n'estre pas la plus forte;
Le cœur tout haletant, en vain elle taschoit
A moderer l'ardeur du feu qu'elle cachoit;
Mais enfin son amour triompha de sa honte,
Enfin de son honneur elle ne tint plus conte,
Elle se laisse en proye au desir du berger.

DAMOCLÉE.

O desloyal, ô traistre, ô perfide estranger,
De qui l'ingratitude et l'amour impudique
Font d'un mal domestique une honte publique!
Est-ce là le loyer du soing que j'eus de toy
Lors que tu vins enfant te retirer chez moy?

ARTENICE.

Il monstre bien qu'il est d'une ingrate nature,
De s'attaquer à vous dont il est creature.
D'où peut-il desormais esperer de l'appuy?

SILENE.

Vous avez en sa faute autant de tort que luy.
Tous les jeunes bergers vivent sur la commune;
Sans respect et sans crainte ils cherchent leur fortune.
Laisser sa fille seule avec ces jeunes foux,
C'est mettre une brebis à la garde des loups.
Si vous eussiez eu soing de la tenir sujette,
Elle n'eut jamais fait la faute qu'elle a faite.

DAMOCLÉE.
Vous dites vray, mon frere.
SILENE.
Il n'en faut plus parler.
DAMOCLÉE.
Que je suis miserable!
SILENE.
Il se faut consoler.
DAMOCLÉE.
La mort seule a pouvoir de consoler mon ame;
Mais il faut que devant je me lave du blasme
Dont cette fille infame a mon bon-heur tasché,
Et que, dessus l'autel expiant son peché,
Son juste chastiment à sa faute responde,
Pour la gloire du ciel et l'exemple du monde.
ARTENICE.
O dieux! qu'il est cruel!
SILENE.
Ce n'est pas sans raison:
Cette offence à jamais tascheroit sa maison.
ARTENICE.
Après tant d'accidens qu'à toute heure on void naistre.
C'est n'avoir point de sens que de ne point cognoistre
Que qui vit dans le monde il vit dans le malheur.
SILENE.
Il falloit que mon frere eust part à ma douleur :
Il n'avoit comme moy que ceste seule fille,
Il perd en la perdant l'espoir de sa famille;
Et moy, si je vous perds, je perds en mesme temps
Le seul bien qui rendoit tous mes desirs contens.
Vostre bon naturel maintenant vous convie
D'avoir pitié de ceux dont vous tenez la vie;

Ce froid et pasle corps, victime du tombeau,
Verra bien tost ses jours esteindre leur flambeau.
Attendez le succez des tristes destinées,
Qui détordent desja le fil de mes années.
Helas! ma fille, helas! qui me clorra les yeux
Mais que mon pasle esprit soit monté dans les cieux?

ARTENICE.

Je sçay ce que je dois à l'amour paternelle;
Mais il faut obeyr à celuy qui m'appelle,
Et qui, mon premier pere, a voulu prendre soing
De me tendre les bras et m'aider au besoing.

SILENE.

Les dieux que vous servez en ce desert austere
N'ostent point les enfans d'entre les bras du pere.
Ce n'est point leur conseil qui vous meut à cecy;
Rien que le desespoir ne vous ameine icy.

ARTENICE.

Le soin continuel de nostre bon genie
Par des moyens divers nos volontez manie,
Et, de quelque façon qu'il nous vueille inspirer,
Il luy faut obeyr et ne point murmurer.
Bien que le desespoir d'une flame amoureuse
Ait conduit ma fortune en ceste vie heureuse,
Puis qu'ainsi l'Eternel pour mon bien le voulut,
D'un desespoir naistra l'espoir de mon salut.

SILENE.

Pensez-vous le trouver en ceste triste vie
Plustost que dans le monde où l'âge vous convie?
Estimez-vous que ceux qui n'ont fait que pour nous
Les plaisirs d'icy bas aussi justes que doux
Vueillent pour leur service en deffendre l'usage?

ARTENICE.

Croyez-vous que ce lieu solitaire et sauvage,
En esloignant de nous la crainte et le desir,
Esloigne de nos cœurs tout suject de plaisir?

Voyez ces bois espais, voyez ceste verdure,
Ces promenoirs dressez par le soing de nature,
Et ce temple où les cœurs vrayment devotieux
Destinent leur repos à la gloire des cieux;
Voyez en cét enclos les lieux où Philothée
Fait depuis si long temps sa demeure arrestée,
Et vous-mesme avoüerez, exempt de passion,
Qu'ils n'ont pas moins d'attraits que de devotion.

Scene III.

Cleante.

Helas! que de l'amour les passions diverses
Dans l'esprit des mortels aportent de traverses!
De combien de tourment, de peine et de desir
Il nous faut achepter un moment de plaisir!
Ce miserable amant plus fidelle que sage
Aux despens de sa vie en fait l'apprentissage :
Il s'est precipité, pour finir son ennuy,
Dans les flots, plus humains à luy-mesme que luy.
La vague courroucée et d'escume couverte
Mesme au fort de son ire eut pitié de sa perte,
Par trois ou quatre fois elle l'a souslevé
Pour le rendre à la terre où je me suis treuvé;
Mais sa vie et sa mort sont encore incertaines,
Une tiede chaleur est restée en ses veines,
Et semble que son cœur fait ses derniers efforts
Pour retenir son ame aux prisons de son corps.
Je voudrois bien me rendre à son mal secourable,
Mais en le secourant je me rendrois coupable :
Ceux qui de ce malheur ne s'informeroient pas
Me jugeroient moy-mesme autheur de son trespas.
Un temple de Diane est au bord de cette onde,
Où les cœurs, nèttoyez des soüilleures du monde,

Sçavent des faits douteux choisir la verité
Avec moins d'artifice et plus d'integrité.
Je m'en vais en ces lieux, amis de l'innocence,
Implorer de quelqu'un la fidelle assistance (1).

Scene IV.

Alcidor, Cleante, Artenice, Silene.

Alcidor.

En quel lieu m'a conduit la cruauté du sort ?
Suis-je en terre ou dans l'eau, suis-je vivant ou mort?
Qu'est-ce qui tient encor mon ame prisonniere ?
D'où provient à mes yeux cette triste lumiere ?
Quoy ! le ciel ou l'enfer ont-ils quelque flambeau
Qui trouble le repos en la nuict du tombeau ?
Que ne suis-je en ces lieux éternellement sombres ?
Me refuse-t'on place en la troupe des ombres ?
Veut-on qu'errant tousjours sous la voûte des cieux,
J'esprouve en tous endroits la justice des dieux,
Ou que mon pasle esprit, vaine terreur du monde,
Se plaigne incessamment aux rives de cette onde,
Où mon cœur, au mespris de la Divinité,
N'aguere idolatroit une ingratte beauté ?
N'est-ce pas là le bois, n'est-ce pas là la plaine
Où vivant j'avois soing de mes bestes à laine ?
Ces valons reculez de la flame du jour,
N'est-ce pas où j'allois souspirer mon amour ?
A ces vieux bastimens de qui l'on voit à peine
Les ornemens du faiste estendus sur l'arene,
A ces murs esboulez par la suitte des ans,

---

1. Aminte aussi se précipite, et ici Racan n'est pas trop inférieur.

Je recognois ces lieux autresfois si plaisans,
Quand la belle Artenice, honneur de son village,
Amenoit son troupeau dans nostre pasturage.
Ces aliziers tesmoins de nos plaisirs passez
Ont encor en leur tronc nos chiffres enlacez.
Cette vieille forest, d'éternelle durée,
L'accusera sans fin de sa foy parjurée.
Ces vieux chesnes ridez sçavent combien de fois
Ses plaintes ont troublé le silence des bois,
Lors qu'en la liberté de leur ombre immortelle
Elle osoit prendre part au mal que j'ay pour elle.
Vivez doncques, forest, vivez doncques tousjours
Pour estre les tesmoins de nos chastes amours.
Mais que de visions qui passent et repassent,
Que de phantosmes vains en ces rives s'amassent !
Sont-ce morts ou demons qui s'approchent de moy ?
Tout fait peur à mes yeux. Dieux ! qu'est-ce que je voy ?
Belle ame, le miroir des ames les plus belles,
Avez-vous donc quitté vos despoüilles mortelles ?
Quels tourmens douloureux, quels funestes remors,
Vous ont fait ennuyer dedans un si beau corps ?
Quoy ! voulez-vous encor, ô ma chere infidelle,
Traverser mon repos en la nuict éternelle ?
Quel destin malheureux vous a conduite icy ?

CLEANTE.

Ne vous estonnez point de ce qu'il parle ainsi :
La fureur le domine avec tant de puissance
Que sa raison malade en perd la cognoissance.

ARTENICE.

Quelque mal que je veuille à sa desloyauté,
J'ay pitié de le voir en ceste extremité ;
Le tort qu'il m'avoit fait n'estoit pas une offence
Qui le deust obliger à tant de penitence.
Il le faut advoüer, je plains bien son malheur.
Mon pere, pardonnez à ma juste douleur,
On ne la peut celer quand elle est de la sorte ;

Helas ! je n'en puis plus, le mal qui le transporte
M'a troublé tous les sens aussi bien comme à luy.

SILENE.

Ma fille, appaisez-vous, moderez vostre ennuy,
Domptez vostre douleur avant qu'elle s'augmente.
O Dieux ! elle se meurt ! Secourez-moy, Cleante !

CLEANTE.

Helas ! auquel iray-je ? ils se meurent tous trois !
Tous trois sont estendus sans parole et sans voix.
Qu'heureux estoit le siecle où parmy l'innocence
L'amour sans tyrannie exerçoit sa puissance,
Quand le Ciel liberal versoit à pleines mains
Tout ce dont l'abondance assouvit les humains,
Et que le monde enfant n'avoit pour nourriture
Que les mets apprestez par le soing de Nature !
L'esgalité des loix chassoit l'ambition,
Pas un ne se plaignoit de sa condition ;
Le sanglant desespoir ny l'envie au teint blesme
N'avoient point rendu l'homme ennemy de soy-mesme.
La vieillesse caduque, ignorant leur effort,
A pas lents et certains nous menoit à la mort.
Les yeux n'estoient point faits à l'usage des larmes.
L'Amour n'estoit point dieu de malheur et d'alarmes ;
La honte ny l'honneur qui regnent aujourd'huy
Ne s'estoient point encor revoltez contre luy ;
Il estoit absolu dessus les belles choses ;
Son arc au lieu de traicts ne tiroit que des roses,
Et nos desirs, vaincus par nos contentemens,
Ne servoient aux plaisirs que d'assaisonnemens.

ALCIDOR.

D'où viens-je ? qu'ay-je fait ? quelle rage aveuglée
A depuis si long-temps ma raison desreiglée ?
Qui m'a mis en ce lieu ? qui sont ceux que je voy
Au long de ce rivage estendus comme moy ?
D'où vient que ce vieillard sans voix et sans haleine
Soustient ainsi la teste à ma belle inhumaine ?

O Dieu! elle se meurt! tout le monde est en pleurs.
Helas! pourquoy, Destin, pour voir tant de malheurs
Rendez-vous à mes sens l'usage de la vie?

CLEANTE.

Berger, consolez-vous, l'amour vous y convie,
Afin de consoler ceste jeune beauté,
Qui prend part à l'ennuy qui vous a tourmenté!

ALCIDOR.

O l'heureux changement! Que dites-vous, Cleante?

CLEANTE.

Vostre mal a causé la douleur violente
Qui l'a mise en l'estat ou vous la pouvez voir.

ALCIDOR.

Qu'Amour et la Fortune ont sur nous de pouvoir!
O cœur de diamant, helas! est-il possible
Qu'à la fin la pitié vous ait rendu sensible?
Inhumaine beauté, que je benis vos fers,
Puis que vous prenez part aux maux que j'ay soufferts?
Las! si la voix vous manque ainsi que le courage,
D'un seul clin de vos yeux donnez m'en témoignage,
Afin qu'avant ma mort je puisse encore voir
Ces astres dont ma vie adoroit le pouvoir.
Pour la derniere fois soyez-moy favorable.

ARTENICE.

Est-ce vous, mon berger? est-ce vous, miserable?
Quel desespoir vous rend si sourd au reconfort?
Helas! gardez-vous bien d'advancer vostre mort:
Je mourrois avec vous; nos amoureuses flames
Font dans un mesme cœur respirer nos deux ames.

ALCIDOR.

N'ayez point ceste peur, beaux astres inhumains;
Vous tenez pour jamais mon destin en vos mains.
Quand mesme la douleur m'auroit l'ame ravie,
Vous auriez le pouvoir de me rendre la vie.

ARTENICE.

Ne parlons plus de mort, mettons fin à nos pleurs ;
Quelque jour le destin finira nos malheurs.

ALCIDOR.

Tout ce que j'en desire est que mon innocence
Vienne avant mon trespas à vostre cognoissance.

ARTENICE.

Quand d'infidelité vous seriez entaché,
Vostre extreme remords absoult vostre peché.

ALCIDOR.

S'il m'estoit arrivé de vous estre infidelle,
Je ne pourois souffrir de mort assez cruelle.

CLEANTE.

Guerissez-vous tous deux pour jouir des plaisirs
Qu'un heureux hymenée appreste à vos desirs.

ALCIDOR.

Si jamais le bon-heur accorde à mon envie
De voir d'un si beau nœud ma franchise asservie,
Je veux, quand je perdray la lumiere du jour,
Que mon dernier souspir soit un souspir d'amour,
Et que l'effort du temps, à qui tout est possible,
Perde contre ma foy le tiltre d'invisible.

SILENE.

Je ne me vis jamais si touché de pitié ;
Il me faut, malgré moy, souffrir leur amitié. [preste ;
Sus donc, mes chers enfans, qu'aux nopces l'on s'ap-
Je veux dès à ce soir en commencer la feste.
Pardonnez-moy tous deux si trop injustement
J'ay tousjours traversé vostre contentement.
Allons donc au logis. Venez aussi, Cleante,
Voir accomplir l'hymen d'une amour violente ;
Venez disner chez moy. Vous n'y trouverez pas
Ces mets servis par ordre aux superbes repas

Qui de tant d'artifice ont leur grace pourveuë
Qu'ils semblent n'estre faits que pour paistre la veuë;
Mais ce qui se pourra selon ma pauvreté
D'un cœur libre et sans fard vous sera presenté.

Choeur des Bergers.

Tousjours la colere des cieux
  Ne tonne pas dessus nos testes,
Tousjours les vents seditieux
N'enflent pas la mer de tempestes,
Tousjours Mars ne met pas au jour
Des objects de sang et de larmes;
Mais tousjours l'empire d'Amour
Est plein de troubles et d'alarmes.
  Que le siecle d'or fut heureux,
Où l'innocence toute pure
Ne prescrivoit aux amoureux
Que les seules loix de nature!
Combien depuis ce premier temps
La honte, l'honneur et l'envie
Ont aux esprits les plus contents
Aigry les douceurs de la vie!
  Dès l'heure l'on vit en tous lieux
S'eslever la puissance feinte
D'un nombre infiny de faux dieux,
Incogneus enfans de la crainte.
L'Ambition, fille d'enfer,
Mist le sceptre à la main des princes,
Et Bellone avecques le fer
Partagea la terre en provinces.
  Ses champs n'estoient point divisez,
Les richesses estoient égales,
Les antres qu'elle avoit creusez
Servoient de chambres et de sales;
Mais le monde hors de propos
Y fist murailles sur murailles,

Et pour luy deschirer le dos
Tira l'acier de ses entrailles.
 Parmy les jeux et les festins
Nos jours comblez d'heur et de joye
Par les mains de mesmes destins
Estoient faits d'une mesme soye ;
La faveur ne faisoit point voir
L'un au ciel, l'autre dans la bouë,
Et la Fortune sans pouvoir
N'avoit point encore de rouë.
 Mais, de tous ces soins rigoureux
Qui, regnans dans l'esprit des hommes,
Font croire ceux-là malheureux
Qui naissent au siecle où nous sommes,
Ce qui nous doit le plus fascher
Est cét honneur qui nous ordonne
D'acheter et vendre si cher
Les plaisirs que l'amour nous donne.

ACTE IV.

SCENE PREMIERE.

Artenice, Clorise.

ARTENICE.

Tu ne peux ignorer, ô ma chere Clorise !
De quelle affection je cheris ta franchise :
Tu lis dans mes pensers, qui ne s'ouvrent qu'à toy,
Combien ton jugement a de pouvoir sur moy.
C'est la raison, mon cœur, pourquoy je t'importune
De prendre maintenant le soing de ma fortune.
Tu sçais comme Alcidor après ses longs travaux
A, selon ses desirs, surmonté ses rivaux,

Et comme son amour, qui tousjours persevere,
A touché de pitié la rigueur de mon pere :
Je pense qu'à ce soir nous nous donnons la foy.
Je ne te puis celer l'aise que j'en reçoy ;
Mais, comme à tous les biens que le Ciel nous envoye
Tousjours quelque douleur se mesle à nostre joye,
Un doute assez fascheux, qui n'est point esclaircy,
Tenant mon cœur glacé d'un timide soucy,
Me fait apprehender, si je te l'ose dire,
La fin du mariage où mon amour aspire.

CLORISE.

Vous me le devez dire et ne me rien celer,
Je souffrirois la mort plustost que d'en parler :
Il ne faut rien cacher aux personnes qu'on ayme.
Je suis auprès de vous comme un autre vous-mesme ;
Ce seroit faire tort à mon affection
Que de vous défier de ma discretion.

ARTENICE.

Il faut donc t'advouer le regret qui me presse
D'aller contre l'advis de la bonne déesse,
Qui s'apparoist la nuict aux yeux de mon penser
Et d'un front courroucé me semble menacer
De rendre en mes amours ma vie infortunée
Si je ne me marie au sang d'où je suis née.
Je l'ay tousjours servie avec devotion
Depuis que l'on me mist en sa protection ;
Aussi je recognois ses graces tousjours prestes
A me favoriser en toutes mes requestes.
Quand mon pere voulut inconsiderement,
Préferant la richesse à mon contentement,
Avecque Lucidas me rendre miserable,
Ce qu'elle m'ordonnoit m'estoit fort agreable,
Me promettant tousjours de les en degager,
Quand je remonstrerois qu'il estoit estranger.
Mais ma mere Chrisante, à qui je dis mon songe,
Non sans quelque raison le print pour un mensonge,

Estimant qu'à dessein je l'avois inventé
Pour empescher l'accord qu'elle avoit projetté.
Et moy, qui ne voyois que le seul Tisimandre
Où, selon cét advis, mes vœux peussent pretendre,
Mon cœur n'estant pas libre en ceste élection,
Ce berger fut l'object de mon affection (1).
Je fais ce que je puis pour divertir la flame
Que l'ingratte Ydalie a fait naistre en son ame;
Mais je travaille en vain, son malheur et le mien
Font que depuis cinq ans je n'y profite rien.
C'est pourquoy, mon amour, après tant de martyre
Je ne puis deviner ce que cela veut dire,
Et, voguant en ces flots sans espoir d'aucun port,
J'abandonne ma barque à la mercy du sort,
Si ton bon jugement, à mon mal salutaire,
Ne me donne conseil de ce que je dois faire.

CLORISE.

Toutes les deïtez dont l'on sert les autels,
Et de qui la bonté veille pour les mortels,
Aux belles comme vous se monstrent favorables
Et d'elles prennent soin comme de leurs semblables;
Vous y devez penser un peu plus meurement
Et ne point rejetter cét advertissement.

ARTENICE.

Ce berger me possede avec un tel empire
Qu'il sera mal-aisé de m'en pouvoir desdire.
Et puis, si je ne l'ay, que sçaurois-je esperer?

CLORISE.

Les dieux y pourvoiront, il s'en faut asseurer;
Vous en verrez l'effect, et dedans peu d'espace.

---

1. Toujours le singulier défaut signalé dans la note de la page 32, défaut qui, un peu plus loin, touche presqu'au burlesque, dans ce vers :

Cependant je vieillis, l'occasion se passe.

ARTENICE.

Cependant je vieillis, l'occasion se passe.

CLORISE.

Si la bonne déesse a pour vous tant de soing,
Croyez qu'elle viendra vous ayder au besoing;
Aux choses d'importance il faut estre timide.
Comme elle est votre espoir, qu'elle soit vostre guide :
Elle est aussi presente en la terre qu'aux cieux.

ARTENICE.

Mais dis moy donc, mon cœur, que puis-je faire mieux
Que de prendre un mary jeune, galant et sage,
Et qui de son amour m'a rendu tesmoignage?

CLORISE.

Craindre les immortels, suivre leur volonté.

ARTENICE.

Il n'en faut plus parler, le sort en est jetté;
Vos raisons desormais sont pour moy superfluës.
En vain l'on prend conseil des choses resoluës;
Quand les dieux me devroient envoyer le trespas,
Je ne puis avoir pis que de ne l'avoir pas.

SCENE II.

TISIMANDRE.

Verray-je donc tousjours mon esperance vaine?
Perdray-je sans loyer ma jeunesse et ma peine?
Aimeray-je tousjours sans jamais estre aimé?
Brusleray-je tousjours sans estre consumé?
En vain je pousse aux cieux mes plaintes effroyables,
Les dieux sont impuissans ou sont impitoyables;
Je cherche le remede, et ne veux pas guerir;

Je me déplais de vivre, et ne sçaurois mourir.
Malheureux que je suis, quelle chaude furie
Me fait passer les jours en cette resverie?
Que me sert de chercher les bois les plus secrets
Pour les entretenir de mes justes regrets,
Imprimer sur leur tronc les chiffres d'Ydalie,
Ne nourrir mon esprit que de melancolie,
Mediter tous les jours des supplices nouveaux?
Nous n'en sommes pas mieux ny moy ny mes troupeaux.
Mes brebis ont en nombre esgalé les estoilles
Dont les plus claires nuicts enrichissent leurs voiles,
Et mes jerbes, lassant le soigneux moissonneur,
Rendoient les plus contens jaloux de mon bonheur;
Mais à present tout fuit mes tristes destinées,
Mes champs n'ont que du chaume aux meilleures années,
Et mes pauvres moutons, se mourants tous les jours,
Servent dans ces rochers de pasture aux vautours.
Je suis en me perdant l'autheur de tant de pertes,
Je n'ay plus soing de rien, mes terres sont desertes.
Tandis qu'en ces forests tout seul je m'entretiens,
Je laisse mon troupeau sur la foy de mes chiens.
Mes doigts appesantis ne font plus rien qui vaille,
Ny des paniers de jonc, ny des chapeaux de paille;
A peine me souvien-je, en voyant ces roseaux,
D'avoir sceu compasser les trous des chalumeaux.
Autrefois mes travaux n'estoient point inutiles,
Ma besongne avoit cours dans les meilleures villes;
J'en rapportois tousjours, en revenant au soir,
Quelque piece d'argent au coing de mon mouchoir [1].
Il faut, il faut quitter ceste humeur solitaire
Et reprendre le train de ma vie ordinaire,
Chasser de mon esprit ces inutiles soings

---

1. Ces deux vers semblent avoir été faits en souvenir et en contraste de cette pensée, je ne puis pas dire de ce vers, Racan ne s'en doutoit pas:

Non umquam gravis ære domum mihi dextra redibat.
(Ecl., 1.)

Qui ne veulent avoir que les bois pour tesmoings,
Mespriser à mon tour celle qui me mesprise
Et rompre sa prison pour ravoir ma franchise.
Mais, ô Dieu! qu'ay-je dit? Amour, pardonne-moy,
Je ne puis ny ne veux jamais vivre sans toy ;
Quand je parle autrement, je suis hors de moi-mesme,
Contre une deïté je commets un blasphéme ;
Je te voy dans ses yeux plus puissant que jamais.
Fais ce que tu voudras, à tout je me soumets ;
Aussi bien ma raison ne m'en sçauroit deffendre :
Le salut des vaincus est de n'en plus attendre.

Scene III.

Tisimandre, Ydalie, Daramet.

TISIMANDRE.

Beauté dont la nature admire les appas,
Quelle heureuse fortune a pû guider vos pas
Dans ce valon affreux, où mon inquietude
Ne cherche que l'horreur, l'ombre et la solitude ?

YDALIE.

Berger qui de nature estes si mal plaisant,
Quel malheureux destin vous conduit à present
Dedans ceste valée effroyable et profonde,
Où, pour fuyr de vous, je fuis de tout le monde ?

TISIMANDRE.

Vous faschez-vous de voir un miserable amant
Qui banny de vos yeux ne peut vivre un moment ?
Esloignez-vous plustost de cét esprit barbare,
Qui ne sçait point gouster un merite si rare.
Tandis que vous suivrez ce berger qui vous fuit,
Vos plus belles saisons se passeront sans fruict.

YDALIE.

Tandis que vous suivrez vos entreprises vaines,
Vous y perdrez sans fruict vostre temps et vos peines.

TISIMANDRE.

Puis qu'Alcidor pour vous n'a point de sentiment,
Pourquoy differez-vous de faire un autre amant ?

YDALIE.

Si je suis insensible au tourment qui vous presse,
Pourquoy differez-vous de changer de maistresse ?

TISIMANDRE.

Croyez que, si j'en parle avecque passion,
C'est moins par interest que par affection.
Mais je crains qu'en ce feu dont vous estes éprise,
Vostre honneur ne se perde après vostre franchise ;
Vous sçavez que desja l'on murmure tout bas
De vous voir si souvent le suivre pas à pas.

YDALIE.

Quoy qu'on ait dit de moy par haine ou par envie,
Tousjours mes actions respondront de ma vie.

TISIMANDRE.

Bien qu'aucun à bon droict ne vous puisse blasmer,
D'estimer sa vertu, de le voir, de l'aymer,
Pourquoy recherchez-vous de penibles conquestes,
Vous à qui le bonheur en offre de si prestes ?

YDALIE.

Vous perdez vostre temps, ne m'importunez plus ;
Je suis lasse d'ouyr vos discours superflus.

TISIMANDRE.

A quelles dures loix me voulez-vous contraindre ?
Ne m'est-il pas permis en mourant de me plaindre ?

YDALIE.

Ne vous affligez point, vous n'en sçauriez mourir :
Le mal que vous avez est facile à guerir.

TISIMANDRE.
Rien ne me peut guerir du mal qui me possede,
Si vostre belle main n'en donnne le remede.
YDALIE.
Le remede d'amour dépend de la raison.
TISIMANDRE.
Suivez donc son conseil pour vostre guérison.
YDALIE.
Mon tourment est si doux qu'il m'en oste l'envie.
TISIMANDRE.
Le mien est si cruel qu'il m'ostera la vie
Si vous ne moderez vostre inhumanité.
YDALIE.
Pensez-vous m'y forcer par importunité ?
TISIMANDRE.
Non certe, mais plustost par mon amour extréme.
YDALIE.
Amour m'oblige-t-il d'aymer tout ce qui m'ayme ?
TISIMANDRE.
Ouy, plutost qu'un ingrat qui ne vous ayme pas.
YDALIE.
Je choisiray plustost d'épouser le trépas
Que jamais vous voyez vostre vaine entreprise
Rendre dessous vos loix ma liberté sousmise.
TISIMANDRE.
O cruelle beauté ! quel astre malheureux
Se plaist à traverser nos desirs amoureux ?
Quel charme ou quelle erreur ont troublé nos pensées ?
Quels traits envenimez ont nos ames blessées ?
Quel funeste ascendant nostre destin conduit,
Qui nous fait à tous deux aymer ce qui nous fuit ?

Nous verrons escouler l'avril de nostre vie
Sans gouster les plaisirs où l'âge nous convie ;
Et, lorsqu'en cheveux blancs nous le verrons finir,
Nous pleurerons le temps qui ne peut revenir.
Les ans coulent sans cesse, et jamais leur carriere
Non plus que des torrens ne retourne en arriere ;
Ils faneront bien tost la fleur de vos beautez,
Et vangeront ma foy de tant de cruautez.

DARAMET.

Prenons ceste victime, et couronnons sa teste (1)
De guirlandes de fleurs, pour honorer la feste ;
Chindonnax a desja le buscher preparé.
Vous viendrez, vostre crime est assez averé.

YDALIE.

Dequoy m'accuse-t-on ? quelle noire malice
Peut, d'un front asseuré, me blasmer d'aucun vice ?

DARAMET.

Vous le pourrez sçavoir du sacrificateur.

YDALIE.

O Ciel, qui cognois tout, sers moy de protecteur,
Deffends mon innocence, à qui l'on fait outrage !

TISIMANDRE.

Arreste un peu, cruel ! as-tu bien le courage
De vouloir de mes bras ma maistresse ravir ?
Las ! je resiste en vain, je ne luy puis servir.
Tout ce que je puis faire en ce dernier office,
C'est de m'offrir pour elle au feu du sacrifice.

1. Cet épisode du sacrifice d'une jeune fille et la plus grande partie des circonstances sont imités du *Pastor fido*.

Scene IV.

Damoclée, Lucidas.

DAMOCLÉE.

Que sert de me celer ce que je veux sçavoir ?
Pensez-vous m'empescher de faire mon devoir ?
Ceste pasle couleur qui vous monte au visage
Du malheur de ma fille est un mauvais présage.
Il est hors de propos de le taire à présent,
Vostre discretion l'accuse en l'excusant.
Parlez donc librement, n'usez plus d'artifice :
Celuy qui taist le mal semble en estre complice.

LUCIDAS.

Qui vous fait de si près un crime rechercher
Que vous-mesme devriez à vous-mesme cacher ?

DAMOCLÉE.

Cela ne se peut plus, ceste desesperée
Qui s'est pour ce malheur du monde retirée,
Par ce grand changement en elle survenu,
Rend de son déplaisir le suject trop cognu ;
Chacun sçait le peché dont ma fille est blasmée :
Mon devoir seulement previent la renommée.

LUCIDAS.

Le devoir vous oblige à cherir vostre enfant.

DAMOCLÉE.

Quand il est vicieux, l'honneur me le deffend.

LUCIDAS.

Quoy ! la loy de l'honneur est-elle si cruelle
Qu'elle fasse oublier l'amitié paternelle ?

DAMOCLÉE.

Je fais ce que je dois ; ce n'est point cruauté
De punir nos enfans quand ils l'ont merité.
Si ma fille est coupable, il faut que dans la flame
Elle purge son corps en expirant son ame.
La loy de Luthessie, en faveur de nos dieux,
Condamne l'impudique à la flame des cieux.
Donc, pour estre pieux, soyez moins pitoyable,
Et me dites le mal dont ma fille est coupable.

LUCIDAS.

Je ne vous diray point ce que vous sçavez bien.

DAMOCLÉE.

Las ! vous me dites tout en ne me disant rien.
Je voy bien ce que c'est, il faudra qu'elle meure ;
Je luy vois préparer sa derniere demeure.

LUCIDAS.

O justice éternelle ! à quelle impieté
A ceste passion mon esprit transporté ?
Je me verray forcé de faire une injustice ;
Mais je ne suis pas seul, l'Amour est mon complice.
Cette ingrate beauté qui m'a manqué de foy
A contraint un dieu mesme à faillir comme moy.
Innocente victime, aussi chaste que belle,
Que ma jalouse rage a rendu criminelle,
Pourray-je avoir le cœur de te voir aujourd'huy
Souffrir le chastiment de la faute d'autruy ?
En ces justes remords, mon Dieu, que puis-je faire ?
Dois-je dire ma faute, ou si je la dois taire ?
Pour la justifier, il me faut accuser
Du mal que meschamment j'ay voulu supposer.
Lors que l'on a failly contre sa conscience,
La honte de le dire est pire que l'offence.
Il faut donc, persistant en ma meschanceté,
Pour parestre équitable, accuser l'équité.

Mais desja Chindonnax attend la criminelle :
Il est temps de penser à tesmoigner contr'elle.

SCENE V.

Chindonnax, Damoclée, Lucidas, Ydalie, Tisimandre, Daramet, Cleante.

CHINDONNAX.

Vous serez estimé des hommes et des dieux.
Quand nous avons produit un enfant vicieux,
Il faut de nostre sang retrancher ce prodige,
Ainsi qu'un mauvais bois indigne de sa tige,
Et d'un cœur genereux tesmoigner constamment
D'oublier pour l'honneur tout autre sentiment.
Mais dites-nous, vieillard, quelle ruse a-t-on faite
Pour cognoistre une amour qu'on tenoit si secrette ?

DAMOCLÉE.

Lucidas descouvrit son impudicité
A travers le cristal d'un miroir enchanté.

CHINDONNAX.

Prenez garde, mon fils, d'accuser l'innocence (1) :
Les dieux, justes et bons, veillent pour sa deffence,
Qui, des faits incogneus arbitres et tesmoins,
Descouvrent tost ou tard ce que l'on sçait le moins.
Ils parlent par ma voix des actions passées,
Et, par mes propres yeux lisans dans les pensées,
M'y font voir clairement les faits les plus douteux ;

---

1. Beaux sentiments et beaux vers. Pendant toute cette scène, le caractère du druide se soutient à une sorte d'élévation chrétienne.

Bref, estant devant moy vous estes devant eux.
Gardez-vous donc bien d'estre autre que veritable,
Car vous seul la rendrez innocente ou coupable.

LUCIDAS.

Pourquoy, Père sacré, me faites-vous ce tort
De vouloir que je sois la cause de sa mort?

CHINDONNAX.

Vous n'estes de sa mort ny cause, ny complice :
Ce n'est que son peché qui la meine au supplice.

LUCIDAS.

Mais son crime sans moy n'eust point esté prouvé.

CHINDONNAX.

Mais son crime sans vous fust tousjours arrivé.

LUCIDAS.

Mais tousjours c'est par moy qu'on la rend criminelle.

CHINDONNAX.

Non, mais plustost par vous la justice éternelle,
Dont l'absolu pouvoir qu'elle m'a mis és mains
Deffend de me celer les crimes des humains.

LUCIDAS.

Que vous puis-je celer, ny que vous puis-je dire?
Chacun sçait le malheur dont ce vieillard souspire;
Luy-mesme vous l'a dit.

CHINDONNAX.

      Aussi ce que j'attens
Est de sçavoir le lieu, la façon et le temps.

LUCIDAS.

Desja le chaud du jour chassoit la matinée
Lors que s'est consommé ce funeste hymenée.
Un bois, au bord de Seine, en son ombre a caché
De ces jeunes amants la honte et le peché,

Et jamais l'on ne vit avec plus de licence
L'Amour fouler aux pieds la crainte et l'innocence.

CHINDONNAX.

Nous en sçavons assez. Retirez-vous, berger;
On ameine Ydalie, il faut l'interroger.

YDALIE.

Quelle timide horreur se glace dans mon ame!
Je voy l'autel, le fer, le bucher et la flame
Qu'appreste contre moy l'injustice du sort.
O dieux! combien de morts pour une seule mort!

CHINDONNAX.

Asseurez vostre esprit; que la honte et la crainte,
Qui tiennent maintenant vostre voix en contrainte,
Ne vous empeschent point de vous justifier.

YDALIE.

Où mon timide espoir se peut-il plus fier?
Le ciel, juge de tout, est icy ma partie,
Puisque de son autel je dois estre l'hostie.

CHINDONNAX.

Le juge de là haut, exempt de passion,
Ne peut estre sensible à la corruption;
Luy qui tient en ses mains le ciel, la terre et l'onde,
Accepte sans besoin les offrandes du monde,
Et ce qu'à ses autels nous faisons aujourd'huy,
C'est pour nous seulement : on ne fait rien pour luy;
Mais d'un si haut sujet nos esprits incapables
De blasphême ou d'erreur seroient jugez coupables.
C'est pourquoy d'un discours médité promptement,
De qui la verité soit le seul ornement,
Dites-moy sans rougir, ny faire l'estonnée,
Où vous avez passé toute la matinée?

YDALIE.

Sur le bord de la Seine, en un bois escarté
Où l'on trouve du frais au plus fort de l'esté.

CHINDONNAX.

Qu'est-ce que vous aviez en vostre compagnie?

YDALIE.

Alcidor.

CHINDONNAX.

C'est tout dire.

YDALIE.

O quelle calomnie !
Me veut-on accuser d'avoir fait dans ce bois
Quelque chose avec luy contre ce que je dois?
Que plustost je périsse en l'infernale flame
Que jamais ce désir me tombe dedans l'ame !

DAMOCLÉE.

Ah ! pauvre malheureuse ! hélas ! où pensois-tu
Alors que tu faisois ce tort à la vertu ?
Faut-il qu'aux yeux d'un juge et d'une populace
Je t'offre pour victime à l'honneur de ma race?

YDALIE.

Mon pere, appaisez-vous; un jour la verité
Descouvrira la fraude et mon integrité,
Et croyez qu'aujourd'huy, quelque mal qui m'advienne,
Je plaindray vostre peine autant comme la mienne.

DAMOCLÉE.

En cét excez d'ennuis qui me vient tourmenter,
Je ne sçay quelle perte est plus à regretter,
Celle de son honneur ou celle de sa vie.
Je sçavois qu'à la Parque elle estoit asservie :
Puis que je suis mortel il ne m'est point nouveau
Que ce qui sort de moy soit sujet au tombeau ;
Mais elle est sans raison aux vices adonnée.
D'un pere vicieux elle n'estoit point née ;
Ah ! je pasme ! je meurs !

DARAMET.

                Ces cris sont superflus,
Il les faut appaiser.

DAMOCLÉE.

                Ah dieux! je n'en puis plus;
L'excez de la douleur m'empesche la parole.

CHINDONNAX.

Allez, sage vieillard, l'Eternel vous console;
Allez verser chez vous ces inutiles pleurs :
Sa presence ne fait qu'augmenter vos douleurs.
Or sus, il faut penser à conduire l'hostie.
Qu'on apreste l'encens, la farine rostie
Et les cousteaux sacrez! C'est trop perdre le temps.

YDALIE.

Me faut-il donc mourir? Dieux! qu'est-ce que j'entens?
Pense-t-on que le Dieu que ce bois represente
Se plaise à voir le sang d'une fille innocente?

TISIMANDRE.

Que ce soit plustost moy que l'on meine à la mort!
Aussi-bien chacun sçait que l'Amour et le sort
M'ont condamné pour elle à mourir dans la flame (1).

CHINDONNAX.

Cela ne se peut pas, j'en porterois le blasme.
Dieu n'ayme rien d'injuste, et jamais ne consent
De voir pour le pecheur endurer l'innocent.

TISIMANDRE.

Je luy monstreray donc, en mourant premier qu'elle,
Que je suis courageux autant comme fidelle.

DARAMET.

Arrestez-vous, berger.

---

1. Avec la scène italienne, les *concetti* du temps et du pays.

TISIMANDRE.

    Ne m'en empeschez point :
Aussi-bien que l'Amour la raison me l'enjoint.
C'est le meilleur advis qu'à présent je puis suivre ;
Il faut sçavoir mourir quand on ne doit plus vivre.

CHINDONNAX.

Pour un si beau sujet vos pleurs sont approuvez ;
Mais, après l'avoir plainte autant que vous devez,
Ne nous obligez point à vous plaindre vous-mesme.

TISIMANDRE.

Ne me deffendez point de suivre ce que j'ayme.

CHINDONNAX.

Quel espoir vous convie à la suivre au trespas ?
Vos yeux n'y verront plus ses aimables appas.
La grace, la beauté, la jeunesse et la gloire
Ne passent point le fleuve où l'on perd la memoire.

TISIMANDRE.

Rien ne peut effacer les agréables traits
Dont elle a dans mon ame imprimé ses attraits ;
L'enfer n'a point d'horreur ny de nuict assez sombres
Dont le jour de ses yeux ne dissipe les ombres.

CHINDONNAX.

Ces yeux et ce beau teint de roses et de lys
Sous celuy de la mort seront ensevelis.
L'horreur qui l'accompagne est à toutes communes :
On n'y recognoist point la blanche de la brune.

TISIMANDRE.

Bienheureux si je perds avec le sentiment
Le feu dont son amour me brusle incessamment ;
Mais plus heureux encor si mon ame éternelle
Conserve après ma mort l'amour que j'ay pour elle !

CHINDONNAX.

Toutes les passions qui regnent icy bas

Ne suivent point nostre ombre en la nuict du trespas;
Ce qu'on dit de Pluton et de ses Eumenides
N'est qu'une impression qu'ont les ames timides;
Ces lieux où prennent fin nos pleurs et nos désirs
N'ont point de si grands maux ny de si doux plaisirs
Que cet âge où l'Amour, armé de tant de flames,
Commence à s'allumer dedans les belles ames.
Chacun s'y rend luy-mesme heureux ou malheureux,
Selon qu'il se gouverne aux plaisirs amoureux.
L'un attache ses vœux aux conquestes faciles;
L'autre, volant trop haut, rend les siens inutiles.
Bref, des fleurs que produit cette belle saison,
L'un en tire le miel et l'autre le poison.
Vivez donc, et perdez ceste ardeur insensée
Qui depuis si long-temps trouble vostre pensée;
Et, sage à vos despens, jouyssez des plaisirs
Qu'Amour et la jeunesse offrent à vos désirs.

TISIMANDRE.

Non, non, il faut mourir; la raison m'y convie.
La mort m'est à présent plus douce que la vie.
J'ayme mieux n'estre point que d'estre malheureux.

CHINDONNAX.

Croyez-moy, Tisimandre, un esprit genereux
Oppose sa constance au malheur qui l'irrite,
Et se résoult plustost au combat qu'à la fuite.

TISIMANDRE.

La mort seule a pouvoir de vaincre mon ennuy.

CHINDONNAX.

Quelle erreur de mourir pour la faute d'autruy!

TISIMANDRE.

Mais quelle erreur plustost de juger l'innocence
Sans vouloir seulement escouter sa deffense!

CHINDONNAX.

Il m'en faut tout souffrir, j'y suis bien préparé,

Car que sçaurois-je faire à ce désesperé
Que le mal que luy-mesme à luy-mesme désire ?

TISIMANDRE.

Le peur ne me fera ny taire, ny dédire ;
Je veux ouyr l'autheur de ceste fausseté,
Qui veut taxer l'honneur de sa pudicité.

CHINDONNAX.

Bien, vous serez content ; dites que l'on rappelle
Ce berger qui n'aguere a tesmoigné contr'elle.

YDALIE.

A quel poinct m'a réduit la cruauté des cieux,
Qu'il faille qu'en mourant les hommes et les dieux
Cognoissent sa constance et mon ingratitude !

CHINDONNAX.

Voicy ce qu'on attend avec inquietude.
Venez-ça, mon amy, dites la verité :
Comment la vistes-vous en ce verre enchanté ?

LUCIDAS.

A peine le devin avoit dit les paroles
Que la magie enseigne en ses noires escoles,
Qu'il ressort de son antre et m'apporte un cristal
Qui fist voir à mes yeux le bocage fatal
Où ces jeunes amants, francs de honte et de blasme,
Esteignent tous les jours leur amoureuse flame.

TISIMANDRE.

Osez-vous, miserable, accuser les absens
Sur l'objet qu'une glace a produit à vos sens ?

LUCIDAS.

J'ay regret de luy rendre un si mauvais office ;
Mais il me faut vouloir ce que veut la justice.

CLEANTE.

Graces aux immortels, nos amants sont unis,
Les pleurs sont appaisez, les tourmens sont finis :

D'une extresme douleur vient une extresme joye.
L'on plaint à tort le mal que l'amour nous envoye;
Qui vit dessous ses loix doit tousjours esperer :
Il fait rire à la fin ceux qu'il a fait pleurer.

LUCIDAS.
Quelle bonne nouvelle en ce lieu vous ameine ?

CLEANTE.
La nopce qui se fait au logis de Silene.

LUCIDAS.
Peut-on parler de nopce et voir tant de malheurs !

CLEANTE.
L'aise de toutes parts a terminé les leurs.
A la fin d'Alcidor le fidele service
A touché de pitié la bergere Artenice ;
De son bonheur extresme un chacun se ressent.
Ils s'espousent demain, le bon-homme y consent ;
Son logis est desja tapissé de ramées,
De fenoüil et de fleurs les salles sont semées,
Et desja maints aigneaux, victimes du festin,
Le cousteau dans la gorge achevent leur destin.

LUCIDAS.
Quel subit changement ! quelle estrange nouvelle
O bergere inconstante ! ô teste sans cervelle !
Où sont allez ces vœux pleins de zele et de foy ?
Seras-tu donc parjure à ton Dieu comme à moy
Je croy que ta promesse estoit plus incertaine
Que les enchantemens du devin Polistene.

TISIMANDRE.
Remarquez ce qu'il dit, escoutez-le parler.

LUCIDAS.
O dieux ! le désespoir me fait tout déceler.

DARAMET.
Je voy la verité, luy-mesme la confesse.

Lucidas, enragé de voir que sa maistresse
Des flames d'Alcidor avoit le cœur touché,
A par l'art du devin produit ce faux peché,
Qui, decevant les yeux et l'ame d'Artenice,
La rend de cette erreur innocemment complice.

CHINDONNAX.

Cela n'est pas sans doute ; il faut tout à loisir
Y penser meurement, et pendant se saisir
Du devin et de luy. Peut-estre en la torture
Ils pourront l'un ou l'autre avouer l'imposture.

LUCIDAS.

Pardonnez au devin : j'ay tout seul mérité
Le juste chastiment de ceste fausseté ;
J'en suis le seul autheur, il n'en est que complice.

CHINDONNAX.

Puis qu'il nous a luy-mesme avoué sa malice,
Qu'on mette hors des fers cette jeune beauté,
Qui recouvre l'honneur avec la liberté,
Et que cet imposteur y soit mis en sa place.
C'est à vous d'ordonner ce qu'il faut qu'on en fasse.
Prononcez donc, ma fille, ou sa vie ou sa mort.

LUCIDAS.

Belle ame qui pouvez disposer de mon sort,
Si jamais les souspirs d'un amant miserable
Ont peu tirer de vous un regard favorable,
Si vous avez le cœur aussi doux que les yeux,
Mettez fin à mes jours : ce sera pour le mieux.
Je voy de tant d'ennuis ma fortune suivie,
Que me donner la mort c'est me donner la vie.

YDALIE.

Non, tu ne mourras point ; je veux, pour te punir,
Qu'à jamais ton peché vive en ton souvenir.

CHINDONNAX.

Laissez-le donc aller.

LUCIDAS.

O dieux! quelle sentence!
Faut-il donc qu'à jamais je pleure mon offense!

YDALIE.

Et vous, fidel amant, mon support, mon bonheur,
Dont à présent je tiens ma vie et mon honneur,
De quel digne loyer qui soit en ma puissance
Puis-je récompenser vostre extresme constance?
En vous donnant mon cœur je ne vous donne rien;
Vous l'avez racheté : c'est vostre propre bien.
Disposez donc de moy, fidele Tisimandre;
L'amour et le devoir m'obligent à me rendre.

TISIMANDRE.

O l'heureux accident! Enfin, mon cher soucy,
L'amour a-t-il touché vostre cœur endurcy?
Belle et chere maistresse, enfin est-il croyable
Que ma fidelité vous rende pitoyable,
Et que vos yeux, lassez de m'estre rigoureux,
Soient touchez des ennuis que je souffre pour eux?

YDALIE.

Vos extresmes faveurs, certes je le confesse,
M'ont faict vostre captive, et non vostre maistresse.
Oubliez donc ce nom, vivez plus franchement.

TISIMANDRE.

Vous avez tout pouvoir, usez-en librement.
Mon cœur est vostre esclave, il ne vous peut dédire;
L'heur de vous obéyr est tout ce qu'il désire :
Il se tient trop heureux d'estre en vostre prison.

YDALIE.

Quittons-là ces discours, qui sont hors de saison,
Et supplions chascun de rendre tesmoignage
De l'accord mutuel de nostre mariage.

TISIMANDRE.

Allons donc, mon soleil, rendre nos vœux contens.

YDALIE.

Allons, le plus parfaict des bergers de ce temps.

CHINDONNAX.

Enfin, des immortels la justice profonde
A descouvert la fraude aux yeux de tout le monde ;
A la fin chacun voit que leur bras tout-puissant
Sçait punir le coupable et sauver l'innocent,
Et, quelque empeschement que l'artifice apporte,
Tousjours la verité se trouve la plus forte.

CHŒUR DES SACRIFICATEURS.

A ce coup nous voyons qu'Astrée
Veut encore en cette contrée
Faire esclater la splendeur de ses loix,
 Et que sa puissance divine,
 Qui sur toutes choses domine,
A mesme soing des bergers que des rois.

 L'innocence est victorieuse
 De la malice injurieuse,
Qui suit tousjours le plus mauvais conseil,
 Et la verité recognuë
 Tesmoigne qu'elle est soutenuë
Du mesme appuy qui soustient le soleil.

 Certes, il n'est point d'artifice
 Dont les dieux, ennemis du vice,
Ne facent voir les plus secrets ressorts.
 Leurs pouvoirs, qui dessus nos testes
 Tiennent et poussent les tempestes,
Ne sont pas moins équitables que forts.

 Par eux la victime est menée
 Du bucher au lict d'hymenée.
Après les pleurs, les plaisirs ont leur tour ;
 Ils n'ont peu, sans se faire outrage,

Condamner un si bel ouvrage
A d'autre feu qu'à celuy de l'amour.

Comme on voit après les orages
Le soleil, chassant les nuages,
Se rallumer avec plus de clarté ;
Ses yeux encore pleins de larmes,
Reprenans de nouvelles armes,
Semblent plus beaux qu'ils n'ont jamais esté.

Heureux celuy dont la constance
A surmonté la résistance
Qui s'opposoit à son affection,
Et qui n'aura pas moins de gloire,
En cette amoureuse victoire,
Que de plaisir en la possession !

Que puissent leurs ames bien nées
Posseder à longues années
Les fruicts d'amour les plus délicieux,
Et par leurs flames mutuelles
Peupler nos champs d'amants fidelles
Et nos autels de nouveaux demy-dieux !

ACTE V.

SCENE PREMIERE.

Le vieil Alcidor, Cleante.

LE VIEIL ALCIDOR.

Ne sçaurois-je trouver un favorable port (1)
Où me mettre à l'abry des tempestes du sort ?
Faut-il que ma vieillesse, en tristesse féconde,
Sans espoir de repos erre par tout le monde ?
Heureux qui vit en paix du laict de ses brebis,

1. Voici le morceau éternellement cité, cité à toutes les époques, cité partout, celui qui partage plus particulièrement,

Et qui de leur toison voit filer ses habits ;
Qui plaint de ses vieux ans les peines langoureuses,
Où sa jeunesse a plaint les flames amoureuses ;
Qui demeure chez luy comme en son élément,
Sans cognoistre Paris que de nom seulement,
Et qui, bornant le monde aux bords de son domaine,
Ne croit point d'autre mer que la Marne ou la Seine !
En cét heureux estat, les plus beaux de mes jours
Dessus les rives d'Oyse ont commencé leur cours.
Soit que je prisse en main le soc ou la faucille,
Le labeur de mes bras nourrissoit ma famille ;
Et, lorsque le soleil, en achevant son tour,
Finissoit mon travail en finissant le jour,
Je trouvois mon foyer couronné de ma race.
A peine bien souvent y pouvois-je avoir place.
L'un gisoit au maillot, l'autre dans le berceau ;
Ma femme, en les baisant, devidoit son fuseau.
Le temps s'y ménageoit comme chose sacrée ;
Jamais l'oisiveté n'avoit chez moy d'entrée.
Aussi les dieux alors bénissoient ma maison ;
Toutes sortes de biens me venoient à foison.
Mais, hélas ! ce bonheur fut de peu de durée :
Aussi-tost que ma femme eut sa vie expirée,
Tous mes petits enfans la suivirent de près,
Et moy je restay seul accablé de regrets,
De mesme qu'un vieux tronc, relique de l'orage,
Qui se voit despoüillé de branches et d'ombrage.
Ma houlette, en mes mains inutile fardeau,
Ne régit maintenant ny chevre, ny troupeau ;
Une seule brebis, qui m'estoit demeurée,
S'estant, loin de ma veuë, en ce bois égarée,

avec les stances sur la retraite, le suffrage sympathique des hommes lettrés. Ce morceau, en effet, outre qu'il est admirablement beau de pensée, semble, par la correction presque irréprochable du style, être le produit d'une muse plus rapprochée de nous ; en un mot, joint aux belles stances que nous venons de rappeler, c'est là le véritable diamant de Racan.

Y jetta son petit avec un tel effort (1)
Qu'en luy donnant la vie il luy donna la mort.
Voyant tant d'accidens m'arriver d'heure en heure,
Je cherche à me loger en une autre demeure,
Pour voir si ce malheur, à ma fortune joinct,
En quittant mon pays ne me quittera point,
Et si les champs où Marne à la Seine se croise
Me seront plus heureux que le rivage d'Oyse.

CLEANTE.

Ne cherchez point ailleurs où vous mettre en repos :
Vous ne sçauriez trouver un lieu plus à propos
Pour rendre vostre vie en tous biens fortunée.
Nos fertiles cousteaux portent deux fois l'année,
Et les moindres épics qui dorent nos guerets
S'égalent en grandeur aux chesnes des forests.
Icy le bien sans peine abonde en nos familles,
On use moins de socs qu'on ne fait de faucilles ;
Icy le doux zephir, roy de nostre orison,
Fait de toute l'année une seule saison.
La nymphe de la Marne et le dieu de la Seine,
Qui pour leur mariage ont choisi ceste plaine,
Nous tesmoignent assez, par leurs tours et retours
Le desplaisir qu'ils ont d'en éloigner leur cours.
L'impitoyable horreur des foudres de la guerre
A quitté par respect cette fertile terre ;
La justice et la paix y regnent à leur tour :
Nous n'y sommes bruslez que des flames d'Amour.
Mais, hélas ! de ce dieu les flames et les charmes
Causent bien dans nos champs de plus grandes allarmes
Que ne faisoient jadis ces bataillons espars
Que la rébellion semoit de toutes parts.
Encor à ce matin cette boüillante rage,
Animant d'Alcidor l'impetueux courage,
L'a fait jetter dans l'eau, d'où la force du vent
L'a remis à la rive aussi mort que vivant.

1. Hic inter densas corylos, etc. (Virgil., Ecl. 1.)

Le vieil Alcidor.
Et comment ! Alcidor est-il encore en vie ?
Cleante.
Vous le verrez bien-tost, s'il vous en prend envie.
Il espouse à ce soir ceste aimable beauté
Pour qui dedans la Seine il s'est precipité.
J'offre à vous y mener.
Le vieil Alcidor.
Allons à la bonne heure ;
Je ne pouvois trouver de fortune meilleure.
Le desir de revoir ce que j'ay tant aymé
Ranimeroit mon corps au cercueil enfermé.

SCENE II.

Silene, Damoclée, Clorise, Alcidor, Artenice, Cleante.

Silene.

Enfin, la destinée est à mes vœux propice,
Ma volonté s'accorde à celle d'Artenice ;
Enfin, après l'orage arrive le beau temps :
La fin de nos malheurs rend nos desirs contens.
Je jure qu'à présent je le suis autant qu'elle
De ce qu'elle a fait choix d'un amant si fidelle.
Allons donc, mes enfans, allons tout de ce pas ;
Nos voisins assemblez nous attendent là-bas,
Et desja dans le bourg toute la populace
Au son des violons s'assemble dans la place.
Mais qui cognoist celuy qui vient tout droit à nous ?
Artenice.
Vous le pouvez cognoistre.

SILENE.

                Ha! mon frère, est-ce vous?
Je n'avois pas osé vous prier de la feste,
Croyant que le malheur qui vostre fille arreste
A souffrir dans le feu son juste chastiment
Toucheroit vostre cœur de quelque sentiment.

DAMOCLÉE.

Mon frere, mon amy, je n'en suis plus en peine :
Dieu, qui des innocens est la garde certaine,
A descouvert la fraude et m'a desabusé
Du crime que contre elle on avoit supposé.
Je viens vous faire part de l'excessive joye
Qu'après tant de malheurs la fortune m'envoye.

SILENE.

Qui vous a descouvert cette meschanceté?

DAMOCLÉE.

Lucidas, de colere et d'amour transporté,
Quand il sceut qu'Alcidor, malgré son artifice,
Espousoit à ce soir vostre fille Artenice,
Se trouble, se confond, et parmy ses regrets,
La rage ouvrant la porte à ses pensers secrets,
Il rend sa calomnie à chacun apparente ;
Il est jugé coupable, et ma fille innocente
Reçoit l'affection de son fidelle amant,
Qui lors voulut pour elle endurer le tourment.

CLORISE.

Quoy! cette ame endurcie enfin se laisse prendre
Aux obligations du berger Tisimandre?
Quoy! celle qui bravoit l'amour et son pouvoir
S'est donc rendue esclave aux chaînes du devoir?

DAMOCLÉE.

C'est ce que j'en apprens d'un messager fidelle.

SILENE.

Je ne pouvois sçavoir de meilleure nouvelle.

Nos cœurs, n'ayant qu'un but et qu'un mesme desir,
Se font part de leur joye et de leur desplaisir,
Et semble qu'en naissant la main des destinées
Dans une mesme trame ait ourdy nos années.

ALCIDOR.

A la fin on cognoist avecque l'equité
Le tort que l'on faisoit à ma fidelité.
Enfin, mon beau soleil, malgré la medisance,
Les plus beaux yeux du monde ont veu mon innocence.
L'amour est équitable, il le tesmoigne assez :
Ceux qui l'ont bien servy sont bien recompensez.

ARTENICE.

Vostre foy, mon berger, si long-temps maintenuë,
Avant son arrivée estoit assez cognuë;
Ce que j'apprens de luy n'augmente nullement
Ny mon affection, ny mon contentement.
Rien ne peut augmenter les choses infinies.

SILENE.

Doncques de toutes parts nos craintes sont bannies.
Ne perdons point de temps en discours superflus.
Allons, mes chers enfans, il ne nous reste plus
Que d'accomplir les vœux de vostre mariage.

CRISANTE.

Je crains bien qu'il ne soit de sinistre presage (1).

ARTENICE.

Quel timide soupçon vous fait ainsi parler ?

---

1. Tout ce qui suit est bien foiblement motivé ; mais l'on a déjà dû s'apercevoir que chez Racan, pas plus que dans les autres productions du même temps et du même genre, il ne s'agit ni de vraisemblance, ni d'aucune autre précaution dramatique. Quelques tableaux vrais, des détails gracieux, souvent de la poésie, c'est là tout ce qu'on pouvoit attendre et tout ce qu'on trouve en effet dans *les Bergeries*.

CRISANTE.
Ce que pour vostre bien je ne dois point celer.
ARTENICE.
Dieu ! qui peut empescher ce que chacun desire ?
CRISANTE.
Vous-mesme le sçavez, si vous le voulez dire.
ARTENICE.
Je n'entends point cela si vous ne l'expliquez ;
Je croy que c'est un songe, ou que vous vous mocquez.
CRISANTE.
C'est de vray l'un des deux, je ne m'en sçaurois taire ;
Il faut pour nous servir quelquefois nous déplaire.
La grande deïté, favorable aux mortels,
Qui les hommes bannist de ses chastes autels,
S'est fait voir à mes yeux aussi belle que saincte,
Telle que nostre foy dans nos ames l'a peinte.
D'une voix éclatante et d'un front irrité,
Après avoir reprins mon incredulité,
M'a dit, ainsi qu'à vous, que j'eusse souvenance
De ne vous marier que par son ordonnance.
Son salutaire advis ne fut pas entendu
Quand par sa propre bouche il vous fut deffendu
De ne vous marier qu'à ceux de vostre race,
Car vous mesprisiez lors avecque tant de glace
L'amour que Lucidas vous vouloit tesmoigner,
Qu'on creut que ce n'estoit que pour l'en esloigner,
Et que vous ne cherchiez que des raisons frivoles
Pour avecque couleur dégager nos paroles ;
Mais ces dernieres nuicts sa presence et sa voix
M'ont osté tout à fait le doute que j'avois.
La vigne qui pendoit au dessus de sa teste
Me la fit remarquer comme elle est à sa feste
Ou comme elle estoit lors que ma devotion
Confia vostre vie en sa protection.
Peut-estre, prevoyant ce fatal hymenée,

Sa faveur prend ce soin de vostre destinée.
Si donc vous en avez de vostre utilité,
Ne vous mariez point contre sa volonté.

SILENE.

C'est le meilleur advis, quoyque vous puissiez dire,
Que de ne faire rien que ce qu'elle desire.

ARTENICE.

Que deviendray-je donc, chetive que je suis ?
Que ne m'a-t'on permis de finir mes ennuis
Dans ce paisible lieu, franc d'amour et d'envie,
Où ma bonne fortune avoit conduit ma vie !

ALCIDOR.

Quoy donc ! chere beauté, nous fera-t'on ce tort
De vouloir pour un songe empescher nostre accord ?
Pour une vision, une ombre, une chimere
Qui s'engendre au cerveau de vostre vieille mere,
Veut-on recompenser mon service de vent ?

CRISANTE.

Cecy n'est point l'effect d'un songe decevant,
Produit d'un faux object, ou vapeur incognuë
Au debile cerveau d'une vieille chenuë.
Ma fille, qui sçait bien quelle est la verité,
Ne m'accusera point de l'avoir inventé.

CLORISE.

Berger, ne croyez point que ce soit une fable :
Ce que vous dit Crisante est chose veritable.

ALCIDOR.

Quelle presomption de croire que les dieux,
Qui là haut sont ravis en la gloire des cieux,
Daignent penser en nous, qui ne sommes que terre !
Leur soin est d'esclairer ce que le ciel enserre,
Regler le mouvement de tant d'astres divers,
Separer les estez d'avecque les hyvers,

Savourer les douceurs dont leurs coupes sont pleines,
Et non pas s'amuser aux affaires humaines.

CLORISE.

Les dieux ne sont point tels comme vous les pensez.
Bien qu'à des plus grands soins ils s'occupent assez,
Toutefois, Alcidor, leur sagesse profonde
Songe à tout ce qui vit sur la terre et dans l'onde.
Tous les jours leurs effets le font voir clairement,
Et c'est impieté de le croire autrement.

ALCIDOR.

S'ils pensent aux mortels, ce n'est que pour me nuire.

CLORISE.

O dieux! à quel démon vous laissez-vous seduire!
Ne parlez pas ainsi de la divinité:
Elle vous puniroit de vostre impieté.

ALCIDOR.

Qu'elle fasse de moy tout ce qu'elle desire:
Mon mal est en tel poinct qu'il ne peut estre pire.
Celle par qui je perds l'espoir de me guerir
Peut m'empescher de vivre, et non pas de mourir.

ARTENICE.

Gardez-vous bien, berger, d'avancer vos années;
Ma vie et mon amour sont en vous terminées.
Vivez pour Artenice.

ALCIDOR.

    O quel commandement!
Faut-il donc que pour vous je souffre incessamment?
Ne vaudroit-il pas mieux qu'une mort genereuse
Estaignist de mon cœur cette flame amoureuse
Et bannist de vos yeux ce miserable amant
Qui ne sert qu'à troubler vostre contentement?
Bien, bien, je vivray donc en quelque solitude
Où vous n'aurez point part à mon inquietude,
Loin des bords de a Seine, en ces lieux escartez

Que les mers d'Occident baignent de trois costez,
Où, pour nourrir le feu de nostre amour passée,
Vostre object à jamais vivra dans ma pensée.

ARTENICE.

O dieux ! que deviendray-je après tant de malheur ?
Quoy ! vous me laissez donc en proye à la douleur ?
Où trouveray-je un port en toutes ces tempestes ?
Le Ciel est inflexible à mes justes requestes.

CLORISE.

Tous ces pleurs et ces cris ne vous servent de rien.
Vous estes chere aux dieux, ils le tesmoignent bien :
Il faut esperer d'eux vostre bonne avanture,
Le soin qu'ils ont de vous m'en donne bon augure.

ARTENICE.

D'où peut-elle venir ?

CLORISE.

De leurs fatales mains,
D'où les biens et les maux arrivent aux humains.

ARTENICE.

Aussi ce n'est qu'en eux où mon espoir se fonde.
Il faut, il faut pour eux abandonner le monde,
Et chercher le repos, en servant leurs autels,
Que je n'ay peu trouver avecque les mortels.

CLORISE.

Elle plaint à bon droict l'ennuy qui la menace,
Puis que le seul berger qui restoit de sa race
Est avec Ydalie engagé par la foy.

DAMOCLÉE.

Tisimandre se trompe : il ne peut rien sans moy.
Je ne permetray point que cela s'accomplisse ;
Je le veux redonner à l'amour d'Artenice.

CLORISE.

Vostre bon naturel luy vient tout à propos ;

Elle tiendra de vous l'espoir de son repos,
Pourvu que ce berger y vueille condescendre.

SILENE.

Quand mesme il le voudroit, je n'y dois pas entendre.
C'est une honnesteté que mon frere me fait.

CRISANTE.

Il peut trouver ailleurs des gendres à souhait;
Il n'a pas comme vous sa volonté bornée.
Aussi bien Ydalie est ailleurs enclinée.
C'est plustost par devoir que ce n'est par amour :
Elle ne l'aimoit point auparavant ce jour.
Je sçay bien qu'en son cœur elle aimeroit mieux prendre
Alcidor pour mary que non pas Tisimandre.
C'est pourquoy, si mon frere en estoit consentant,
Un double hymen rendroit tout le monde content.

DAMOCLÉE.

Vous m'avez prevenu, je vous le voulois dire :
Ce que vous desirez est ce que je desire.

SILENE.

Que l'on s'enquere donc du vouloir d'Alcidor.

CLORISE.

Il ne peut mieux avoir, quand il seroit tout d'or.
Je m'en vois le chercher pour luy faire ouverture
De l'heur inopiné que le sort luy procure.

ARTENICE.

Miserable Artenice, où sera ton support?
Tes souspirs et tes pleurs sont-ils sans reconfort?
O dieux! qui disposez de la terre et de l'onde,
Arbitres absolus des fortunes du monde,
Vous dont les affligez implorent le secours,
Finissez mes ennuis ou finissez mes jours.
Faut-il tant de longueur en chose si legere?
Il n'y va que du sort d'une pauvre bergere.
Et vous, qui nous couvrez d'une feinte bonté

Les projects inhumains de vostre cruauté,
Que ne me chassez-vous de vostre souvenance?
Helas! je vieilliray sans aucune esperance,
Comme fait une fleur, en un champ deserté,
Qui reste à la mercy des rigueurs de l'esté,
Dont la vive fraîcheur, par le chaud assaillie,
Se voit seiche et passée avant qu'estre cueillie.
Pourquoy m'ordonnez-vous, injustice des cieux,
De borner mes desirs au sang de mes ayeux?
Voulez-vous limiter en choses si petites
La puissance d'un Dieu qui n'a point de limites?
Est-ce avecque raison que vous m'avez enjoint
De donner mon amour à qui ne la veut point?
Ce conseil me desplaist, je ne le sçaurois suivre :
Pour le seul Alcidor je veux mourir et vivre.
C'est celuy dont mon cœur a fait élection ;
Je n'en veux consulter que mon affection (1).

CHANSON D'ALCIDOR.

Noir sejour de l'horreur, tenebreuses valées,
Que du monde et du jour nature a reculées,
Agreable repos des esprits languissans,
Dans l'abisme d'enfer, dont vous estes voisines,
    Les vengeances divines
Ont-elles rien d'égal aux peines que je sens?

Je me cache en ceste ombre éternellement noire
Pour fuyr des objects qui dedans ma memoire
Entretiennent le mal dont je suis tourmenté.

---

1. Dans cette scène, et généralement dans toute la fin de ce petit poëme dramatique, revient jusqu'à satiété l'alternative où semble fatalement placée la principale héroïne. Racan, du reste, a fini par satisfaire de son mieux aux exigences de la poétique du roman pastoral en arrêtant décidément la préférence de chacune des deux bergères sur le berger qui, d'après le plan de cette fiction, lui est destiné.

En tous autres endroits je ne m'en puis distraire :
      Le soleil qui m'éclaire
Y ramentoit tousjours celuy qui m'est osté.

Cette jeune merveille, aussi sage que belle,
Recompensoit ma foy d'une amour mutuelle,
De qui le chaste feu ne s'égaloit qu'au mien ;
Et qui sçaura nos vœux à bon droict pourra croire
      Que le Ciel a fait gloire
De pouvoir denoüer un si parfait lien.

Où sera mon repos en ma douleur profonde ?
A quel dieu pitoyable aux miseres du monde
Me plaindray-je des maux que je souffre en aymant,
Si la mesme déesse à qui la terre donne
      La qualité de bonne
Est celle qui s'oppose à mon contentement ?

Comme si de mon corps mon ame estoit ravie,
Tous mes sens ont perdu l'usage de la vie,
Tant la douleur sur moy fait de puissans efforts ;
Et celuy qui conduit la troupe froide et sombre,
      M'en estimant du nombre,
Me veut mener tout vif dans le sejour des morts.

J'entens desja la voix du juge inexorable,
Je voy desja l'apprest du tourment perdurable
Qu'ont pour les malheureux les démons estably ;
Mais le divin flambeau dont j'adore la flame
      A fait que pour mon ame
La mort est sans repos et l'enfer sans oubly.

SCENE III.

Clorise, Alcidor.

CLORISE.

Je perds en vain mes pas en ces rochers deserts,
Mes paroles en vain se perdent dans les airs,
Je n'entens aucun bruit. Plus ce bois est paisible,
Et plus sa solitude à mes sens est horrible.
Ces antres tenebreux ne sont point sans danger;
Je ne voy dans ces champs ny troupeau ny berger,
J'ay perdu mon chemin, je ne trouve personne;
La frayeur me saisit, toute chose m'estonne;
Mes yeux de tous costez percent l'ombre des bois,
Les rochers les plus durs respondent à ma voix,
Et si je ne voy rien ny ne puis rien entendre;
Mes pas irresolus ne sçavent où se rendre.
Je me confonds au choix de ces chemins divers :
En cherchant Alcidor, moy-mesme je me perds.
Mais j'entends, ce me semble, une voix desolée,
Que le vent me rapporte au long de la valée.
Seroit-ce point la sienne ? Il y faut aller voir.

ALCIDOR.

Qu'est-ce qui dans ce bois me peut appercevoir ?
J'entends quelqu'un venir.

CLORISE.

        O bons dieux ! c'est luy-mesme :
Le voila de son long tout pensif et tout blesme.
Berger, quittez ces pleurs, ils sont hors de saison.
Desormais vos regrets n'auront plus de raison;
Vostre contentement est en vostre puissance;
La fortune vous offre une bonne alliance.

Le pere est consentant, il ne tient plus qu'à vous ;
Ce sera vostre bien, au jugement de tous.
Vous cognoissez la race et le nom d'Ydalie,
Et de quelle richesse est sa maison remplie.

ALCIDOR.

Puis que je vois le sort m'estre si rigoureux,
Il vaut mieux que tout seul je vive malheureux
Que de luy faire part des mauvaises fortunes
Qui depuis le berceau m'ont esté si communes.

CLORISE.

Quel sujet avez-vous de vous plaindre du sort

ALCIDOR.

De ce qu'il ne me donne ou la vie ou la mort.

CLORISE.

Voudriez-vous par la mort finir vostre martyre?

ALCIDOR.

Ouy, si je suis privé du bien que je desire.

CLORISE.

Qui vous fait desirer ce que le Ciel defend?

ALCIDOR.

Le malheur d'estre esclave au pouvoir d'un enfant.

CLORISE.

Aucun n'est prins d'amour s'il ne se laisse prendre.

ALCIDOR.

Mesme les immortels ne s'en peuvent deffendre.

CLORISE.

La raison de ce mal est le contre-poison.

ALCIDOR.

Depuis qu'il est extreme on n'a plus de raison.

CLORISE.

Le temps seul peut guerir cette chaude furie.

ALCIDOR.
Ny le temps ny la mort ne la rendra guerie.
CLORISE.
Ne vous lassez-vous point de tant de maux soufferts ?
ALCIDOR.
Mon cœur ne peut avoir de plus aymables fers.
CLORISE.
Il faut qu'une autre flame en chasse la premiere.
ALCIDOR.
Rien ne peut du soleil effacer la lumiere.
CLORISE.
Oubliez, oubliez ces folles passions ;
Donnez un autre object à vos affections.
ALCIDOR.
Brisons-là ce discours, vostre entreprise est vaine.
Après avoir aimé la fille de Silene,
Je ne puis moderer un feu si vehement,
Si ce n'est par la mort ou par l'esloignement.
Il faut pour la quitter que je quitte la France.
CLORISE.
Helas ! que fera-t'elle en vostre longue absence,
Elle qui ne respire et ne vit que par vous ?
ALCIDOR.
Elle esteindra sa flame au bras d'un autre espoux
Plus heureux qu'Alcidor, mais non pas plus fidelle.
CLORISE.
Au moins accordez-moy de prendre congé d'elle
Pour la derniere fois.
ALCIDOR.
    Cela ne fera rien
Qu'augmenter à vos yeux son tourment et le mien.

CLORISE.

Alcidor, croyez-moy, voyez cette bergere :
Souvent le bonheur vient lors que moins on l'espere.
Chacun a soin de vous ; les dieux, par leur bonté,
Vous peuvent redonner ce qu'ils vous ont osté.
L'on a veu surmonter de plus fascheux obstacles.
Revenez avec moy.

ALCIDOR.

Combien que sans miracles
Je ne puisse esperer mon salut qu'au trespas,
Je suivray donc encor vostre advis et vos pas.

SCENE IV.

Tisimandre, Ydalie.

TISIMANDRE.

A la fin ma rebelle a cogneu ma constance,
A la fin mes travaux ont eu leur récompense,
A la fin j'ai faict trefve avecque les malheurs :
L'Amour dans son carquois me presente des fleurs ;
A la fin ma déesse est à mes yeux propice.
Comme les autres dieux elle aime la justice,
Et sçait recompenser le zele des mortels
De qui la pieté revere ses autels.
Allons, mon beau soleil, le devoir nous convie
D'avoir l'advis de ceux dont vous tenez la vie.

YDALIE.

Cela sera facile, il n'en faut point douter ;
L'honneur de vous avoir n'est point à rejetter.

TISIMANDRE.

Allons donc les chercher. Je crois que vostre pere

Est allé voir la nopce au logis de son frere.
Mais ne voyez vous pas quelques gens amassez,
Qui desja vers le bourg se sont fort advancez ?
Ne les seroit-ce point ?

YDALIE.

Ils en ont l'apparence.

TISIMANDRE.

D'où leur pourroit venir un si profond silence ?
Ils n'ont ny violons, ni flutes, ni haubois ;
A peine seulement peut-on ouïr leurs voix,
On n'oit point retentir de chansons d'hymenée.
Qui les rend si pensifs à si bonne journée ?
Ils s'avancent vers nous. Hastons-nous vistement,
Nous sçaurons le sujet de leur estonnement.

SCENE V.

Ydalie, Damoclée, Tisimandre, Silene, Crisante, Clorise, Artenice, Alcidor, Cleante, le vieil Alcidor, Lucidas.

YDALIE.

Voila celuy, mon pere, à qui je dois la vie.
Si vous le trouvez bon, le devoir me convie
De recevoir les vœux de son affection,
Et mettre ma franchise en sa protection
Dans les nœuds éternels d'amour et d'hymenée.

DAMOCLÉE.

Vous y venez trop tard, ma parole est donnée.

TISIMANDRE.

Comment ! est-il quelqu'un envieux de mon bien
Qui me voulust ravir ce que j'ay rendu mien ?

Que deviendroit ma peine et ma perseverance
Dont je n'ay que sa foy pour toute recompence?

DAMOCLÉE.

Elle n'a point pouvoir de vous donner sa foy.
Puis que je suis son pere, elle depend de moy.
Alcidor est celuy que je veux pour mon gendre.

YDALIE.

Il est vray qu'autrefois j'eusse peu condescendre
A recevoir l'amant que l'on m'offre aujourd'huy;
Mais, n'estant plus à moy, je ne suis plus à luy.
Ce berger, tesmoignant son amour excessive,
En me tirant des fers m'a rendu sa captive.

DAMOCLÉE.

Vous luy feriez grand tort de l'amuser à vous :
De la belle Artenice il doit estre l'espoux.
Le Ciel nous le commande et chacun le souhaite.

ARTENICE.

Encore qu'on l'ait dit, ce n'est pas chose faite ;
Il faut auparavant cognoistre son amour :
Artenice n'est point la conqueste d'un jour.
Quand ses vœux par cinq ans me l'auront tesmoignée,
Comme il a par cinq ans la mienne desdaignée,
A l'heure je verray si je seray pour luy.

YDALIE.

D'où nous provient ce trouble, autheur de tant d'ennuy,
Qui s'oppose au bonheur où tout le monde aspire ?

SILENE.

La volonté des dieux, qu'on ne peut contredire,
Qui deffend que ma fille espouse un estranger.
Faites un autre amant, laissez-moy ce berger.
Je tiendray mon bonheur de vostre courtoisie.

CRISANTE.

Du desir d'un berger amoureux comme il est,
Ny du pouvoir d'un dieu qui fait ce qui luy plaist.

TISIMANDRE.

Ne pensez plus à moy. Puis qu'en ma propre terre
Les hommes et les dieux me declarent la guerre,
Je vay chercher ailleurs ou mon pis, ou mon mieux.

ARTENICE.

Et moy, dont le malheur est si contagieux,
A quoy me resoudray-je? où sera ma retraicte?
Toute chose s'oppose à ce que je souhaite.
N'eust-il pas valu mieux estre morte en naissant,
Et voir mon triste sort finir en commençant,
Que de le voir tousjours traverser tout le monde?

CRISANTE.

Certes, je ne sçay pas où nostre espoir se fonde;
Je n'entends que souspirs, je ne voy que malheurs.

DAMOCLÉE.

Peut-estre qu'Alcidor mettra fin à nos pleurs.
Oyons ce qu'il dira, le voicy qu'il arrive.

ALCIDOR.

Puis qu'après tant d'ennuis le desespoir me prive
De l'aise et de l'honneur de vivre avecque vous;
Puis que, dans un sejour si fertile et si doux,
Je ne puis asseurer le repos de ma vie,
Avant que vous quitter le devoir me convie
De tesmoigner à tous que jusques au cercueil
Je vous suis obligé de vostre bon accueil.
Vueille le Tout-Puissant, à mes vœux favorable,
Vous payer les bienfaicts dont je suis redevable!
Puissiez-vous voir sans fin, en toutes les saisons,
L'abondance et la paix regner en vos maisons!
Et vous, chere beauté dont j'adore la flame,
Puissiez-vous à jamais, belle ame de mon ame,
Avoir autant de biens et de contentemens

Pour moy, le seul espoir de mon inquietude
Est de passer ma vie en une solitude,
Et cacher dans l'horreur de quelque antre secret
Celuy sur qui le jour ne luist plus qu'à regret.
Adieu donc, belle Seine; adieu, campagnes vertes,
Complices et tesmoins de mes peines souffertes.

CLORISE.

Est-ce là le sujet qui vous a ramené?
Voulez-vous donc tousjours demeurer obstiné?
Ny priere ny pleurs n'ont-ils point de puissance?
Avez-vous resolu d'abandonner la France,
Où tout le monde a soin de vostre avancement?

ALCIDOR.

Y sçaurois-je trouver aucun contentement,
Et voir tousjours l'object qui traverse ma vie?

CLORISE.

Pour le moins, Alcidor, contentez nostre envie
De demeurer encore une heure avecque nous.

ALCIDOR.

Cela ne serviroit qu'à vous affliger tous.

CRISANTE.

Au contraire, Alcidor, vostre seule presence
Nous semble redonner la joye et l'esperance.

ALCIDOR.

D'un esprit accablé de mortelles douleurs
Qu'en pouvez-vous avoir que des cris et des pleurs?

ARTENICE.

Si jamais j'eus pouvoir dessus vostre courage,
Rendez-m'en aujourd'huy le dernier tesmoignage;
Donnez-moy seulement ce qui reste du jour.

ALCIDOR.

Je ne puis resister au pouvoir de l'amour;

Il vous faut obeir, ô ma belle déesse !
Pour la derniere fois vous serez ma maitresse.

CRISANTE.

A la fin nous l'aurons : ce cœur de diamant
Aux larmes d'Artenice a quelque sentiment.
Il nous faut essayer par une amour plus forte
De luy faire changer celle qui le transporte.

LE VIEIL ALCIDOR.

En quel endroit, mon fils, avez-vous tant esté ?
Que fistes-vous alors que vous m'eustes quitté ?

ALCIDOR.

Las ! pardonnez, mon pere, à l'ennuy qui m'outrage,
Si j'offre à vostre abord un si triste visage.

LE VIEIL ALCIDOR.

Quant à moy, desormais je brave le malheur ;
L'aise de vous revoir a fini ma douleur.
Quelque sujet de pleurs que le destin m'envoye,
Je ne verseray plus que des larmes de joye.

CLEANTE.

C'est à vostre vieillesse un agreable appuy
Que l'amitié d'un fils vertueux comme luy :
De quelque excès d'amour dont vous soyez capable,
Vous ne sçauriez l'aymer autant qu'il est aymable.

LE VIEIL ALCIDOR.

Ce n'est point mon enfant ; mon bon-heur l'a trouvé,
Et mon affection l'a tousjours eslevé,
Depuis que son berceau, luy servant de nacelle,
En le sauvant des flots le mit sous ma tutelle.

DAMOCLÉE.

Comment se fit cela ? quel sinistre destin
L'avoit mis en naissant si proche de sa fin ?

LE VIEIL ALCIDOR.

Je ne le puis sçavoir : les eaux d'Oise et de Seine,

Disputans ce butin, faisoient que de la plaine
Je ne peus discerner qui des deux l'apportoit;
Je m'approchay du bord lors qu'encore il flottoit,
Où ses jeunes attraits me donnerent envie
De le porter chez moy pour luy sauver la vie,
Et ma femme dès lors, qui l'aima comme sien,
Ne sçachant point son nom, le fit nommer du mien.

DAMOCLÉE.
En quel temps fut cela?

LE VIEIL ALCIDOR.
      Ce fut l'an que la France
Se veid couverte d'eaux en si grande abondance;
Depuis ce jour fatal les moissons de Cerès
Ont par dix et neuf fois redoré nos guerets.

DAMOCLÉE.
Las! je perdis alors par la fureur de l'onde
Daphnis, qui ne faisoit que de venir au monde;
Je pleure quand j'y pense et m'en souviens tousjours.
Ce fleuve, à gros bouillons debordant de son cours,
Remplissoit de terreur les campagnes voisines.
Mes troupeaux effroyez gaignerent les colines,
Et le petit Daphnis, encor dans le berceau,
Demeura dans ma loge à la mercy de l'eau.
Trois fois pour le sauver je me mis à la nage;
Mais un large torrent estoit dans mon passage,
Qui, ravageant l'espoir des coustaux les plus verts,
Precipitoit son cours dans leurs flancs entr'ouverts,
Couvroit les champs voisins de cailloux et d'arène,
Et payoit en grondant son tribut à la Seine;
Dans le milieu de l'eau les vagues m'offusquoient,
La peur me saisissoit, les forces me manquoient.
De ma temerité les ondes se courroussent,
Et, malgré mes efforts, par trois fois me repoussent.
L'orage cependant se rend par tout commun,
Grands et petits ruisseaux se rassemblent en un.
Je regarde en pitié ma maison assiegée

Soustenir les efforts d'une vague enragée,
Et desja la fureur dont elle la battoit
Faisoit monter l'escume aussi haut que le toit ;
Enfin de toutes parts la tempeste bouillonne ;
La charpante gemit, la muraille s'estonne ;
L'un s'esleve sur l'eau, l'autre fond au dessous.
Je perds en ce malheur la parole et le pous,
Quand je vis mon enfant dans le milieu des ondes
Errer à la mercy des poutres vagabondes ;
Tant que je le peus voir je le suivis des yeux,
Et puis je le remis en la garde des dieux.
Ne seroit-ce point luy qui tient de vous la vie ?
Recognoissez-le bien, chacun vous en convie.
Quelle marque avoit-il lors qu'il fut abordé (1) ?

LE VIEIL ALCIDOR.

Voilà son bracelet, que j'ay tousjours gardé.

DAMOCLÉE.

C'est celuy qu'il avoit ! O merveille du monde !
Mon enfant est sauvé de la rage de l'onde.
Venerable vieillard, helas ! que ferons-nous
Pour vous rendre le bien que l'on reçoit de vous ?

SILENE.

A la fin tout le monde aura ce qu'il souhaite ;
La volonté des Dieux est par vous satisfaite :
Ce berger est celuy que la déesse entend.
Du bon-heur de mon frere un chacun est content :
En luy donnant un fils vous me donnez un gendre ;
La bergere Ydalie aura son Tisimandre,
Et ma fille celuy que par eslection
Le destin reservoit à son affection.

ALCIDOR.

Que je luy dois d'autels du bon-heur qu'il m'envoye !

1. Toute cette description est fort remarquable, et dans son ensemble et par un grand nombre de vers bien frappés.

ARTENICE.
Que de biens à la fois !

YDALIE.
Dieux ! que j'en ay de joye !

TISIMANDRE.
Vieillard de qui nos maux ont leur soulagement,
Dieu vous peut-il combler d'aucun contentement
Qui ne soit au dessous de ceux qu'on vous desire ?

ALCIDOR.
Après tant de faveurs, que vous sçaurois-je dire,
A vous, par qui je suis comblé d'aise et d'honneur,
Et par qui le destin, avec tant de bon-heur,
Pour la seconde fois me redonne la vie ?
Dans l'excès des plaisirs dont mon ame est ravie,
Je ne penseray plus à mon tourment passé
Que pour benir les Dieux qui l'ont recompensé.

SILENE.
Sus donc, preparez-vous à gouster les délices
Dont l'amour satisfait vos fidelles services ;
Et nous autres vieillards, amoureux du repos,
Allons vuider en rond les verres et les pots.
Le Ciel de toutes parts nous met en asseurance.
Il faut, mon frere, encor, après cette alliance,
Pour joindre de nos cœurs l'estroicte liaison,
Faire de nos maisons une seule maison.
Nous y verrons un jour nos gendres et nos filles
Dans un mesme foyer élever nos familles,
Et vous, sage vieillard, y viendrez avec nous
Prendre part au repos que nous tenons de vous.

LE VIEIL ALCIDOR.
Dieux ! que je dois de grace aux bonnes destinées
Qui comblent de tant d'heur la fin de mes années !

TISIMANDRE.
Mais pourquoy Lucidas vient-il si promptement ?

Voudroit-il point encor, par quelque enchantement,
S'opposer aux douceurs du bon-heur où nous sommes?

LUCIDAS.

Belles, qui possedez la merveille des hommes,
Et vous, jeunes amans que j'ay tant traversez,
Ne m'accusez pas seul de mes crimes passez :
Vous en voyez l'autheur dans les yeux d'Artenice (1).

DAMOCLÉE.

Laissez-nous en repos, esprit plein d'artifice;
Vous offencez encor ces deux couples d'amans
En retardant l'effect de leurs contentemens.
La nuict viendra bien tost mettre fin à leurs peines :
Les ombres des coustaux s'allongent dans les plaines (2);
Desja de toutes parts les laboureurs lassez
Traînent devers les bourgs leurs coutres renversez;
Les bergers ont desja leurs brebis ramenées;
Le soleil ne luit plus qu'au haut des cheminées.
Voicy le temps, bergers, qu'il se faut depescher
De jouir des plaisirs qui vous coustent si cher.

---

1. Mira niel volto del tuo caro sposo,

dit la jeune fille qui a joué dans le *Pastor fido* un rôle semblable à celui que Lucidas joue dans les *Bergeries*.

2. Majoresque cadunt altis de montibus umbræ.
(Ecl. 1.)

Encore un de ces rapprochements avec Virgile qui ont pu égarer La Harpe. Il faut pourtant bien quelquefois renoncer à ces pensées d'imitation et admettre la possibilité d'heureuses rencontres entre poëtes qui ont des rapports dans leur manière de sentir; par exemple, il n'est guère présumable que ce soit dans les deux vers qui suivent celui que nous annotons dans ce moment :

> Desjà de toutes parts les laboureurs lassez
> Traînent devers les bourgs leurs coutres renversez,

que Gray a pris l'idée de son vers si pittoresque :

> The ploughman homeward plods his weary way.

LUCIDAS.

Et moy seul resteray-je en proye à la tristesse?
Passeray-je sans fruict la fleur de ma jeunesse?
Que me servent ces biens dont en toute saison
Le voisin envieux voit combler ma maison?
Que me sert que mes bleds soient l'honneur des cam- [pagnes,
Que les vins à ruisseaux me coulent des montagnes,
Ny que me sert de voir les meilleurs mesnagers
Admirer mes jardins, mes parcs et mes vergers,
Où les arbres, plantez d'une égale distance,
Ne perissent jamais que dessous l'abondance?
Ce n'est point en cela qu'est le contentement :
Tout se change icy bas de moment en moment.
Qui le pense trouver aux richesses du monde
Bastit dessus le sable ou grave dessus l'onde.
Ce n'est qu'un peu de vent que l'heur du genre humain :
Ce qu'on est aujourd'huy, l'on ne l'est pas demain.
Rien n'est stable qu'au ciel : le temps et la fortune
Regnent absolument au dessous de la lune.

EPITALAME.

Cueillez, amans, le fruict de vos services;
Que dans vos cœurs la joye et les delices
    Reviennent à leur tour,
Et que l'ardeur dont vostre ame est saisie
Fasse brusler le Ciel de jalousie
    Et la terre d'amour.

Des champs ingrats naissent les pierres fines;
Les belles fleurs s'engendrent des espines,
    Et les perles des pleurs;
Les plus beaux jours succedent aux orages;
On ne voit point de soleil sans ombrages,
    Ny de biens sans douleurs.

Voicy la nuict, si long temps differée,
Qui vient alors qu'elle est moins esperée
  Accomplir vos desirs ;
Tesmoignez-y que toutes ces tempestes,
En augmentant l'honneur de vos conquestes,
  Augmentent vos plaisirs.

Ne craignez point que pour vous y déplaire
Quelque importun vos actions éclaire
  D'un soin trop curieux :
Le sainct hymen qui vous met dans la lice
N'y laissera ny tesmoins ny complice
  Qu'un Dieu qui n'a point d'yeux.

L'obscurité vous ostera de crainte ;
C'est où vos vœux joüiront sans contrainte
  Du loyer de leur foy.
Cache-toy donc, unique feu du monde,
Estein le jour, et remporte dans l'onde
  La honte avecque toy ;

Ne souffre point que ta flame importune
S'oppose tant à la bonne fortune
  De deux autres soleils.
Haste ton cours, la raison t'en convie,
Ou l'on dira que tu portes envie
  A l'heur de tes pareils.

EGLOGUE.

Miserable troupeau, qui, durant la froidure,
Voy ces champs sans moisson et ces prez sans
Sçache que pour jamais l'espoir nous est osté [verdure,
D'avoir en ce climat de printemps ny d'esté.
L'astre par qui les fleurs émailloient les campagnes,
Par qui le serpoulet parfumoit les montagnes,

Et par qui finissoit cette froide saison,
A porté sa lumiere en un autre horison,
Et dans ces tristes lieux n'en reste aucune flame
Que celle que l'amour en conserve en mon ame.
Combien, en ce malheur, je benirois les Cieux,
Si, quand leur tyrannie éloigna de mes yeux
Celle dont la presence est mon heur et ma gloire,
Ils eussent de mon ame esloigné sa memoire.
Soit que le jour renaisse au sommet des rochers
Et commence à dorer la pointe des clochers,
Ou soit que dans les eaux sa lumiere finisse,
Je ne pense jamais qu'aux beautez d'Artenice.
Quand les plus douces nuicts assoupissent les corps
Et font que les vivans sont semblables aux morts,
Que toutes les couleurs sont reduites en une,
Mon esprit, delivré de la foule importune,
Se forme sa figure aussi belle qu'elle est,
Lors que, ne voyant rien, il voit ce qui lui plaist,
Et par les mesmes vœux dont je l'ay reclamée
Adore ceste image en mon ame imprimée.
Pourquoy n'usez-vous pas, adorable soleil,
Des flames de vos yeux comme vostre pareil?
Lors qu'il nous quitte au soir, il remporte dans l'onde
Les rayons éternels dont il esclaire au monde,
Et souffre que les corps et les esprits lassez
Accordent le repos à leurs travaux passez;
Mais, en quelque climat où le Ciel vous emmeine,
Je ne trouve jamais de relasche à ma peine.
Dieux! que ma passion a de temerité!
Que les conseils d'amour sont pleins de vanité
De m'adresser à vous, dont la race divine
Du sang mesme de Pan a prins son origine,
Et de qui les apas, trop chastement gardez,
Par le seul Alcidor ont esté possedez,
Celuy de qui la mort si digne de la vie
Fist moins aux braves cœurs de pitié que d'envie,
Et que l'on estimoit, tant qu'il fut parmy nous,
Le salut des troupeaux et la terreur des loups!

Ay-je des qualitez qui ne semblent petites
Lors que je les compare à ses moindres merites!
Il le faut avoüer avecque verité,
Il me passoit en tout, fors en fidelité;
Mais cela ne m'est pas une grande loüange :
A quelle autre beauté pourrois-je aller au change?
Quelle autre a des appas plus charmans et plus doux,
Ou quelle autre a l'esprit plus aimable que vous?
Certes, bien que ma foy n'eust jamais de seconde,
Qu'elle soit comme vous la merveille du monde,
N'est-ce pas estre injuste au prix de vos beautez
De croire vous aimer comme vous meritez?
Pour moy, toutes les fois que je pense aux merveilles
Dont vostre bel esprit ravissoit mes oreilles,
Ou que je me souviens des aymables apas
En qui mes yeux trouvoient la vie et le trespas,
Repassant à loisir en ma triste memoire
Ce bien heureux estat du comble de ma gloire,
En ce grand changement je recognois assez
Que les plus doux plaisirs sont les plustost passez.
Lors que je me retrouve en ces belles demeures,
Où les jours les plus longs ne sembloient que des heu-
Cela ne sert de rien qu'à me ramentevoir   [res,
Que je n'y verray plus ce que j'y soulois voir;
Cét agreable pré, cette fertile plaine,
Qui paroient à l'envy les rives de la Seine;
Ces jardins où la grace estaloit ses apas,
Alors que tant de fleurs y naissoient sous vos pas;
Tous ces lieux où l'amour, plein d'attraits et de flames,
Donnoit par vous ses loix à tant de belles ames,
Et tout ce qu'a Paris de plus delicieux
Est ce qui maintenant m'est le plus ennuyeux.
Plus triste et plus chagrin que le temps où nous som-
J'évite également l'abord de tous les hommes; [mes,
Les lieux les plus deserts me semblent les plus doux :
Je ne veux entretien que de penser en vous,
Et, soit que je m'arreste aux graces naturelles
Qui vous font estimer un miracle des belles,

Celle dont vous marchez, celle dont vous parlez,
De combien de douceurs vos refus sont meslez,
Ou que, pensant plus haut, ma raison estonnée
Admire les beautez dont vostre ame est ornée,
Je n'y trouve qu'apas dont mon cœur se repaist ;
Mesme de vos rigueurs le souvenir me plaist.
Combien j'ay desiré, bel astre que j'adore,
De payer le bon-heur de vous revoir encore
Des maux les plus cruels et les plus rigoureux
Dont Amour puisse rendre un esprit malheureux !
Qu'alors que tous mes soins tascheront de vous plaire,
Vous ne me puissiez voir sans haine ou sans colere ;
Qu'aucun de mes desseins ne puisse reüssir,
Que jamais vostre cœur ne se veüille adoucir,
Qu'il me refuse tout, pourveu que je vous voye,
Je penseray joüir du comble de ma joye.
Ainsi parloit Arcas durant cette saison
Qui retient au foyer tout le monde en prison,
Plaignant moins toutefois, en ce commun supplice,
L'absence du beau-temps que celle d'Artenice (1).

1. De même qu'il l'a fait précéder de la charmante chanson des Bergers adressée à la reine Marie de Médicis, Racan termine sa pastorale par cette églogue qui fait allusion à son amour pour madame de Thermes, et qui n'est pas sans de nombreuses beautés. En tout, nous nous résumons ici exactement, comme il l'a fait lui-même dans sa dédicace à Malherbe : « Vous jugerez, dit-il, que je suis autant au dessous de la perfection comme je suis au dessus de tous ceux qui m'ont précédé dans ce genre de poésie »,—dans notre langue s'entend.

Fin des Bergeries.

ODES

A MGR LE CARDINAL DE RICHELIEU

ODE (¹).

Richelieu, qui des plus grands hommes
As les mérites effacez,
Et par qui le siècle où nous sommes
Ternit tous les siècles passez,
Après tant de soins magnifiques
Où, comme les Dieux, tu t'appliques
Au règlement de l'univers,
Viens délasser tes longues veilles
Au doux entretien des merveilles
Qu'Apollon récite en mes vers.

Durant nos fortunes sinistres,
Lorsqu'au mespris de la vertu
L'on vit eslever ces ministres
Indignes du nom qu'ils ont eu,
L'on ne faisoit rien de solide;
Leur conseil estoit trop timide
Et trop lent pour nous secourir,
Et par leurs molles perfidies

---

1. Cette pièce, inconnue au libraire Coustelier, se trouve dans le recueil des *Nouvelles Muses*, 1633. La gravité du sujet, plus que toute autre considération, nous détermine à la placer la première. C'est là une des principales omissions reprochées à l'édition de 1724.

Ils nourrissoient des maladies
Qu'autre que toi n'eust sceu guérir.

Cependant nos libres courages,
Charmez de quelques vains appas,
Donnoient faussement leurs suffrages
Aux mérites qu'ils n'avoient pas.
Les lasches filles de mémoire
Ont plus fait esclatter leur gloire
Que leur pourpre ny leurs clinquants,
Et pour rendre leurs noms augustes
Ils ont eu, comme les plus justes,
Des Malherbes et des Racans [1].

Mais aujourd'huy que tes victoires
Donnent à tous les beaux esprits,
Pour l'ornement de nos histoires,
Des thrésors qui n'ont point de pris,
Nous tenons de toi la Richesse
Qu'on cherchoit en vain sur Permesse
Au siècle ingrat de nos ayeux,
Lorsqu'à faute de grands exemples
Dignes des autels et des temples,
On peuploit de monstres les cieux.

Arrière ces fleurs inutiles
Qu'autrefois nos conceptions,
En graves sujects infertiles,
Cueilloient au champ des fictions !
Loin ces vieux contes dont la Grèce
Vantoit le courage et l'adresse
De ses fausses divinités !
Toutes ces fables ridicules
N'ont point d'Achiles ny d'Hercules
Que ta vertu n'aist surmontez.

---

1. On reconnoît ici, pour son propre compte, l'élève de celui qui a dit :

    Ce que Malherbe écrit dure éternellement.

Encore que leurs artifices
Par les siècles nous soient cachez,
On ne peut ignorer les vices
Dont ces héros sont entachez.
C'est injustement qu'on tolère
Que l'antiquité mensongère
Les mette au rang des immortels,
Et fasse chanter à ses cignes
Des demy-dieux qui sont plus dignes
De la foudre que des autels.

Le Ciel, qui cognoist toutes choses,
Et qui dans ses fatales mains
Tient toutes les graces encloses
Pour les departir aux humains,
Confesse que les plus grands hommes
Qui, devant le siècle où nous sommes,
Ont vaincu le temps et la mort,
N'estoient qu'essais de sa puissance,
Pour s'aprester, à ta naissance,
A faire son dernier effort.

Si l'antiquité de ta race,
Si féconde en divinitez,
A mérité d'avoir sa place
Devant les autres qualitez,
Malgré l'effort qu'ont fait cent lustres
Contre les noms les plus illustres
Dont nos fastes soient embellis,
Qui ne sçait que ton origine
Vient de cette mesme racine
Qui faict croistre et fleurir nos lys?

Mais c'est pour ceux de qui l'histoire
Ne faict rien voir de précieux
Qu'il nous faut eslever la gloire
Sur les tombeaux de leurs ayeux.
Ces grands noms qui portent les marques

Du sang des dieux et des monarques
Que les vieux siècles ont chéris
Sont les moindres que l'on te donne;
Cette vanité n'étoit bonne
Que pour Ganimède ou Pâris.

Qui ne sçait de quelles tempestes
Tes travaux nous ont exemptez,
Combien de Typhons à cent testes
Sont par ta prudence domptez?
Après des merveilles si grandes,
Quelles assez dignes offrandes
Nous acquitteront envers Dieu,
De qui les bontés tutélaires
Ont mis le timon des affaires
Entre les mains de Richelieu?

Cette Rochelle où nos armées
Par tant de combats et de jours
S'estoient vainement consommées
Sans voir que le haut de ses tours,
Ces bastions qui dans les nues
Eslevoient leurs testes cornues,
Par le coultre sont traversés;
Il n'en laisse marque ny trace,
Et fend esgalement la place
Des murailles et des fossez.

Quinze fois on a veu la lune
Remplir son croissant de clarté
Que le débris de leur fortune
Gardoit sa première fierté.
Jadis d'un semblable courage
L'amour, la vengeance et la rage
Firent les efforts plus qu'humains,
Quand on vit aux bords du Scamandre
Les dieux attaquer et deffendre
L'ouvrage de leurs propres mains.

L'Espagne, qui veut que le monde
Soit à son empire soumis,
En vain sur la terre et sur l'onde
Nous va chercher des ennemys;
En vain, en ces injustes guerres,
Elle opposa tous ses tonnerres
A ceux dont tu la combattois,
Lypare s'en vit espuisée,
Et son aigle fust ecrasée
De la foudre que tu portois.

N'est-ce pas toy qui tiens en bride
Les tyrans les plus enragez,
Et qui rends notre grand Alcide
L'appuy des princes affligez;
Qui rends sa justice fameuse
Sur l'Eridan et sur la Meuse;
Qui rends leurs passages ouverts,
Et qui rends son pouvoir supresme,
D'esclave de son peuple mesme,
L'arbitre de tout l'univers?

Il voit qu'aujourd'huy sa vaillance
Est la terreur des potentats,
Et qu'en sa seule bienveillance
Gist le salut de leurs Estats.
Tout cède à ce foudre de guerre,
Il n'est point d'orgueil sur la terre
Qu'il n'ayt à ses pieds abattu;
Sa force esgalle sa naissance,
Et ne cognoist son impuissance
Qu'à recompenser ta vertu.

ODE

Pour Monseigneur le duc de Bellegarde, pair et grand ecuyer de France.

Amour, à qui je dois les chansons immortelles
Qui par toute la terre ont volé sur tes ailes,
Et qui seul m'as enflé le courage et la voix,
N'es-tu pas bien enfant alors que tu m'invites
D'oublier les rigueurs pour chanter les merites
D'une ingrate beauté qui méprise tes loix?

Permets qu'employant mieux les accords de ma lyre,
Je chante mon Roger, l'honneur de cet empire,
Et qui dessous le tien si long-tems a vécu.
Puisque de sa valeur tu fus toûjours le maître,
En disant ses vertus ne fais-je pas connoître
La gloire du vainqueur par celle du vaincu?

Quand trois lustres passez le mirent hors d'enfance
Et que parmi la joye et la magnificence
Les belles admiroient ses aimables appas,
Combien en oyoit-on soûpirer leur martire?
Si tu voulois, Amour, tu sçaurois bien qu'en dire,
Toy qui ne l'as jamais abandonné d'un pas.

A peine le coton ombrageoit son visage,
Que déja sous Henry ce genereux courage
Fit voir par les effets qu'il étoit fils de Mars;
Toy-même dés ce tems l'aimas comme ton frere,
Et quittas sans regret le giron de ta mere
Pour suivre sa fortune au milieu des hazards.

Tu fus toûjours depuis son demon tutelaire,
Tu fis avecque luy ta demeure ordinaire,

Quelquefois dans son cœur, quelquefois dans ses yeux ;
De ses plus beaux desseins tu fus toûjours complice,
Et preferois l'honneur de luy rendre service
A celuy de regir les hommes et les Dieux.

Quand ses jeunes attraits triomphoient des plus belles,
Combien as-tu de fois fendu l'air de tes ailes
Pour éclairer ses pas avecque ton flambeau ?
Et quand toute la cour admiroit ses merveilles,
Pour voir en tous endroits ses graces nompareilles,
Combien as-tu de fois arraché ton bandeau ?

Mais nos prosperitez sont de courte durée ;
Il n'est point ici-bas de fortune asseurée :
Elle changea bien-tost nos plaisirs en douleurs,
Quand, durant une paix en délices feconde,
La Seine, par la mort du plus grand roy du monde,
Vit rouler dans son lict moins de flots que de pleurs.

En vain lors les esprits envieux de sa gloire
Dégorgerent le fiel de leur malice noire
Pour luy ravir l'honneur dont il est revestu ;
L'équité de ses mœurs, qui luy servoit d'égide,
Fit qu'aprés ses travaux à la fin cet Alcide
Força mesme Junon d'admirer sa vertu.

Tel qu'un chesne puissant, dont l'orgueilleuse teste,
Malgré tous les efforts que luy fait la tempeste,
Fait admirer nature en son accroissement ;
Et son tronc venerable aux campagnes voisines
Attache dans l'enfer ses secondes racines,
Et de ses larges bras touche le firmament (1).

1. Toute cette belle strophe est la reproduction entière d'un passage du 2e livre des Géorgiques, notamment de ces deux vers :

> Æsculus in primis, quæ, quantum vertice ad auras
> Æthereas, tantum radice in tartara tendit.

Tel parut ce guerrier, quand leurs folles pensées
Tascherent de ternir ses actions passées;
Plus il fut traversé, plus il fut glorieux;
Sa barque triompha du couroux de Neptune,
Et les flots qu'émouvoient les vents de la fortune,
Au lieu de l'engloutir, l'éleverent aux cieux.

Ses lauriers, respectez des tempestes civiles,
Dans les champs où la Saône épand ses flots tranquiles
Protegerent Themis en nos derniers malheurs;
Aux vents seditieux ils défendoient l'entrée,
Et n'en souffroient aucun en toute la contrée
Que celuy seulement qui fait naistre les fleurs.

Déja se ratizoient nos rages domestiques (1),
Déjà Mars apprestoit les spectacles tragiques
Par qui l'on voit tomber les empires à bas;
Jamais sa cruauté n'a produit tant de plaintes,
Non pas mesme jadis quand les cendres éteintes
Ne sçûrent au bucher éteindre leurs debas.

Toutefois sa prudence à nostre aide fatale
Calma de nos discors la passion brutale,
Et toucha nos fureurs d'un sentiment humain;
Bellonne s'appaisa contre toute esperance,
Et le fer aiguisé pour détruire la France
Encore tout sanglant luy tomba de la main.

Roger, dont la valeur méprise la fortune,
En ce temps où chacun ta faveur importune,
Et souffre laschement l'insolence du sort,
A toi seul nous devons des vœux et des images;

---

1. On lit se *ralumoient* dans l'édition de Coustelier, mais le recueil de 1638, et celui de 1692, attribué à Fontenelle, portent se *ratizoient*, qui m'a paru être la véritable leçon; l'autre n'étoit qu'un rajeunissement.

Si quelque liberté reste dans les courages,
C'est ta seule vertu qui lui sert de support.

  Nos crimes trop frequents ont lassé le tonnerre ;
Le Ciel ne punit plus l'engeance de la terre,
Qui déja reproduit tant de monstres divers ;
Le destin absolu regne à sa fantaisie ;
Les dieux, dans leur Olympe enyvrez d'ambroisie,
Se déchargent sur lui du soin de l'univers.

  Mais parmi tant d'ennuis dont l'envie enragée
Depuis un si long-temps a la France outragée,
Qu'elle est presque réduite à ployer sous le faix,
Certes le seul de tous qui nous est le plus rude
Est de voir que le siecle a trop d'ingratitude
Et ne reconnoist pas l'honneur que tu luy fais.

  Pour moy, de qui l'enfance au malheur asservie
Surmonta les soucis qui menaçoient ma vie
Par l'excez des faveurs qu'elle receut de toy,
Ces obligations me rendent insolvable ;
Mais dois-je estre honteux d'estre ton redevable
Si la France à jamais l'est aussi bien que moy ?

LA VENUE DU PRINTEMPS.
A M. de Termes.

ODE.

Enfin, Termes, les ombrages
  Reverdissent dans les bois,
L'hyver et tous ses orages
Sont en prison pour neuf mois ;
Enfin la neige et la glace

Font à la verdure place ;
Enfin le beau temps reluit,
Et Philomele, assurée
De la fureur de Terée,
Chante aux forests jour et nuit.

Déja les fleurs qui bourgeonnent
Rajeunissent les vergers ;
Tous les échos ne résonnent
Que de chansons de bergers ;
Les jeux, les ris et la danse
Sont par tout en abondance ;
Les delices ont leur tour,
La tristesse se retire,
Et personne ne soupire,
S'il ne soupire d'amour.

Les moissons dorent les plaines,
Le ciel est tout de saphirs,
Le murmure des fontaines
S'accorde au bruit des zephirs ;
Les foudres et les tempestes
Ne grondent plus sur nos testes,
Ny des vents seditieux
Les insolentes coleres
Ne poussent plus les galeres
Des abîmes dans les cieux.

Ces belles fleurs que nature
Dans les campagnes produit
Brillent parmy la verdure
Comme des astres la nuit.
L'Aurore, qui dans son ame
Brusle d'une douce flâme,
Laissant au lit endormi
Son viel mary, froid et pasle,
Desormais est matinale
Pour aller voir son amy.

Termes, de qui le merite
Ne se peut trop estimer,
La belle saison invite
Chacun au plaisir d'aimer :
La jeunesse de l'année
Soudain se voit terminée ;
Aprés le chaud vehement
Revient l'extresme froidure,
Et rien au monde ne dure
Qu'un éternel changement.

Leurs courses entre-suivies
Vont comme un flus et reflus ;
Mais le printemps de nos vies
Passe et ne retourne plus.
Tout le soin des destinées
Est de guider nos journées
Pas à pas vers le tombeau !
Le Temps de sa faux moissonne,
Et sans respecter personne,
Ce que l'homme a de plus beau.

Tes loüanges immortelles,
Ny tes aimables appas,
Qui te font cherir des belles,
Ne t'en garentiront pas.
Croy-moy, tant que Dieu t'octroye
Cet âge comblé de joye
Qui s'enfuit de jour en jour,
Joüis du temps qu'il te donne,
Et ne croy pas en autonne
Cueillir les fruits de l'amour (1).

1. Tout révèle ici un véritable peintre de la nature. Cette pièce auroit heureusement figuré dans les *Bergeries*.

ODE BACHIQUE.

A M. Ménard, président d'Orillac.

Maintenant que du Capricorne
Le temps mélancolique et morne
Tient au feu le monde assiegé,
Noyons nostre ennuy dans le verre,
Sans nous tourmenter de la guerre
Du tiers état et du clergé.

Je sçay, Ménard, que les merveilles
Qui naissent de tes longues veilles
Vivront autant que l'univers;
Mais que te sert-il que ta gloire
Se lise au temple de Memoire
Quand tu seras mangé des vers?

Quitte cette inutile peine,
Beuvons plûtost à longue haleine
De ce nectar délicieux,
Qui pour l'excellence precede
Celuy mesme que Ganimede
Verse dans la coupe des Dieux.

C'est luy qui fait que les années
Nous durent moins que des journées;
C'est luy qui nous fait rajeunir
Et qui bannit de nos pensées
Le regret des choses passées
Et la crainte de l'avenir.

Beuvons, Ménard, à pleine tasse;
L'âge insensiblement se passe,

Et nous mene à nos derniers jours ;
L'on a beau faire des prieres,
Les ans non plus que les rivieres
Jamais ne rebroussent leur cours.

Le printemps vétu de verdure
Chassera bien-tost la froidure,
La mer a son flux et reflux ;
Mais depuis que nostre jeunesse
Quitte la place à la vieillesse,
Le temps ne la ramene plus.

Les loix de la mort sont fatales
Aussi bien aux maisons royales
Qu'aux taudis couvers de roseaux.
Tous nos jours sont sujets aux Parques ;
Ceux des bergers et des monarques
Sont coupez des mesmes ciseaux.

Leurs rigueurs, par qui tout s'efface,
Ravissent en bien peu d'espace
Ce qu'on a de mieux établi,
Et bien-tost nous meneront boire
Au-delà de la rive noire
Dans les eaux du fleuve d'oubly (1).

A M. LE COMTE DE BUSSY DE BOURGOGNE.

ODE.

Bussy, notre printemps s'en va presque expiré,
Il est temps de joüir du repos asseuré
  Où l'âge nous convie :

1. Cette ode et un peu la fin de la précédente offrent quel-

Fuyons donc ces grandeurs qu'insensez nous suivons,
Et, sans penser plus loin, joüissons de la vie
      Tandis que nous l'avons.

Donnons quelque relasche à nos travaux passez;
Ta valeur et mes vers ont eu du nom assez.
      Dans le siecle où nous sommes,
Il faut aimer nostre aise, et, pour vivre contens,
Acquerir par raison ce qu'enfin tous les hommes
      Acquierent par le temps.

Que te sert de chercher les tempestes de Mars,
Pour mourir tout en vie au milieu des hazards
      Où la gloire te mene?
Cette mort qui promet un si digne loyer
N'est toûjours que la mort qu'avecque moins de peine
      L'on trouve en son foyer.

Que sert à ces galants ce pompeux appareil
Dont ils vont dans la lice ébloüir le soleil
      Des trésors du Pactole?
La gloire qui les suit aprés tant de travaux
Se passe en moindre temps que la poudre qui vole
      Du pied de leurs chevaux (1).

---

ques reflets de la philosophie d'Horace. Celle-ci surtout semble avoir été particulièrement inspirée par la 4e et la 9e du 1er livre :

    Vides ut alta stet nive candidum
    Soracte..., etc.

1. Voltaire cite ces deux strophes comme remarquablement belles ; mais, suivant un fort mauvais usage, pratiqué pendant longtemps, il rajeunit, dans la première, la préposition *avecque*, en complétant ainsi le vers : *avec bien moins de peine*, et il remplace dans la seconde le mot *galants* par celui de *héros*, qui, en effet, vaudroit mieux aujourd'hui. Comme il faut avoir, de nos jours, quelque courage pour prononcer le nom de Florian lorsqu'il s'agit de matières littéraires, nous n'avons pas osé lui reprocher d'avoir, dans une citation de

A quoy sert d'élever ces murs audacieux
Qui de nos vanitez font voir jusques aux cieux
    Les folles entreprises?
Maints chasteaux, accablez dessous leur propre fais,
Enterrent avec eux les noms et les devises
    De ceux qui les ont faits.

Employons mieux le temps qui nous est limité;
Quittons ce fol espoir par qui la vanité
    Nous en fait tant accroïre.
Qu'amour soit desormais la fin de nos desirs;
Car pour eux seulement les Dieux ont fait la gloire,
    Et pour nous les plaisirs.

Heureux qui, dépoüillé de toutes passions,
Aux loix de son païs régle ses actions
    Exemptes d'artifice!
Et qui, libre du soin qui t'est trop familier,
Aimeroit mieux mourir dans les bras d'Artenice
    Que devant Montpelier (1)!

A M. DE BALZAC.

ODE.

Ingrates Filles de Memoire,
Je croy que vous n'ignorez pas
Que j'ay préferé vos appas

---

son *Essai sur la pastorale*, altéré les beaux vers: *Heureux qui vit en paix du lait de ses brebis*; mais, puisque nous prenons Voltaire sur le fait, il doit nous être permis de rappeler le tort de l'un à l'occasion du tort de l'autre.

1. C'est là une sorte de préface des stances sur la retraite. Il est encore un peu question, dans cette pièce, d'amour et

Aux appas mesme de la gloire,
Et que parmi ces vanitez,
Ces faveurs et ces dignitez
Où le soin des autres aspire,
Je ne demande à mon bonheur
Que d'avoir part à cet honneur
Sur qui le temps n'a plus d'empire.

Enflé de cette belle audace,
A peine sçavois-je marcher,
Que j'osay vous aller chercher
Au plus haut sommet de Parnasse ;
Apollon m'ouvrit ses trésors,
Et vous me jurâtes dés-lors
Par vos sciences immortelles
Que mes écrits verroient le jour,
Et tant qu'on parleroit d'amour
Vivroient en la bouche des belles.

Toutefois, après ces caresses
Que je veux partout publier,
Balzac vous a fait oublier
Mes services et vos promesses.
Luy seul dispose par ses mains
De cet honneur dont les humains
Après la mort esperent vivre ;
Et, quoi que vous m'ayez juré,
Je n'en serois point assuré,
Si je ne l'avois dans son livre.

Son éloquence est celle-mesme
Qui fait et défait les états,
Brave l'orgueil des potentats

de plaisirs, mais l'on pressent déjà par le ton général qu'après quelques pas de plus dans la vie, le poëte s'écriera :

Thirsis, il faut songer à faire la retraite !

Et foule aux pieds leur diadesme.
On y voit ces conceptions
Qui donnent à nos passions
Des peuples entiers pour complices,
Celles qui les font soulever,
Et celles qui leur font trouver
En la mort mesme des délices.

C'est elle qui, dans les tempestes
Du populaire mutiné,
Retient par l'oreille enchaisné
Ce cruel Tiphon à cent testes ;
C'est par leurs effets differens
Qu'on voit arracher les tyrans
D'entre les bras de la fortune,
Ou qu'ils sçavent s'y maintenir,
Et qu'ils ont le pouvoir d'unir
Toutes nos volontez en une.

Bel esprit par qui tous les hommes
Sont visiblement devancez,
La honte des siecles passez,
Et l'honneur du siecle où nous sommes ;
Dieu d'éloquence et de sçavoir
Dont les écrits se feront voir
Triomphans de la destinée,
Te sçaurois-je rien immoler
Qui puisse jamais égaler
La gloire que tu m'as donnée ?

En vain dans le marbre et le jaspe
Les rois pensent s'éterniser ;
En vain ils en font épuiser
L'une et l'autre rive d'Hydaspe ;
En vain leur pouvoir nompareil
Eleve jusques au soleil
Leur ambitieuse folie :
Tous ces superbes bastimens

Ne sont qu'autant de monumens
Où leur gloire est ensevelie.

Ces héros jadis vénérables
Par les siecles nous sont ravis;
Les Dieux mesmes qu'ils ont servis
N'ont plus de noms que dans nos fables;
Ny les temples ny les autels
Ne sont point honneurs immortels;
A peine en voit-on les images.
Quoy qu'espère la vanité,
Il n'est point d'autre éternité
Que de vivre dans tes ouvrages.

Par eux seuls la rigueur des Parques
Se rend sensible à la pitié;
Par eux seuls de nostre amitié
Se gravent à jamais les marques;
Et dans les siecles à venir,
Où la mort mesme doit finir,
Nostre memoire, reverée
Par tout où le soleil luira,
A l'univers égalera
Son étenduë et sa durée.

A M. DE BALZAC.

ODE.

Doctes nymphes par qui nos vies (1)
　Bravent les ans et le trespas,
Seules beautez dont les appas
Ont mes passions asservies,

1. Le Mercure de septembre 1724 reprend Coustelier d'avoir séparé par des pièces intermédiaires ces deux odes à Balzac,

Vous sçavez bien que la splendeur
De cette orgueilleuse grandeur
Où l'espoir des autres se fonde
N'est point ce que j'ay desiré,
Et que j'ay toujours preferé
Vos faveurs à celles du monde.

Enflé de cette belle audace,
A peine sçavois-je marcher
Que j'osai vous aller chercher
Au plus haut sommet de Parnasse.
Apollon m'ouvrit ses tresors,
Et vous me jurastes dèslors,
Par vos sciences immortelles,
Que mes escris verroient le jour,
Et tant qu'on parleroit d'amour
Vivroient en la bouche des belles.

Toutefois, mes cheres compagnes,
Ces esperances m'ont failly :
Balzac tout seul a recueilly
Ce qu'on cherche dans vos montagnes.
C'est en vain que tous ses rivaux
Esperent par leurs longs travaux
En vostre éternelle richesse ;
Luy seul la possede aujourd'huy,
Et faut que je tienne de luy
Les effets de vostre promesse.

Lors que la nuit étend ses voiles,
On y remarque des flambeaux
Qui semblent plus grands et plus beaux

l'une, dit-il, *étant la correction de l'autre*. Nous avons jugé, en effet, qu'il convenoit de rapprocher les deux versions, pour que le lecteur pût les comparer plus aisément, et se reporter à une lettre que Racan écrit à ce sujet et que nous insérons dans cette édition.

Que ne sont les autres estoiles ;
Mais, si-tost que l'astre des cieux
Commence à paroistre à nos yeux
Et qu'il a les ombres chassées,
Nous voyons que de tous costez
Grandes et petites clartez
Sont également effacées.

De mesme, ceux à qui la France
A veu tenir les premiers rangs
Dans le siecle des ignorans
Devant luy perdent l'asseurance.
Ce grand soleil des beaux esprits
A tout seul remporté le prix ;
De luy seul la gloire est connuë,
Et tous ces petits escrivains
Qui faisoient n'agueres les vains
Disparoissent à sa venuë.

Il r'apprend à l'âge où nous sommes
L'art qui fit ces premieres loix
Par qui l'on rendit autrefois
Les hommes esclaves des hommes ;
Il produit ces inventions,
Dont les seules impressions
Ont fait les vertus et les vices,
Ont fait les villes souslever
Et fait aux plus lasches trouver
En la mort mesme des delices.

C'est par là que, dans les tempestes
De tout un peuple mutiné,
On tient par l'oreille enchaisné
Ce cruel Typhon à cent testes ;
C'est par ses propos attirans
Qu'on voit arracher les tyrans
D'entre les bras de la fortune,
Ou qu'ils sçavent s'y maintenir,

Et qu'ils ont le pouvoir d'unir
Diverses volontez en une.

 Les choses les plus ordinaires
Sont rares quand il les escrit,
Et la clarté de son esprit
Rend les mysteres populaires;
La douceur et la majesté
Y disputent de la beauté;
Son éloquence est la premiere
Qui joint l'élegance au sçavoir,
Et qui n'a point d'yeux pour la voir
N'en a point pour voir la lumiere.

 Divin Balzac, qui par tes veilles
Acquiers tout l'honneur de nos jours,
Grand demon de qui les discours
Ont moins de mots que de merveilles,
Dieu qui, vivant avecque nous,
As rendu l'Olympe jaloux
Et toute la terre estonnée,
Te sçaurois-je rien immoler
Qui puisse jamais esgaler
La gloire que tu m'as donnée?

 En vain dans le marbre et le jaspe
Les roys pensent s'éterniser;
En vain ils en font espuiser
L'une et l'autre rive d'Hydaspe;
En vain leur pouvoir nompareil
Esleve jusques au soleil
Leur ambitieuse folie;
Tous ces superbes bastimens
Ne sont qu'autant de monumens
Où leur gloire est ensevelie.

 Ces heros jadis venerables
Par les âges nous sont ravis;

Les dieux mesmes qu'ils ont servis
N'ont plus de nom que dans nos fables.
Ny leurs temples, ny leurs autels,
N'estoient point honneurs immortels;
Le temps a brisé leurs images.
Quoy qu'espere la vanité,
Il n'est point d'autre éternité
Que de vivre dans tes ouvrages.

 Par eux seuls la rigueur des Parques
Se rend sensible à la pitié;
Par eux seuls de nostre amitié
Se gravent à jamais les marques,
Et dans les siecles à venir,
Où la mort mesme doit finir,
Nostre memoire reverée,
Par tout où le soleil luira,
A l'univers esgalera
Son estenduë et sa durée.

ODE.

Plaisant séjour des ames affligées (1),
 Vieilles forests de trois siecles âgées,
Qui recelez la nuit, le silence et l'effroy,
Depuis qu'en ces deserts les amoureux, sans crainte
 Viennent faire leur plainte,
En a-t-on veu quelqu'un plus malheureux que moy?

 1. La Harpe trouve ces stances, dont la première lui paroît imitée d'Ovide, d'un ton en général intéressant et d'un rhythme bien choisi. « Mais il faut prendre garde, ajoute-t-il gravement dans une note, à ces expressions équivoques, comme les *amoureux sans crainte*; *sans crainte* se rapporte *viennent faire leur plainte*, et paroît à l'oreille se rapporter d'abord à *amoureux*. » Voilà les auditeurs du Lycée dans une bien bonne voie!

Soit que le jour, dissipant les étoiles,
  Force la nuit à retirer ses voiles
Et peigne l'orient de diverses couleurs,
Ou que l'ombre du soir, du faiste des montagnes,
    Tombe dans les campagnes,
L'on ne me voit jamais que plaindre mes douleurs.

  En mon sommeil, aucunefois les songes
  Trompent mes sens par de si doux mensonges
Qu'ils donnent à mes maux un peu de reconfort.
O dieux! de quel remede est ma douleur suivie,
    De ne tenir la vie
Que des seules faveurs du frere de la Mort!

  Cette beauté dont mon ame est blessée,
  Et que je vois toûjours dans ma pensée,
Jusques dedans les cieux commande absolument,
Et, si ce petit dieu qui tient d'elle ses armes
    N'est captif de ses charmes,
Il en doit rendre grace à son aveuglement.

  Il faut pourtant, aprés tant de tempestes,
  Borner mes vœux à de moindres conquestes.
Je devrois estre sage aux dépens du passé;
Mais ses perfections, ses vertus immortelles
    Et ses beautez sont telles,
Que pour estre insensible il faut estre insensé.

  Son œil divin, dont j'adore la flame,
  En tous endroits éclaire dans mon ame,
Comme aux plus chauds climats éclaire le soleil;
Et, si l'injuste sort, aux beautez trop severe,
    A fait mourir son frere,
C'est que le Ciel voulut qu'il n'eût point de pareil.

  Ainsi Daphnis, emply d'inquietude,
  Contoit sa peine en cette solitude,
Glorieux d'estre esclave en de si beaux liens.

Les nymphes des forests plaignirent son martyre,
Et l'amoureux Zephire
Arresta ses soûpirs pour entendre les siens.

AU FLEUVE DU LOIR DÉBORDÉ.

Ode.

Loir, que tes ondes fugitives
Me sont agreables à voir,
Lorsqu'en la prison de tes rives
Tu les retiens en leur devoir,
Au lieu de voir sur tes rivages,
Durant ces funestes ravages,
Les peuples maudire tes eaux,
Quand leurs familles effrayées
Cherchent de leurs maisons noyées
Le débris parmy les roseaux !

Déja, dans les terres prochaines,
Ton courroux, enflé de boüillons,
Traînant les arbres dans les plaines,
Arrache les bleds des seillons ;
Déja les peuples des campagnes
Cherchent leur salut aux montagnes ;
Les poissons logent aux forests,
Quittant leurs cavernes profondes,
Et la nasselle fend les ondes
Où le soc fendoit les guerets.

Mais, pour voir des chasteaux superbes,
Détruits par tes débordemens,
A peine laisser dans les herbes
Les marques de leurs fondemens ;
Pour voir les champs les plus fertiles

Changez en marests inutiles,
Cela ne m'offenseroit pas,
Si ton impetueuse rage
Ne s'opposoit point au voyage
Où l'amour conduisoit mes pas.

  Si quelque vain desir de gloire
Te donne une jalouse ardeur
D'imiter la Seine ou la Loire
En leur admirable grandeur,
Lorsque, lassé de ton audace,
Changeant ta colere en bonace,
Tu rentreras dans ton berceau,
L'on t'appellera temeraire
De voir qu'en ton cours ordinaire
Tu n'es plus qu'un petit ruisseau.

  O pere ingrat à mes prieres!
Pourquoy m'es-tu si rigoureux?
Autrefois les dieux des rivieres
Comme moy furent amoureux.
L'œil de la belle Dejanire
Fait qu'encore aujourd'huy soûpire
Et brusle dans son froid séjour
Ce pauvre fleuve, triste et morne,
Qui predit avecque sa corne
L'esperance de son amour.

  L'on voit encore en la Sicile
Celuy qu'un beau feu consumoit,
A qui rien ne fut difficile
Pour joüir de ce qu'il aimoit;
Et peut-estre cette inhumaine
Qui donne à mon cœur tant de peine
Blesse le tien des mesmes traits,
Quand ses yeux, où l'amour reside,
Viennent dans ton cristal liquide
Prendre conseil de leurs attraits.

C'est d'où vient la jalouse envie
Qui s'oppose à mes volontez :
Pour joüir tout seul de Sylvie,
Tu l'enfermes de tous costez.
Ces beaux astres de qui les flâmes
Captivent tant de belles ames
Sont captifs dans une maison,
Et semble qu'en tes bras humides,
A l'exemple des Aloïdes,
Tu tiennes les dieux en prison.

Mais toutes mes plaintes sont vaines :
Le bruit de ses flots irritez (1),
Qui vont grondant parmi les plaines,
Garde mes cris d'estre écoutez.
Il faut, sans plus longue demeure,
Ou que je passe, ou que je meure.
Puisque l'excez de mes douleurs
Aucune tréve ne m'octroye,
Autant vaut-il que je me noye
Dans ce fleuve que dans mes pleurs.

ODE.

En l'excessive ardeur de ma perseverance,
   D'une belle esperance
L'amour essaye en vain de consoler mes pleurs;
Mais ne sçait-on pas bien qu'il a cette coutume
   De sucrer l'amertume,
Et que tous ses filets sont tendus sous des fleurs?

1. On lit dans l'édition de Coustelier *tes* flots; le recueil de Fontenelle porte *ces* flots; celui de 1638, fait du vivant de Racan, porte *ses* flots, et c'est ce qui nous a semblé la véritable leçon. En effet, l'éditeur de 1724 a été visiblement entraîné par la direction principale de la pièce, dont toutes les

Celuy qui sur les eaux va tenter la fortune,
      Le calme de Neptune
L'assure pour un temps de l'empire du sort ;
Mais à la fin les flots, en écumant leur rage,
      S'enflent d'un tel orage
Qu'ils luy font regretter les délices du port.

Ainsi ce dieu, qui porte une éternelle envie
      A l'heur de nostre vie,
Traverse à tous les coups l'espoir des plus contens ;
Sa bonace infidelle abuse tout le monde,
      Et souvent dans son onde
Les jours les plus sereins sont les plus inconstans.

Je sçai combien d'orage et combien de tempeste
      Sa cruauté m'apreste,
Et combien mon dessein sera laborieux ;
Mais aux braves efforts d'un courage invincible
      Il n'est rien d'impossible :
Les pénibles conseils sont les plus glorieux.

ODE.

Saison des fleurs et des plaisirs,
Beau temps parfumé de zephirs,
Espoir d'une fertile année,

autres strophes sont adressées directement au Loir ; mais le mouvement qui marque le début de celle-ci, et surtout le dernier vers :
    Dans ce fleuve que dans mes pleurs,
indiquent clairement qu'ici le poète se parle à lui-même ; et, quant à la leçon de l'autre recueil, outre que *ses flots* est plus poétique, il est peu probable que Racan, dans la même strophe, et parlant du même fleuve, ait employé deux fois le même pronom démonstratif.

Que tes appas ont de rigueur,
Et que ta plus claire journée
Produira de nuits en mon cœur !

Mon roy, las de l'oisiveté
Où l'hyver l'avoit arresté,
Benit le temps qui l'en délivre.
On voit bien quel est son pouvoir
De ce qu'il faut que pour le suivre
Mon amour cede à mon devoir.

Non, non, contentons mon desir :
C'est le conseil qu'il faut choisir.
Quoy qu'on en parle et qu'on m'en blâme,
Puis-je servir un plus grand roy
Que le bel astre à qui mon ame
A donné ma vie et ma foy ?

Qu'un autre, enflé d'ambition,
Aille assouvir sa passion
Aux yeux d'une foule importune ;
Pour moy, je renonce à la cour,
Et ne veux faveur ny fortune
Que dans l'empire de l'Amour.

Qu'il fasse des faits inoüis
Sous les enseignes de Louis,
Ce grand Mars du siecle où nous sommes,
Je n'en seray point curieux :
S'il sert le plus puissant des hommes,
Je sers le plus puissant des dieux.

ODE.

Ingrate cause de mes larmes,
Je vais chercher dans les alarmes
Le trépas et la liberté.
C'est le conseil que je dois suivre,
Puisqu'en servant vostre beauté
Je ne puis ny mourir ny vivre.

Mon roy voit ses villes desertes,
Ses plaines d'escadrons couvertes ;
La violence a tout permis,
On ne voit que fer et que flâme,
Et s'il n'a point tant d'ennemis
Comme j'en porte dans mon ame.

Mais que mon esperance est vaine
De chercher la fin de ma peine
Par des moyens desesperez !
Vous tenez ma vie enchaisnée,
Et vous seule deliberez,
Aprés Dieu, de ma destinée.

Dans la presse de ses armées,
D'injuste colere animées,
Si je vais la Mort invoquer,
Quiconque verra mon teint blesme
Aura crainte de m'attaquer
Et me prendra pour la Mort mesme.

Parmy les hazards de la guerre,
Où Mars du bruit de son tonnerre
Estonne la terre et les cieux,
Qu'est-ce qui peut m'oster la vie,

Puis qu'avec les traits de vos yeux
Amour ne me l'a point ravie?

Non, non, il faut que je languisse,
Et qu'en l'excez de mon supplice
Je montre ma fidelité,
Ou que la raison m'en délivre,
Puis qu'en servant vostre beauté
Je ne puis ny mourir ny vivre (1).

ODE.

Bien que je brusle incessamment
D'une ardeur qui ne peut s'éteindre,
Et que je meure sans me plaindre,
N'en ayez point d'estonnement,
Cloris : vos beautez perdurables
Ont tant de graces adorables,
Et moy du merite si peu,
Que ce penser m'oste l'audace.
Quand l'amour me rend tout de feu,
Le respect me rend tout de glace.

Ce cruel tyran de mes jours
Tient ma voix tellement captive,
Qu'au fort de ma peine excessive
Je ne puis demander secours.
Aussi je n'ay plus d'esperance
Que jamais ma perseverance
Rende mon tourment limité;
Nulle raison ne me console.

1. Le poète a répété à la fin de cette pièce les deux vers qui terminent la première strophe. Cette forme a son agrément, pourvu que l'idée en soit heureuse; mais ici ce n'étoit que reproduire ce qui déjà étoit empreint de trop d'aféterie.

Mon mal est à l'extremité,
Puisque j'ay perdu la parole.

Tous les cœurs vous sont des autels,
Chacun vous rend obeissance ;
Vous avez la mesme puissance
Qu'ont icy bas les immortels.
Lors que devant vous je soupire,
Qu'est-il donc besoin de vous dire
De combien de soins ennuyeux
Mes passions sont traversées ?
Puisque vous ressemblez aux dieux,
Vous sçavez toutes mes pensées.

Mon teint, dont la vive couleur
Devient melancolique et blesme,
Et mes sens tous hors de moy-mesme,
Témoignent assez ma douleur.
Ces deserts où je me retire
Plaignent l'excez de mon martyre ;
Les rochers, pour le pleurer mieux,
Ont fait de nouvelles fontaines,
Et, si l'Amour avoit des yeux,
Il auroit pitié de mes peines.

Ces bois si doux à mes ennuis,
Ces valons amis du silence,
Sçavent de quelle violence
Je me plains les jours et les nuits.
Si-tost que je suis solitaire,
Ma passion ne se peut taire ;
Mais les liens me sont si chers
Qui tiennent mon ame asservie,
Que je n'en parle qu'aux rochers,
De peur que l'on me porte envie.

Toutefois, la discretion
Ne peut si bien celer ma flâme

Que chacun ne lise en mon ame
Ma violente affection;
Et, si bien-tost le long usage
Ne vous fait voir dans mon visage
Comme je meurs pour les appas
Dont les Grâces vous ont pourveuë,
Je croiray que vous n'avez pas
Encore recouvré la veuë.

ODE.

Quand la nuit, finissant nos veilles,
   Ferme les yeux et les oreilles
      Du vulgaire indiscret,
Daphnis, en tous endroits où sa rage le porte,
Accablé sous le faix de son ennuy secret,
Au Ciel, qui ne l'oit pas, se plaint en cette sorte :

« Injuste et cruelle puissance
  Qui ravissez dés leur naissance
     Tous mes contentemens,
Astres qui presidez dessus mes destinées,
A combien de malheurs, de pleurs et de tourmens,
Avez-vous asservy le cours de mes années !

« Je pensois, quoy que fist l'envie,
  Que jamais ces roys de ma vie
     Ne me seroient ostez,
Et l'amour me donnoit assez de témoignages
Qu'auprés de ces flambeaux si remplis de clartez
Mes jours, à l'avenir, n'auroient plus de nuages.

« Toutefois, une mesme lune
  A veu de ma bonne fortune
     Le flus et le reflus;

L'absence m'a ravy cet objet adorable,
Et dans ces tristes lieux il ne me reste plus
D'un bien si-tost passé qu'un regret perdurable.

« Elle s'en va, cette inhumaine,
Sans avoir pitié de la peine
Dont j'ay le cœur atteint ;
Et, sans vouloir attendre un temps plus agreable,
Elle met en hyver les roses de son teint
A la mercy du froid, aux fleurs impitoyable.

« De crainte qu'en cette contrée
Elle ne fût idolatrée,
Vous l'ostez de nos yeux.
Vous voulez moderer nostre ardeur insensée,
Vous voulez qu'on la serve ainsi qu'on sert les dieux,
Et qu'on ne puisse plus l'adorer qu'en pensée.

« Quand il faudroit sans esperance
Languir en ma perseverance,
A tout je me soumets.
Je souffre constamment l'ennuy qu'elle me donne.
Au fort de mes travaux, je n'invoque jamais
Que l'Amour et la Mort, qui n'exauce personne (1). »

ODE.

Vous qui riez de mes douleurs,
Beaux yeux qui voulez que mes pleurs
Ne finissent qu'avec ma vie,
Voyez l'excez de mon tourment
Depuis que cet éloignement
M'a vostre presence ravie.

1. Cette ode est, parmi les pièces de Racan, une de celles
où domine le plus le genre de l'époque qui l'avoit précédé.

Pour combler mon adversité
De tout ce que la pauvreté
A de rude et d'insuportable,
Je suis dans un logis desert,
Où par tout le plancher y sert
De lit, de bufet et de table.

Nostre hoste avec ses serviteurs,
Nous croyant des reformateurs,
S'enfuit au travers de la crote,
Emportant, ployé sous ses bras,
Son pot, son chaudron et ses dras,
Et ses enfans dans une hote.

Ainsi, plus niais qu'un oison,
Je me vois dans une maison
Sans y voir ny valet ny maistre;
Et ce spectacle de malheurs,
Pour faire la nique aux voleurs,
N'a plus ny porte ny fenestre.

D'autant que l'orage est si fort
Qu'on voit les navires du port
Sauter comme un chat que l'on berne,
Pour sauver la lampe du vent,
Mon valet a fait en resvant
D'un couvre-chef une lanterne.

Aprés maint tour et maint retour,
Nostre hoste s'en revient tout cour
En assez mauvais esquipage (1),
Le poil crasseux et mal peigné,
Et le front aussi renfrogné
Qu'un escuyer qui tanse un page.

1. Un ancien recueil porte : En un *somptueux* équipage.
Tout est possible à l'ironie.

Quand ce vieillard déja cassé
D'un compliment du temps passé
A nous bienveigner s'évertuë (1),
Il me semble que son nez tors
Se ploye et s'alonge à ressors
Comme le col d'une tortuë.

Force vieux soldats affamez,
Mal habillez et mal armez,
Sont icy couchez sur du chaume,
Qui racontent les grands exploits
Qu'ils ont faits depuis peu de mois
Avecque monsieur de Bapaume.

Ainsi nous nous entretenons
Sur le cul, comme des guenons,
Pour soulager nostre misere.
Chacun y parle en liberté,
L'un de la prise de Paté,
L'autre du siege de Fougere.

Nostre hoste, qui n'a rien gardé,
Voyant nostre souper fondé
Sur d'assez foibles esperances,
Sans autrement se tourmenter,
Est resolu de nous traiter
D'excuses et de reverences.

Et moy, que le sort a reduit
A passer une longue nuit
Au milieu de cette canaille,
Regardant le ciel de travers,
J'écris mon infortune en vers
D'un tison contre une muraille.

1. Bienveigner, souhaiter la bienvenue, mot employé par Marot.

O beau soleil, le seul flambeau
Qui conduit mes jours au tombeau !
Quand vous sçaurez ce qui se passe,
Je vous asseure, sur ma foy,
Si vous n'avez pitié de moy,
Que je n'espere plus de grace (1).

ODE.

Il me faut desormais d'une juste contrainte
    Mettre fin à ma plainte,
Et souffrir pour Cloris ce que le Ciel voudra.
Aussi bien la prison où je languis pour elle
    Est si douce et si belle
Que, quand je me plaindray, pas un ne me plaindra.

Chacun de ses cheveux tient une ame enchaisnée ;
    Comme la destinée,
Elle fait les mortels heureux et malheureux,
Et les traits de ses yeux, plus puissans que le foudre,
    Mettroient le monde en poudre,
S'il meritoit l'honneur d'estre bruslé par eux.

Je ne m'estonne point que ce tyran des ames,
    Armé de tant de flames,
Fasse contre son sein d'inutiles efforts :
En tout temps les hyvers, ainsi que dans la Thrace,
    En occupent la place ;
La glace est au dedans et la neige au dehors.

---

1. Cette pièce est agréable à lire. Elle apporte quelque variété à la manière habituelle de Racan, et le genre plaisant n'y est pas trop mal mis en œuvre.

Cette ingrate Cloris est si pleine de charmes
      Que les cœurs n'ont point d'armes.
Où les traits de ses yeux ne puissent penetrer,
Et les dieux n'ont jamais, quoyque le monde crie,
      Banny l'idolatrie,
Qu'afin de la pouvoir tous seuls idolatrer.

Henry, de qui le nom fut plus grand que la terre,
      Et de qui le tonnerre
A fait taire les vents de nos seditions,
S'estimoit honoré d'une gloire plus belle
      D'estre vaincu par elle
Que d'estre le vainqueur de tant de nations.

Au moins, si sa rigueur rend ma playe incurable,
      Ma mort est honorable,
Puisque je suis blessé par de si belles mains;
Et j'ay ce reconfort, en souffrant tant de peines,
      D'avoir porté les chaisnes
Qui souloient enchaisner le premier des humains.

En l'excessive ardeur de ma perseverance,
      D'une belle esperance
L'Amour essaye en vain de consoler mes pleurs;
Mais ne sçait-on pas bien qu'il a cette coustume
      De sucrer l'amertume,
Et que tous ses filets sont tendus sous des fleurs?

Celuy qui sur les eaux va tenter la fortune,
      Le calme de Neptune
L'asseure pour un temps de l'injure du sort;
Mais à la fin les flots, en escumant leur rage,
      S'enflent d'un tel orage
Qu'ils luy font regretter les delices du port.

Ainsi ce dieu, qui porte une éternelle envie
      A l'heur de nostre vie,
Traverse à tous les coups l'espoir des plus contens;

Sa bonace infidelle abuse tout le monde,
   Et souvent dans son onde
Les jours les plus sereins sont les plus inconstans.

Je sçay combien d'orage et combien de tempeste
   Sa cruauté m'apreste,
Et combien mon dessein sera laborieux ;
Mais aux braves efforts d'un courage invincible
   Il n'est rien d'impossible :
Les penibles conseils sont les plus glorieux (1).

ODE.

Depité contre Amour, mon cœur s'estoit promis
Que jamais ce tyran ne le verroit soumis
   Aux loix d'une maistresse ;
Mais, ô sage Raison, qui fais tout pour le mieux !
L'on n'est point obligé de tenir la promesse
   Qu'on fait contre les dieux.

Les beaux yeux d'Artenice, aussi fiers que puissans,
Ont, malgré tes efforts, rendu mes propres sens
   Ennemis de ma vie,
Et me donnent la mort par un si doux poison
Que, si je perds l'espoir, je perds aussi l'envie
   De voir ma guerison.

Pour elle, j'ay déja tant combatu le sort
Que la fin de mes jours est le seul reconfort
   Où mon espoir se fonde ;
Mais que sert de conter les maux que j'ay soufferts,
Puis qu'au lieu d'estre plaint, je vois que tout le monde
   Porte envie à mes fers ?

---

1. Cloris, dans cette pièce, est évidemment la comtesse de Moret, parente de Racan.

Son teint a des appas qui n'ont rien d'emprunté;
Ses yeux ont des rayons dont la vive clarté
      Toute clarté surmonte,
Et, depuis que la terre a produit ces flambeaux,
Le Soleil n'ose plus, de peur de voir sa honte,
      Se mirer dans les eaux.

Aprés mes longs travaux, aprés tant de tourment,
Que feray-je, Raison, si d'aucun sentiment
      La pitié ne la touche?
Tous ses charmes sont pleins de chaisnes et de traits,
Et mesme les refus d'une si belle bouche
      Ne sont point sans attraits.

Quand tu vois dans ses yeux ce monarque des cœurs,
Toy mesme tu me dis qu'à de plus doux vainqueurs
      Je ne pouvois me rendre.
Tu braves ce tyran quand tu ne le voy pas;
Mais, si-tost qu'il paroist, au lieu de me deffendre,
      Tu mets les armes bas.

Reconnois ta foiblesse et cede à la beauté
Dont la douce rigueur me retient arresté
      D'une chaisne éternelle.
Tu t'opposes en vain aux volontez du sort,
Puisque tu n'y peux rien : je dois attendre d'elle
      Ou ma vie, ou ma mort.

ODE.

Philis, vous avez beau jurer,
  Quand vous protestez d'ignorer
Le desir dont amour nous touche;
Les yeux, que vous avez si doux,

Démentant vostre belle bouche,
Seront plus croyables que vous.

Vous sentez tout ce que je sens;
Vos discours les plus innocens
Sont pleins de ruse et d'artifice.
Je ne croy plus à vostre foy,
Je connois trop vostre malice :
Vous n'estes enfant que pour moy.

Ce tiran si craint dans les cieux,
Ce petit dieu qui dans vos yeux
Fait tous les jours sa residence,
Quand mesme il y tend ses apas,
Vous jurez avec impudence
Que vous ne le connoissez pas.

Pour en parler sans passion,
Vous ne sçauriez faire action
D'une ingratitude plus noire
Que lors que vous nous tesmoignez
D'ignorer le nom et la gloire
De celuy par qui vous regnez.

Mettez-vous en vostre devoir;
N'attendez pas que son pouvoir
Vous contraigne à le reconnoistre,
Et n'estimez point odieux
D'estre sous l'empire d'un maistre
Qui nous rend compagnons des dieux.

STANCES

CONTRE UN VIEILLARD JALOUX.

Stances.

Vieux corps tout épuisé de sang et de moüelle
   D'où l'ame se départ,
Joüirez-vous toûjours d'une chose si belle
   Sans nous en faire part ?

Ces beaux yeux, hors d'espoir d'échaufer par leurs [charmes
   Vostre froide amitié,
Méprisant leurs attraits, ont leur recours aux larmes
   Pour vous faire pitié.

Ainsi l'on voit l'Aurore, en sortant de sa couche,
   Soûpirer et gemir,
Quand son vieil impuissant, aussi mort qu'une souche,
   N'a rien fait que dormir.

Nostre goust suit nos ans. La vieillesse desire
   Un bon vin savoureux,
Au lieu que la jeunesse incessamment soûpire
   Les plaisirs amoureux.

L'Amour, encore enfant, cherit cette verdure
   Et ces fleurs du printemps,
Fuyant ces vieux rochers où l'on voit la froidure
   Demeurer en tout temps.

Puis donc que desormais vos vieux membres de glace
   Ne luy sont qu'ennuyeux,

Ne luy défendez point de mettre en vostre place
    Quelqu'un qui fasse mieux.

Laissez en liberté cette beauté celeste ;
    N'en soyez point jaloux :
Quand 'en prendray ma part, vous en aurez de reste
    Plus qu'il n'en faut pour vous (1).

A DES FONTAINES

Pour une absence.

STANCES.

Pour la derniere fois,
    Nymphes de ces fontaines,
Oyez ma triste voix,
    Prenez part à mes peines :
Celle qui nous rendoit ce rivage si doux
    A jamais s'éloigne de nous.

Si quelque sentiment
    Touche vostre pensée
De voir en un moment
    Tant de gloire effacée,
Arrachez de vos bords la verdure et les fleurs,
    Et joignez vos pleurs à mes pleurs.

Quand la discretion,
    Qui m'impose silence,
De mon affliction

1. Tallemant des Réaux dit que Racan fit ces vers étant page. Il ne connoissoit pas encore Malherbe, il étoit jeune, il imitoit Regnier.

Retient la violence,
Au fort de mes douleurs, je me cache de tous,
Et me viens ici plaindre à vous.

Tout est rempli d'ennui,
De pleurs, d'inquietude;
Paris mesme aujourd'hui
N'est qu'une solitude,
Et l'on est maintenant, en ce triste séjour,
A la cour sans estre à la cour.

Tous ces grands bâtimens
Dont les riches ouvrages
Ont de tant d'ornemens
Embelly nos rivages,
Ces lieux où ce bel astre épandoit sa clarté,
Ne sont plus ce qu'ils ont été.

Ces prez délicieux,
Quittans leurs robes vertes,
Paroissent à nos yeux
Des campagnes desertes;
Ces champs sont dépoüillez de fleurs et de moissons
Et toûjours couverts de glaçons.

Ne pensez pas qu'un jour,
Après cette froidure,
Le printemps, de retour,
Leur rende la verdure :
L'astre qui ramenoit cette belle saison
Ne luit plus sur nostre horison.

Voila comme Daphnis
Contoit sur cette rive
Les tourmens infinis
D'une amour excessive;
Mais il ne les contoit qu'en ces lieux écartez,
De peur qu'ils fussent écoutez.

Un feu si vehement
Avoit épris son ame
Que de l'embrasement
Qui provint de sa flâme,
Comme dans le Scamandre, on vit dans ces ruisseaux
Flamber les joncs et les roseaux.

STANCES.

Cette ingrate beauté
A mis fin à sa cruauté;
Ses yeux, dont la flâme
Eclairoit mon ame,
Ont reconnu ma foy
Et ne luisent plus que pour moy.

Mon service et le temps
Ont rendu mes desirs contens.
Les dieux sont propices
A mes sacrifices,
Puisque mon amitié
La rend sensible à la pitié.

Les ris suivent les pleurs,
Des épines viennent les fleurs;
Mes peines passées
Sont recompensées,
Et l'excés des plaisirs
M'oste l'usage des desirs.

POUR UN AMERIQUAIN

Dansant à un ballet.

STANCES.

De ces riches climats les derniers découverts,
De ces fertiles champs qui n'ont jamais d'hivers,
Je me suis venu rendre aux prisons de Cloride ;
J'ay par terre et par mer voyagé nuit et jour,
  Et n'ay voulu qu'Amour,
Tout aveugle qu'il est, pour pilote et pour guide.

L'on ne peut ignorer quels étoient les plaisirs
Dont ces lieux innocens contentoient mes desirs.
Nos terres ny nos mœurs ne sont plus inconnuës :
C'est-là qu'on trouve aux cœurs de la fidelité,
  Et que la liberté
Fait voir comme les corps les ames toutes nuës.

Nous avons dans nos champs, au milieu des cailloux,
Ces superbes tresors dont les hommes jaloux
Courent par tant de mers en faire la conquête ;
Et, joignant la richesse avecque les appas,
  Nous foulons sous nos pas
Les joyaux dont vos rois se couronnent la tête.

C'est la seule contrée où le siecle doré,
Malgré l'ire des dieux, est toûjours demeuré ;
C'est-là que des plaisirs la contrainte est bannie ;
C'est-là qu'on voit l'honneur, la honte et le devoir,
  Sans nom et sans pouvoir,
Et l'amour absolu regner sans tyrannie.

Toutefois, ces attraits ne sçûrent m'arrester
Depuis le premier jour que j'entendis vanter

L'astre dont la clarté n'eut jamais de seconde,
Et de qui l'on verra les rayons glorieux
   Faire le tour des cieux,
Comme sa renommée a fait le tour du monde.

Je sçay que je pouvois avecque peu d'efforts
Etablir mon empire au-delà de ces bords
Où le fameux Alcide éleva ses colonnes;
Mais l'espoir de servir cette divinité
   Fut une vanité
Qui me fit preferer les chaisnes aux couronnes.

Ses attraits sont si pleins d'aimables qualitez
Que, lors qu'on la compare aux plus rares beautez
Dont les siecles passez ont laissé la peinture,
Ne confesse-t-on pas, exempt de passion,
   Que la perfection
N'étoit point devant elle au pouvoir de Nature?

L'aise que j'en reçois n'a rien à desirer,
Sinon que sa rigueur me défend d'esperer
De pouvoir par mes pleurs amollir son courage,
Et suis à la mercy d'un si fragile sort
   Que, pensant estre au port,
C'est lorsque je me voy le plus prés du naufrage.

LE ROY DE PERSE AUX DAMES

Pour un ballet.

STANCES.

Beauté pleine d'appas
  Qui conduisez mes pas,
Si jadis au soleil je faisois sacrifice,

STANCES.

Lorsque le Ciel a voulu m'inspirer,
J'ay connu qu'Artenice
Etoit le vray soleil qu'on devoit adorer.

Du bout de l'univers,
Par des climats divers,
Je viens payer mes vœux à sa vivante image,
Et sur l'autel de sa divinité,
A qui je rends hommage,
Faire offre de mon sceptre et de ma liberté.

Le nom de mes ayeux
Est monté jusqu'aux cieux;
Les bornes de la terre ont borné leur fortune,
Et leur orgueil dessus mille vaisseaux,
Plus enflé que Neptune,
A jadis chastié l'insolence des eaux.

Mai si, par mon bon-heur,
Jamais j'ay cet honneur
Que de sa cruauté j'obtienne la victoire
Et mets à fin ce que je me promets,
J'acquerrai plus de gloire
Que mes predecesseurs n'en acquirent jamais.

Ses aimables attraits,
Inévitables traits,
Sçavent dompter les cœurs en amour invincibles;
Mesme les eaux, les rochers et les bois,
Cessent d'estre insensibles,
Et se laissent traisner aux charmes de sa voix.

Tout ce que les esprits
Ont de rare et de prix
Sont de ce bel esprit les graces ordinaires,
Et de son luth les charmes decevans
Font par effets contraires
Ressusciter les morts et mourir les vivans.

Bien que mon jugement
M'apprenne sagement
Combien en cet amour mon entreprise est haute,
Nulle raison ne m'en peut divertir.
D'une si belle faute,
C'est faillir doublement que de s'en repentir.

L'air, la terre et les cieux
Sont bruslez par ses yeux;
La ruïne du monde est toute manifeste.
Si je me perds en vivant sous sa loy,
Ce reconfort me reste
Que je vois l'univers se perdre avecque moy.

STANCES.

Tyrannique devoir qu'on ne peut éviter,
M'as-tu donc fait quitter
Celle qui pour mon cœur incessamment souspire?
Et faut-il que toûjours, avec tant de rigueurs,
Tu possedes l'empire
Que nostre vanité t'a donné sur les cœurs?

Les ennuis que je sens me sont si douloureux
Que les plus malheureux,
Quelque juste douleur dont leur ame soit pleine,
S'ils ont du sentiment d'une vraye amitié,
Au recit de ma peine,
Verront leur desespoir se changer en pitié.

Le seul bien dont Amour allege mon tourment
Est qu'il m'offre en dormant
L'ange dont le Ciel mesme adore le merite.
Ainsi, quand le jour donne aux autres sa clarté,

STANCES.

C'est lors qu'elle me quitte,
Et ne voy le soleil que dans l'obscurité.

Quand je luy dis adieu, mon ame s'envola
  Du costé qu'elle alla;
Elle adore par tout et suit par tout sa flâme.
Qu'on ne s'estonne point de sçavoir que je vy
  Separé de mon ame :
Amour, depuis ce temps, m'en a toûjours servy.

Je connois que ma vie est si prés du trespas
  Que je n'espere pas
De jamais plus revoir ses beautez adorables.
O dieux dont les amants implorent le secours!
  Soyez-moy favorables :
Avancez son retour, ou prolongez mes jours.

Et toy dont la colere est l'effroy des vaisseaux,
  Ne charge point tes eaux
De cet astre divin dont mon cœur est esclave,
Et ne profane point en ces barbares lieux
  Que la Tamise lave
Un soleil qui n'est fait que pour luire à mes yeux.

Si l'amour du païs que tu tiens embrassé
  Est ce qui t'a poussé
A faire à nos despens luire son diadesme,
Porte luy la richesse et l'orgueil de Paris,
  Porte luy Paris mesme,
Porte luy tout le monde et me laisse Doris (1).

1.   « Je dirois au roi Henri :
  Reprenez votre Paris.

L'un sembleroit une inspiration de l'autre : il n'y pas de petite chose en véritable poésie.

STANCES.

Quel Dieu cruel tient mon sort en sa main,
Qui me fait estre à moy-mesme inhumain ?
Quelle manie à present me possede ?
Plus mon ingrate a pour moy de rigueur,
Plus je l'adore et plus je sens mon cœur
Aimer le mal et haïr le remede.

Mon soin n'est plus d'estre mis dans les Cieux
Au mesme rang de ces grands demy-dieux
Dont les vertus nous servent de modelle :
Je me plais tant à ma captivité
Que, si j'aspire à l'immortalité,
C'est seulement pour la rendre immortelle.

Bien que mes cris soient par-tout entendus,
Bien que mes pleurs soient par-tout espendus,
Bien que ma vie esteigne sa lumiere,
Si je vous prie, ô destins tout-puissans !
De me guerir des ennuis que je sens,
Gardez-vous bien d'exaucer ma priere.

Quoy que chacun me puisse figurer,
Il n'est point d'heur plus grand que d'adorer
Une beauté si digne de loüanges.
Je vis au ciel sans bouger d'icy bas,
Et pense voir, en voyant ses apas,
Tous les apas que possedent les anges.

Ce grand Thebain que rien ne put domter,
Qui comme moy fut fils de Jupiter,
Et dont la gloire en toute part est sceuë,

Dans la prison d'une moindre beauté,
N'a point rougi d'avoir à son costé
Une quenoüille au lieu de sa massuë (1).

STANCES.

Que mon sort est ambitieux
    De vouloir terminer ma vie
De la plus belle fin et plus digne d'envie
Dont jamais un mortel soit monté dans les cieux !

    Celle à qui j'ay donné ma foy
    Force tout à lui rendre hommage.
Si c'est idolatrer d'adorer son image,
Le ciel est idolatre aussi bien comme moy.

    Aux piés de sa divinité
    Toutes offrandes sont petites,
Et faut que l'on confesse, en voyant ses merites,
Que rien n'est digne d'eux que ma fidelité.

    Aussi j'ay l'esprit si content
    De la gloire qui m'est offerte
Que, si quelqu'un vouloit s'opposer à ma perte,
Je le croirois jaloux de l'honneur qui m'attend.

    Cherche qui voudra le trespas
    Dans une meslée homicide,
Où l'heur d'estre blessé d'un Mars ou d'un Alcide
Fait que mesme en la mort on trouve des appas.

1. Cette pièce, une des bonnes de Racan, et qu'il paroît avoir faite pour un autre que lui, porte dans le recueil de 1638, après la dernière strophe, une ligne d'étoiles qui semble indiquer que dans la pensée de l'auteur le morceau n'étoit pas encore entièrement terminé.

Puis-je en la guerre ou dans la cour
Faire une fin si glorieuse?
Je meurs par une main la plus victorieuse
Qui jamais tint le sceptre en l'empire d'Amour.

STANCES.

Thirsis, il faut penser à faire la retraite (1) :
La course de nos jours est plus qu'à demy faite.
L'âge insensiblement nous conduit à la mort.
Nous avons assez veu sur la mer de ce monde
Errer au gré des flots nostre nef vagabonde;
Il est temps de joüir des delices du port.

1. Ainsi que nous l'avons déjà remarqué, ces stances et le monologue du 5e acte des *Bergeries* forment l'œuvre vraiment capitale de Racan. Quiconque a un peu lu les sait par cœur, ou ne se lasse pas de les relire. Une chose aussi universellement admirée pendant plus de deux siècles échappe à tout commentaire, comme elle a épuisé toutes les observations.
Tallemant des Réaux dit dans le chapitre qu'il a consacré à notre poète : « Il n'a jamais su le latin, et cette imitation « de l'ode d'Horace : *Beatus ille*, etc., est faite sur la tra- « duction en prose que lui en fit le chevalier de Bueil, son « parent, qui s'estoit chargé de la mettre en vers françois. » — Par cette imitation il faut entendre les admirables *stances sur la retraite*, dit en note le savant associé de M. de Montmerqué pour la 3e édition de Tallemant, M. Paulin Pâris.
Il est probable, en effet, que ce sont ces stances dont Tallemant des Réaux a voulu parler; mais quant à son assertion particulière touchant une traduction en prose qu'auroit faite le chevalier de Bueil pour que Racan la mît en vers, il est à remarquer que ce n'est pas seulement avec la 2e ode du livre des Epodes que les *stances sur la retraite* offrent quelques rapprochements dans les pensées, que notamment la 2e et la 5e stance en rappellent deux de la 10e ode du 2e livre, *Rec-*

Le bien de la fortune est un bien perissable;
Quand on bastit sur elle on bastit sur le sable.
Plus on est eslevé, plus on court de dangers :
Les grands pins sont en bute aux coups de la tempeste,
Et la rage des vents brise plûtost le faiste
Des maisons de nos roys que des toits des bergers.

O bien-heureux celuy qui peut de sa memoire
Effacer pour jamais ce vain espoir de gloire
Dont l'inutile soin traverse nos plaisirs,
Et qui, loin retiré de la foule importune,
Vivant dans sa maison content de sa fortune,
A selon son pouvoir mesuré ses desirs !

Il laboure le champ que labouroit son pere ;
Il ne s'informe point de ce qu'on delibere

---

tius vives, Licini, etc., et que ce rapport plus ou moins marqué avec deux odes différentes semble exclure l'idée de la traduction en prose d'une seule pièce destinée à être reproduite en vers. Ce double rapport s'expliqueroit très bien par ce que dit l'abbé de Marolles dans une lettre qui figure au commentaire de la nouvelle édition de Tallemant que nous venons de citer :

« M. de Racan... estoit trés peu sçavant dans la langue
« latine, qu'il n'eut jamais assez d'esprit pour bien appren-
« dre; ce qui faisoit qu'il disoit à tout le monde qu'il n'en
« sçavoit pas un mot. Cela n'estoit pas véritable : il enten-
« doit assez bien les poétes latins pour les pouvoir lire en
« leur langue. »

Nous avons pensé long-temps qu'il pouvoit en être ainsi, et il n'a pas fallu moins que ce que répète Racan jusqu'à satiété, même dans ses correspondances intimes, pour nous ramener à l'opinion générale sur ce point. Enfin nous aimerions surtout à croire ici, comme nous le faisons fermement pour d'autres morceaux de lui, ou de simples passages qu'on soupçonne également d'avoir été imités des anciens, qu'il a puisé ses inspirations, non pas dans Horace, mais aux mêmes sources qu'Horace, c'est-à-dire dans une douce philosophie, dans le sentiment poétique et dans son cœur.

Dans ces graves conseils d'affaires accablez,
Il voit sans interest la mer grosse d'orages,
Et n'observe des vents les sinistres presages
Que pour le soin qu'il a du salut de ses bleds.

Roy de ses passions, il a ce qu'il desire;
Son fertile domaine est son petit empire;
Sa cabane est son Louvre et son Fontainebleau;
Ses champs et ses jardins sont autant de provinces,
Et, sans porter envie à la pompe des princes,
Se contente chez luy de les voir en tableau.

Il voit de toutes parts combler d'heur sa famille,
La javelle à plein poing tomber sous la faucille,
Le vendangeur ployer sous le faix des paniers,
Et semble qu'à l'envy les fertiles montagnes,
Les humides vallons et les grasses campagnes
S'efforcent à remplir sa cave et ses greniers.

Il suit aucunesfois un cerf par les foulées
Dans ces vieilles forests du peuple reculées
Et qui mesme du jour ignorent le flambeau;
Aucunesfois des chiens il suit les voix confuses,
Et voit enfin le lievre, aprés toutes ses ruses,
Du lieu de sa naissance en faire son tombeau.

Tantost il se promene au long de ses fontaines,
De qui les petits flots font luire dans les plaines
L'argent de leurs ruisseaux parmy l'or des moissons;
Tantost il se repose avecque les bergeres
Sur des lits naturels de mousse et de fougeres,
Qui n'ont autres rideaux que l'ombre des buissons.

Il souspire en repos l'ennuy de sa vieillesse
Dans ce mesme foyer où sa tendre jeunesse
A veu dans le berceau ses bras emmaillottez;
Il tient par les moissons registre des années,
Et voit de temps en temps leurs courses enchaisnées
Vieillir avecque luy les bois qu'il a plantez.

Il ne va point foüiller aux terres inconnuës,
A la mercy des vents et des ondes chenuës,
Ce que Nature avare a caché de tresors,
Et ne recherche point, pour honorer sa vie,
De plus illustre mort, ny plus digne d'envie,
Que de mourir au lit où ses peres sont morts.

Il contemple du port les insolentes rages
Des vents de la faveur, auteurs de nos orages,
Allumer des mutins les desseins factieux,
Et voit en un clin d'œil, par un contraire eschange,
L'un deschiré du peuple au milieu de la fange,
Et l'autre à mesme temps eslevé dans les cieux.

S'il ne possede point ces maisons magnifiques,
Ces tours, ces chapiteaux, ces superbes portiques,
Où la magnificence estale ses attraits,
Il jouit des beautez qu'ont les saisons nouvelles,
Il voit de la verdure et des fleurs naturelles,
Qu'en ces riches lambris l'on ne voit qu'en portraits.

Croy-moy, retirons-nous hors de la multitude,
Et vivons desormais loin de la servitude
De ces palais dorez où tout le monde accourt.
Sous un chesne eslevé les arbrisseaux s'ennuyent,
Et devant le soleil tous les astres s'enfuyent,
De peur d'estre obligez de luy faire la court.

Aprés qu'on a suivy sans aucune asseurance
Cette vaine faveur qui nous paist d'esperance,
L'envie en un moment tous nos desseins destruit.
Ce n'est qu'une fumée, il n'est rien de si fresle ;
Sa plus belle moisson est sujette à la gresle,
Et souvent elle n'a que des fleurs pour du fruit.

Agreables deserts, sejour de l'innocence,
Où loin des vanitez, de la magnificence,
Commence mon repos et finit mon tourment ;
Valons, fleuves, rochers, plaisante solitude,

Si vous fustes tesmoins de mon inquietude,
Soyez-le desormais de mon contentement.

CONSOLATION

A Monseigneur de Bellegarde sur la mort
de M. de Termes, son frere.

C'est à ce coup, Roger, que la rage du sort
A contre ta vertu fait son dernier effort,
Ennuyé de souffrir sa longue resistance.
Chacun avecque doute attend l'évenement
D'un combat où l'on voit une extrême constance
S'opposer aux assauts d'un extrême tourment.

L'on pardonne les pleurs aux personnes communes,
Mais non pas aux esprits qui dans les infortunes
Ont si visiblement leur courage éprouvé.
Modere donc l'ennui dont ton ame est touchée,
Et ne regrette point que ton frere ait trouvé
La mort que ta valeur a tant de fois cherchée.

Sa gloire étoit le but de son ambition,
L'amour de la vertu la seule passion
Dont il étoit épris, soit en paix, soit en guerre;
Et, sortant comme toy de la tige des dieux,
Cependant que le sort l'arrestoit sur la terre,
Tous ses vœux ne tendoient qu'à retourner aux cieux.

Desormais ce guerrier est, selon son envie,
Parvenu par sa mort à la celeste vie.
Aprés s'estre assouvi des appas de l'honneur,
Les dieux l'ont retiré des mortelles allarmes,
Et, si rien à present peut troubler son bonheur,
C'est de te voir pour lui répandre tant de larmes.

Il voit ce que l'Olimpe a de plus merveilleux,
Il y voit à ses pieds ces flambeaux orgueilleux
Qui tournent à leur gré la Fortune et sa rouë,
Et voit comme fourmis marcher nos legions
Dans ce petit amas de poussiere et de bouë
Dont nôtre vanité fait tant de regions.

    Quelle magnificence, aux hommes inconnuë,
A temoigné là haut l'aise de sa venuë!
Que de feux éternels naissoient dessous ses pas!
Qu'il augmenta du ciel sa clarté coûtumiere,
Et que ce grand flambeau qu'on admire ici-bas
Auprés de ce bel astre avoit peu de lumiere!

    Parmi tant de beautez qui luisoient en tous lieux,
A peine son esprit daignoit baisser les yeux
Pour voir dessous ses pieds ce que la terre adore;
Tous les dieux à l'envy luy versoient du nectar,
Sinon Bellone et Mars, qui poursuivoient encore
Les auteurs de sa mort sur les rives du Tar.

    Mais, puisque ses travaux ont trouvé leur azile,
Oublie en sa faveur cette plainte inutile
Dont l'injuste longueur traverse tes plaisirs.
Crois-tu que, joüissant d'une paix si profonde,
Il voulût à present que, selon tes desirs,
Le Ciel le renvoyast aux miseres du monde?

    Le bonheur d'ici-bas se passe en un moment;
Le Sort, roy de nos ans, y regne absolument.
Par luy ce grand Cesar n'est plus rien que fumée.
Puis qu'en ce changement tu cesses de le voir,
Au lieu de sa dépoüille aime sa renommée :
C'est sur quoy le destin n'aura point de pouvoir (1).

    1. Cette pièce est assurément fort loin de la Consolation à
Duperrier ; mais tout concouroit à ce qu'il y eût de grandes

différences dans le fond des pensées comme dans l'expression. Elle offre enfin de remarquables beautés ; l'on y trouve, entre autres, la magnifique strophe :

 Il voit ce que l'Olympe, etc.,

dont Malherbe fut jaloux. — Voyez la Notice.

SONNETS

A M. DARMILLY,

Gentilhomme de Touraine, sous le nom de Damer.

SONNET.

Ne t'étonne, Damer, de voir la conscience (1),
L'honneur qu'on doit aux loix, la foy ni la raison, [saison,
Non plus que des habits qui sont hors de
N'estre point approuvés parmi la bien-séance.

Ne t'étonne de voir mépriser la science,
L'impiété par tout épandre son poison,
Et l'Etat, dépité contre sa guerison,
Courir à sa ruine avec impatience.

Ne t'étonne de voir le vice revestu
Des mesmes ornements qui parent la vertu,
La richesse sans choix injustement éparse.

Si le monde fut pris des plus judicieux
Pour une comédie au temps de nos ayeux,
Peut-estre qu'à present l'on veut joüer la farce.

Celuy de qui la cendre est dessous cette pierre (2)
Avecque peu de bien acquit beaucoup d'honneur,

1. Dans le recueil de 1633 :
   Ne t'étonne, Armilly.
2. Ce sonnet fut fait comme épitaphe du père de Racan.

Fut grand par sa vertu plus que par son bonheur,
Aimé durant la paix et craint durant la guerre.

Quand les rois ont détruit avecque leur tonnerre
Le pouvoir des Titans, qui s'égaloit au leur,
Aux campagnes de Mars (1) on a veu sa valeur
Peupler les monumens et deserter la terre.

Aprés tant de travaux et de faits genereux,
Son esprit est au ciel, parmy les bien-heureux,
Et ne peut desormais ny desirer ny craindre.

Passant, qui dans la France as son nom entendu,
En voyant son tombeau, garde-toi de le plaindre;
Plains plutost le malheur de ceux qui l'ont perdu.

SUR LA MALADIE DE SA MAITRESSE.

SONNET.

La fièvre de Philis tous les jours renouvelle,
Et l'on voit clairement que cette cruauté
Ne peut venir d'ailleurs que du Ciel, irrité
Que la terre possede une chose si belle.

Son visage n'a plus sa couleur naturelle,
Il n'a plus ces attraits ny cette majesté
Qui regnoit tellement sur nostre liberté
Qu'il sembloit que les cœurs n'étoient faits que pour [elle.

Faut-il que cette ardeur consume nuit et jour
Celle qui d'autre feu que de celuy d'amour
Ne devoit point souffrir l'injuste violence ?

1. Aux scadrons ennemis l'on a veu sa valeur.
(Var. du Recueil de 1638.)

O dieux! de qui le soin fait tout pour nostre bien,
Si mon affliction touche vostre clemence,
Ou donnez-lui mon mal, ou donnez-moy le sien.

AUTRE.

Un tel excez d'ennuis accable mon courage
 Qu'il n'est point de raison pour mon soulagement
Quand je vois qu'Amaranthe endure incessamment
Tout ce que la douleur a de pointe et de rage.

 Ses roses et ses lys, où mes vœux font hommage,
Paroissent dans son teint affligé de tourment,
Comme on voit en hyver reluire tristement
Les feux du point du jour au travers d'un nuage.

 Dieux! qu'avoit-elle fait pour souffrir la rigueur
De ce mal violent dont l'extrême longueur
Ravit à mes desirs tout espoir d'allegeance?

 O Juge souverain qui presidez sur nous!
Si de sa cruauté j'ay demandé vangeance,
   Pourquoy m'exauciez-vous?

SONNET.

Que tout cede au pouvoir de celle que j'adore!
 Du seul feu de ses yeux le monde est animé;
Il fait naistre les fleurs dont l'air est parfumé
Et meurit les moissons dont la terre se dore.

 Dans ces tourmens passez dont je me plains encore,
Jamais de tant d'ardeurs je ne fus consumé,

Et toutes ces beautez de qui j'estois charmé
A ce nouveau soleil ne servoient que d'aurore.

Vous qui fustes jadis mon aimable soucy,
Ne vous offensez point lors que je vante ainsi
Celle qui sur mon cœur a le pouvoir supresme.

C'est une impieté de me croire menteur.
Sçachez que par ma voix Amour le dit luy-mesme,
Et qu'un dieu ne peut estre ignorant ny menteur.

SONNET.

Seul objet de mes yeux dont mon ame est ravie,
A combien de malheurs me dois-je preparer,
Puisqu'aucune raison ne sçauroit moderer
Vostre extrême rigueur ny mon extrême envie !

Depuis que vous tenez ma franchise asservie,
Je n'ay fait jour et nuit que plaindre et soupirer,
Et semble que jamais je ne doive esperer
La fin de mon tourment qu'en la fin de ma vie.

Quand j'implore vostre ayde au fort de mes douleurs,
Avecque ces discours accompagnez de pleurs,
Veritables tesmoins de l'ennui qui me touche,

Si vostre jugement n'est point hors de son lieu,
Souvenez-vous qu'Amour vous parle par ma bouche,
Et qu'en me refusant vous refusez un dieu.

SONNET

Fait à la Semaine Sainte.

Bien que de la beauté dont mon ame est ravie
La rigueur ait toûjours mon bon-heur traversé,
De quelque empeschement dont je sois menacé,
L'honneur d'y parvenir m'en augmente l'envie.

Durant ces jours de pleurs que mon Dieu me convie
De noyer dans son sang mon desir insensé,
Le juste repentir de l'avoir offensé
Me devroit amander le reste de ma vie.

Mais, quand le Saint Esprit descend pour m'inspirer,
Tant plus de cette erreur il me veut retirer,
Et tant plus sa vertu dans ses chaisnes m'attire.

En ces divers remords dont je suis combattu,
Que feray-je, Seigneur, pour appaiser ton ire,
Si mesme je t'offense en aimant la vertu ?

A SON PERE CONFESSEUR.

SONNET.

Puisque mon cœur, enclin à repentence,
N'a maintenant pour vous rien de caché,
Selon le mal dont je suis entaché,
Ordonnez-moy de faire penitence.

Si, méprisant vostre sainte deffense,
Je suis toûjours à l'amour attaché,

De sindereze et de remors touché,
Je viens à vous declarer mon offense.

J'avois juré devant le grand autel
De n'adorer jamais rien de mortel
Le dernier jour que je fus à confesse.

Au nom de Dieu, Pere, pardonnez-moy :
Puisqu'aujourd'huy je sers une déesse,
Je ne croy pas avoir faussé ma foy.

POUR UN MORE.

SONNET.

De ces lieux où le chaud seiche la terre et l'onde,
De ces champs où l'hyver ne fait jamais pleuvoir,
Le renom d'Uranie et l'honneur de la voir
M'ont fait conduire icy ma barque vagabonde.

C'est la seule clarté que je connois au monde ;
Seule elle fait les loix que je veux recevoir ;
Ses yeux sont les seuls rois dont je crains le pouvoir
Et la seule fortune où mon espoir se fonde.

Ils tiennent pour jamais mon destin arresté.
Je renonce à ces champs dont l'éternel Esté
Noircit nostre couleur de son ardeur extresme.

Mais qu'espere mon ame, ou qu'est-ce qu'elle craint
Le soleil qu'elle fuit ne brusloit que mon teint,
Et ceux qu'elle a trouvez me brusleront moi-mesme.

A MONSEIGNEUR LE DUC DE GUISE

Sur la mort de Monseigneur le chevalier son frère.

SONNET.

Prince, l'heur de la paix et la foudre des armes (1),
Si pour verser des pleurs l'on rachetoit des morts,
Nous eussions fait enfler la Seine outre ses bords,
Espanchant pour ton frere un deluge de larmes.

Il est vray que ses jours sont bien-tost limitez ;
Mais tel est icy bas l'âge des belles choses,
Les destins sont jaloux de nos prosperitez,
Et laissent plus durer les chardons que les roses.

Croy-moy, donne à ton mal un sage reconfort,
Et, cessant desormais de te plaindre du sort,
Deffends à ta douleur cette perseverance ;

Ou, si tu veux avoir un legitime ennuy,
Soupire avecque nous le malheur de la France,
Qui n'aura jamais rien qui soit pareil à luy.

SUR LA MORT

De Monseigneur le Cardinal DU PERRON.

SONNET.

Quoy ! ces rares vertus dont Ariste fit voir
Des largesses des dieux sa belle ame chargée,

---

1. C'est là sans doute un des sonnets *licencieux* (irréguliers) dont Racan dit dans la vie de Malherbe qu'il en fit un ou deux, et puis s'en dégoûta.

Quoy ! les justes regrets de la France affligée
Ne purent à pitié les destins esmouvoir !

Ils ont mis à tombeau ce demon de sçavoir
Dont la terre sembloit estre au ciel obligée,
Et sans aucun respect la Parque s'est vangée
De celuy dont le nom méprisoit son pouvoir.

Ariste, favory des filles de Memoire,
Fut icy bas un dieu dont l'immortelle gloire
A merité d'avoir des vœux et des autels.

O souverains autheurs des loix inviolables !
Quelle foy maintenant vous peut croire immortels,
Puique l'on voit la mort attaquer vos semblables ?

EPITAPHE

De feue Dame Louise de Bueil, abbesse de Bonlieu.

SONNET.

Celle de qui ce marbre est le dernier sejour
De la bonté du ciel avoit eu tant de grace
Que, ne pouvant gouster aucune chose basse,
Elle estima Dieu seul digne de son amour.

Pendant qu'elle a joui de la clarté du jour,
De ce parfait amant elle a suivy la trace,
Et toutesfois ses ans ont borné leur espace
Que huit lustres entiers n'avoient pas fait leur tour.

Ne sois point estonné, toy qui plaints ce dommage,

Si Dieu, qui fut l'autheur d'un si parfait ouvrage,
A permis que la Mort l'ait si-tost abatu.

Croy que c'est un effet de sa bonté profonde
De n'avoir point souffert qu'une telle vertu
Endurast plus long-temps les miseres du monde.

AUTRE EPITAPHE

De feu Monsieur le Comte de Charny, qui mourut de maladie pendant le siege de Montauban.

SONNET.

Toy qui mets ton espoir aux honneurs de la terre,
Voy comme leur éclat se passe en peu de temps,
Qu'en vain l'homme propose, et que des plus contens
Le plus solide appuy n'est que paille et que verre.

Charny, fils d'un guerrier, ou plutost d'un tonnerre
Dont Henry terraçoit l'audace des Tytans,
A trouvé dans son lit, à l'âge de vingt ans,
Le trépas qu'il cherchoit aux hazards de la guerre.

De te dire, passant, quelle estoit la vertu
Dont la nature avoit son esprit revestu,
Ce n'est point sur cela que sa gloire se fonde.

Ce que je t'en dirois luy feroit de l'ennuy;
Juges-en par le soin qu'eut le Sauveur du monde
De nous l'oster si-tost pour l'appeller à luy.

A M. DE PISIEUX,

Secretaire d'Estat (1).

SONNET.

Esprit plein de vigueur, de constance et de foy,
Dont les sages advis nous furent salutaires
Alors qu'en divers lieux l'enfance de mon roy
Fomentoit les complots des amis temeraires;

En dix lustres entiers que ce grand Villeroy
A conduit nostre nef par tant de flots contraires,
A-t-il rien fait de mieux qu'au choix qu'il fit de toy
Pour tenir après luy le timon des affaires?

Certes, bien qu'Apollon m'ait predit mainte fois
Que Louis soubmettroit la terre soubs ses loix,
Sans devoir sa grandeur qu'à l'acier de sa lance,

Quand je voy tes conseils suivis d'un tel bonheur,
Je suis en quelque doute, et crains que ta prudence
N'ait en tous ces exploits la moitié de l'honneur.

A Mgr LE GRAND PRIEUR DE FRANCE.

SONNET (2).

Enfant du plus grand roy qui vive dans l'histoire,
A quel peuple inconnu de tout cet univers

---

1. *Délices de la poësie françoise.*, 1621. Ce sonnet et le suivant ne sont point dans l'édition de Coustelier; ils ne valent ni plus ni moins que la plupart de ceux du même temps.
2. *Recueil des plus beaux vers*, etc., 1638.

Puis-je porter ton nom sur l'aile de mes vers
Qui par tes propres faits n'ait desjà sceu ta gloire ?

Depuis les bords de l'onde où le soleil va boire
Jusqu'à ceux du levant les derniers découverts,
La terre et l'eau, tesmoins de tes exploits divers,
Autant que leur durée estendront ta mémoire.

Celles dont les escrits triomphent de la mort
Sçavent bien en leur cœur qu'elles te feront tort
Si tu n'es dans leur temple en la premiere place.

Mais leur discretion n'oseroit te vanter;
La honte leur défend de parler de leur race :
Elles sont, comme toy, du sang de Jupiter.

EPITAPHE (1).

Celuy de qui les os sont dans ce monument
Dès l'avril de son age avoit tant de sagesse
Qu'en un siecle remply de tout débordement
Seulement sa valeur témoignoit sa jeunesse.

Un chacun admiroit la douceur de ses mœurs,
Et la Mort, dont la faux toute chose moissonne,
Voyoit de sa vertu naistre des fruits si meurs
Qu'elle prit de ses jours le printemps pour l'automne.

Jamais homme icy bas, au jugement de tous,
Ne fut moins envié ny si digne d'envie.
Les dieux souhaiteroient de mourir comme nous
Pour vivre sur la terre une aussi belle vie.

1. *Délices de la poésie françoise,* 1621.

ODE (1)

Sur les œuvres de M. de Richemont Banchereau.

Doux créateur des passions
Qu'Amour inspire aux belles ames
Chez qui les Muses et les dames
Ont logé leurs ambitions,
Tu ravirois plus de beautez (2)
Que celles dont les vanitez
S'eternisent en ton ouvrage;
Et tes beaux vers m'ont tant appris
Que je n'auray plus de courage
Que pour me défendre du prix.

La Gloire érige des autels
A des hommes qui me ressemblent;
Mais, quand tes œuvres nous assemblent,
J'admire comme les mortels.
Tantost, en adorant ton style,
Je veux croire que Theophile
Jette des cieux d'autres écrits;
Tantost, en flattant mon envie,

---

1. Ces vers, qui n'avoient point encore été recueillis, se trouvent, sous le titre d'*Ode*, en tête des *Passions égarées*, ou *Le roman du temps*, tragi-comédie, où il convient peut-être de remarquer que l'auteur avoit employé les noms de deux personnages des *Bergeries* : Alcidor et Artenice. « Rien de plus détestable que cette pièce », disent avec grande raison les frères Parfaict. C'est M. Taschereau qui a bien voulu nous signaler ce morceau de Racan.

2. Il y a quelque lieu de s'étonner que Racan, dans son meilleur temps (1632), ait commis l'irrégularité de ce rapprochement de rimes masculines. On reconnoît là sa tendance naturelle à se révolter contre la rigueur des règles de notre poésie, règles que l'autorité de Malherbe avoit pu seule enfin lui faire accepter.

Je crois que Malherbe t'a pris
Pour estre sa seconde vie.

   Amour n'auroit plus besoin d'armes,
Et prendroit ses dards à regret,
S'il avoit trouvé le secret
Par où tu composes tes charmes.
Les beaux visages de Saumeur (1)
Vont obeyr à ton humeur
Si tu leur permets de te lire,
Et je puis dire, par devoir,
Que les beautés de cet empire
Sont trop heureuses de t'avoir.

1. Richemont Banchereau était de Saumur. Il a fait une autre tragi-comédie, *l'Espérance glorieuse*, qui ne vaut pas mieux que la première. « Nous n'osons garantir, disent toujours les frères Parfaict, que ces deux pièces aient été représentées. »

EPIGRAMMES
ET
CHANSONS

A MADAME DESLOGES.

Bien que du Moulin, en son livre,
Semble n'avoir rien ignoré,
Le meilleur est toûjours de suivre
Le prône de nostre curé.
Toutes ces doctrines nouvelles
Ne plaisent qu'aux folles cervelles.
Pour moy, comme une humble brebis,
Je vais où mon pasteur me range,
Et n'ay jamais aimé le change
Que des femmes et des habits (1).

1. Ménage, dans ses observations sur les poésies de Malherbe, raconte la petite anecdote suivante, qu'il tenoit de Racan, et qui est nécessaire pour bien entendre ces vers, que Balzac attribue mal à propos à Malherbe :

Madame Desloges, qui étoit zélée protestante, avoit prêté à Racan un livre du ministre Dumoulin, *le Bouclier de la foy*, et l'avoit obligé de le lire. Racan, après l'avoir lu, fit l'épigramme dont nous nous occupons. L'ayant communiquée à Malherbe, celui-ci l'écrivit dans le livre et le renvoya à madame Desloges de la part de Racan. Madame Desloges, voyant l'écriture de Malherbe, crut naturellement que les vers étoient de lui, et fit faire par Gombaud, protestant comme elle, une assez mauvaise réponse que nous nous garderons bien d'imposer à nos lecteurs. Il suffit d'avoir, dans cette note, plus étendue que les vers, constaté les droits de Racan, déjà reconnus, du reste, par l'insertion de cette épigramme dans l'édition de Coustelier.

A LA MESME (¹).

Vostre flute n'est guère nette.
Le bon Dieu vous fasse pardon !
Il tonne là-haut, Robinette ;
Vous dansez icy Guéridon.

Il n'est plus temps de lanterner :
Nous revoicy dans la semaine
Où toute ame qui n'est pas saine
A soing de se médeciner.

Monsieur, qui devez rafiner
Les doutes dont la mienne est pleine,
Vous m'oteriez d'une grand peine
Si vous pouviez les deviner.

Je n'entends point votre méthode ;
Ma conscience est à la mode
Moitié figue, moitié raisin.

---

1. Ce piquant petit quatrain et le morceau suivant, tous les deux inédits, nous le croyons du moins, se trouvent écrits de la main même de Racan sur la garde d'un exemplaire des *Bergeries* et de ses *Poésies lyriques*. On y lit aussi les vers :

Bien que Dumoulin, en son livre, etc.,

circonstance qui confirmeroit, au besoin, ce qui a été dit touchant leur véritable auteur. Ce précieux volume appartient à M. Taschereau.

Entre vos mains je me resigne (¹) :
Si j'ai faict tort à mon voisin,
J'ai faict plaisir à ma voisine.

Cette sainte de qui tes veilles (²)
   Mettent la gloire en si haut lieu
Fait voir deux sortes de merveilles :
Les tiennes et celles de Dieu.
Il est vray que je porte envie
A tes beaux vers comme à sa vie ;
Mais, quoyque je veüille tenter,
Ma foiblesse y fait resistance.
Je ne puis non plus imiter
Tes écris que sa penitence.

A M. ROGER,

Lieutenant criminel à Tours, pour l'avoir assisté de son conseil.

Si, pour tant de plaisirs divers,
   De peine et de solicitude,
Je ne vous donne que des vers,
Ne m'accusez d'ingratitude :
Les dieux, de qui vous imitez
Toutes vos belles qualitez,
   Si rares au temps où nous sommes,
Combien qu'en diverses façons
Ils veillent pour le bien des hommes,
Ils n'en sont payez qu'en chansons.

1. On prononçoit alors résine.
2. Racan adressa ces vers à M. Porchères d'Arbaud, de l'Académie françoise, qui avoit fait un poëme de la *Madeleine*.

A LA POLIXENE DE MOLIERE (1).

EPIGRAMME

Pour mettre au commencement de son livre.

Belle princesse, tu te trompes
De quitter la cour et ses pompes
Pour rendre ton desir content :
Celuy qui t'a si bien chantée
Fait qu'on ne t'y vit jamais tant
Que depuis que tu l'as quittée.

MADRIGAL.

En vain j'ay délivré la terre
De tant de bataillons épais,
Si dans le calme de la paix
Amour me fait toûjours la guerre.
J'ay mis fin à tous ces discords
Par qui la Loire, en ses deux bords,
Voyoit ensanglanter son onde.
O destin ! quelle injuste loy !
Je fais la paix pour tout le monde,
Et ne puis la faire pour moy.

1. Aucun lecteur de Racan n'a besoin d'être averti qu'il ne s'agit point ici de notre grand comique ; c'est un François de Molière, auteur de quelques romans, et mort assassiné vers 1623.

AUTRE MADRIGAL.

Mon cœur soûpiroit sans raison
Le mal qu'enduroit ma cruelle,
Puisqu'il perd en sa guerison
L'heur qu'il avoit d'estre auprés d'elle.
Je ne puis plus garder ses pas
De porter ailleurs ses appas.
Quoy que je fasse ou que je die,
Voyez comme je suis traité!
Si j'ay pleuré sa maladie,
Je pleure aujourd'huy sa santé.

MADRIGAL

A LA REINE ANNE D'AUTRICHE (1).

Reine, si les destins, mes vœux et mon bonheur
Vous donnent les premiers des ans de ma jeunesse,
Vous dois-je pas offrir cette première fleur
Que ma Muse a cueillie aux rives du Permesse.

---

1. Le plus jeune fils de Racan, celui pour lequel il a fait l'épitaphe qui est à la fin de ses Psaumes, étoit page de la reine. Ayant eu, un jour, à lui demander certaine grâce touchant une question d'uniforme : « Oui, dit la reine, mais, « étant fils de M. de Racan, vous ne l'aurez point que vous « ne me le demandiez en vers. » Racan fit alors pour son fils ce madrigal. Mais, ajoute Tallemant des Réaux, qui nous a conservé la pièce et l'anecdote, « il ne le fit pas de toute sa force ».

Si mon pere, en naissant (1), m'avoit pu faire don
De son esprit poétique, ainsi que de son nom,
Qui l'a rendu vainqueur du Temps et de l'Envie,
Je pourrois dans mes vers donner l'éternité
   A Votre Majesté,
   Qui me donne la vie.

EPIGRAMME

Pour un diable qui dansoit au même ballet.

AUX DAMES.

Bien que ma forme épouventable
 Me rende à chacun redoutable,
Belle, n'en ayez point d'effroy :
Ce dieu que vos yeux ont fait naître
A mes dépens a fait connoistre
Qu'il est bien plus diable que moy.

EPIGRAMME

*Pour mettre au commencement du livre du père Garasse
contre les impies.*

Brutal escolier d'Epicure,
 Plus insensible que les morts,
Pourceau dont l'erreur se figure
Que tout finit avec le corps,
Quand tu vois les doctes merveilles
Qu'a fait naistre en ses longues veilles

---

1. La faute tant reprochée à Boileau : *Si son astre en naissant.*

Ce grand ornement de nos jours,
Peux-tu croire, esprit infidelle,
Que tant d'admirables discours
Soient partis d'une ame mortelle!

POUR UN ADIEU.

EPIGRAMME.

C'est parler inutilement
De vous dire à ce partement
De mon regret la violence :
Mon visage triste et changé
Vous dit pour moy que le silence
Est le parler d'un affligé.

INSCRIPTION

Pour mettre au dessous d'un tableau où Alcidon est peint tenant Daphnide entre ses bras.

ALCIDON *parle*.

Daphnide, qui jadis n'avoit point de pareille,
Estoit le seul objet qui plaisoit à mes yeux.
Jupiter, qui la vit, l'enleva dans les cieux
Pour posseder tout seul cette aimable merveille ;
Mais un docte pinceau la rameine icy bas :
C'est celle que tu vois que sans cesse j'adore,
Et depuis jour et nuit je la tiens en mes bras,
De crainte que ce dieu ne la ravisse encore.

EPIGRAMME

Sur la mort du Fils de Monsieur de Termes, qui mourut un peu auparavant lui.

Si ce guerrier que nous pleurons encore
Suit dans le Ciel son petit Archemore,
Renouvellant ta premiere douleur,
C'est, mon Roger, que la bonté divine
Estima tant cette petite fleur
Qu'elle voulut en avoir la racine.

CHANSON.

Cruel tyran de mes desirs,
Respect de qui la violence,
Au plus fort de mes déplaisirs,
Me veut obliger au silence,
Permets qu'aux rochers seulement
Je conte les ennuis que je souffre en aimant.

Ces bois éternellement sourds
Ne sont point suspects à ma plainte;
Les échos y dorment toûjours,
Le repos y suit la contrainte;
Les zephirs peuvent seulement
Y souspirer le mal que je souffre en aimant.

Que sous leurs ombrages épais
Ma tristesse trouve de charmes!
Que ces lieux amis de la paix

Reçoivent doucement mes larmes !
C'est-là que je puis seulement
Me plaindre des ennuis que je souffre en aimant.

Encore que devant Daphné
Ma passion soit excessive,
Ce qui tient mon cœur enchaisné
Tient aussi ma langue captive ;
Même je n'ose seulement
Y souspirer le mal que je souffre en aimant.

Tout cede au pouvoir de ses yeux :
Leurs clartez n'ont point de pareilles ;
L'Auteur de la terre et des cieux
N'admire qu'en eux ses merveilles.
Aussi sa beauté seulement
Est digne des ennuis que je souffre en aimant.

Si la Fortune, quelque jour,
Exauce ma juste requeste
Et fait triompher mon amour
De cette penible conqueste,
Alors aux rochers seulement
Je diray les douceurs que l'on goûte en aimant.

AUTRE CHANSON.

Sombre demeure du Silence,
Vallons dont les antres secrets
Sçavent quelle est la violence
De mes pitoyables regrets,

Permettez qu'en mourant je soûpire un martyre
Que je ne sçaurois taire et que je n'ose dire.

 Durant les ardeurs insensées
 Dont n'aguere j'étois bruslé,
 Vous sçavez bien que mes pensées
 Ne vous ont jamais rien celé.
Souffrez donc qu'en mourant je soûpire un martyre
Que je ne sçaurois taire et que je n'ose dire.

 Quand, libre de soins et de peine,
 Je possedois ma liberté,
 Les yeux d'une belle inhumaine
 M'ont remis en captivité;
Et je suis maintenant affligé d'un martyre
Que je ne sçaurois taire et que je n'ose dire.

 Du doux poison qu'ils m'ont fait boire
 Je languis la nuit et le jour.
 Je ne sçay lequel je dois croire,
 Ou mon devoir, ou mon amour.
Leurs conseils differents nourrissent mon martyre :
L'un m'enjoint de le taire, et l'autre de le dire.

 Devant cette belle homicide,
 Combien que la discretion
 Tâche de retenir en bride
 L'ardeur de mon affection,
L'on voit bien à mes yeux d'où me vient le martyre
Que je ne sçaurois taire et que je n'ose dire.

 Mon cœur, qui soûpire sans cesse
 Les ennuis dont il est touché,
 Insensiblement luy confesse
 Ce que ma voix luy tient caché.
Tous deux diversement souffrent en ce martyre :
L'un ne luy peut celer, l'autre ne luy peut dire.

POUR UN MARINIER.

Dessus la mer de Cypre, où souvent il arrive
Que les meilleurs nochers se perdent dés la rive,
J'ay navigué la nuit plus de fois que le jour.
La beauté d'Uranie est mon pole et mon phare,
Et, dans quelque tourmente où ma barque s'égare,
Je n'invoque jamais d'autre dieu que l'Amour.

Souvent à la mercy des funestes Pleyades,
Ce pilote sans peur m'a conduit en des rades
Où jamais les vaisseaux ne s'estoient hazardez ;
Et, sans faire le vain, ceux qui m'entendront dire
De quel art cet enfant a guidé mon navire
Ne l'accuseront plus d'avoir les yeux bandez.

Il n'est point de broüillards que ses feux n'esclaircis-
Par ses enchantemens les vagues s'adoucissent ; [sent ;
La mer se fait d'azur et le ciel de saphirs,
Et, devant la beauté dont j'adore l'image,
En faveur du printemps, qui luit en son visage,
Les plus fiers aquilons se changent en zephirs.

Mais, bien que dans ses yeux l'amour prenne ses char-
Qu'il y mette ses feux, qu'il y forge ses armes, [mes,
Et qu'il ait estably son empire en ce lieu,
Toutesfois sa grandeur leur rend obeïssance ;
Sur cette ame de glace il n'a point de puissance,
Et seulement contre elle il cesse d'estre dieu.

Je sçay bien que ma nef y doit faire naufrage :
Ma science m'aprend à predire l'orage ;
Je connois le rocher qu'elle cache en son sein ;

Mais plus j'y voy de morts, et moins je m'epouvante;
Je me trahis moy-mesme, et l'art dont je me vante,
Pour l'honneur de perir en un si beau dessein (1).

LA NUIT.

Aux Dames.

Pour un Ballet.

Jusques à quand, ô soleils de la terre!
    Me ferez-vous la guerre?
Qu'ay-je commis contre vostre beauté?
Je renferme le jour dedans mes voiles sombres
Pour vous faire jouïr en pleine liberté
Des plaisirs que l'amour recelle dans mes ombres.

  Chassez plustost ce fascheux luminaire,
    Dont la route ordinaire
Nuit tous les jours à vos contentemens :
C'est celuy qui vous rend de si mauvais offices
Et qui vous vient ravir des bras de vos amans,
Lorsque vous rendez l'ame au milieu des delices.

  Déja vos yeux, qui dissipent sa flâme,
    L'ont taché d'un tel blasme
Que l'Ocean ne l'en sçauroit laver;
Et cet astre déja se fust banny du monde
Si, pour cacher sa honte, il avoit peu trouver
D'assez noire demeure aux abysmes de l'onde.

---

1. La plupart de ces derniers morceaux ne sont que pièces de circonstance, faites avec plus ou moins d'à-propos et de facilité.

Poursuivez donc sa lumiere importune,
  Et faites que Neptune,
Au lieu de lit, luy serve de tombeau.
Ce vous est peu d'honneur de destruire mes voiles :
Monstrez vostre pouvoir contre ce grand flambeau,
Et luy faites l'affront qu'il fait à mes estoilles.

POUR UN CAPITAN

QUI DANSOIT AU MESME BALLET.

Enfin, las d'employer la force de mes mains
 A punir icy bas l'audace des humains,
Contre le firmament j'ay planté l'escalade
Pour tirer la raison de la mort d'Encelade.
Les astres effroyez tremblerent sous mes pas,
Et, n'estoit que les dieux sont exempts du trépas,
Leur Olympe aujourd'huy seroit un cimetiere.
Mais, combien que je sois en tous lieux triomphant,
Les yeux d'une deesse aussi belle que fiere
Font que je suis vaincu par la main d'un enfant.

Fin des Epigrammes.

HARANGUE

PRONONCÉE EN L'ACADÉMIE

LE 9 JUILLET 1635.

HARANGUE

PRONONCÉE EN L'ACADÉMIE

LE 9 JUILLET 1635.

ESSIEURS,

En ce discours que je fais par vôtre commandement et dont je n'attends autre gloire que de vous sçavoir obeïr, mes deffauts me doivent tenir lieu de merites; plus je seray jugé incapable d'une si grande action, plus mon obeïssance doit estre estimée, et la resolution que je prends de m'embarquer sur un nouvel Ocean, sans la connoissance de la carte et de la boussole.

Je sçay, Messieurs, que ces mesmes complimens, ou de fort semblables, se sont déja faits plusieurs fois en cette compagnie, et que ceux mesme qui ont plus de droit de pretendre à la gloire de l'eloquence me veulent encores envier celle de l'humilité; mais chacun sçait l'injustice qu'ils me font de vouloir prendre pour eux ce qui n'est propre qu'à moy; mon ignorance est aussi connuë que mon nom, et s'il m'est échappé quelques meschants vers qui ayent duré jusqu'à present, vous pouvez bien juger, à leur langueur et à leur foiblesse, que ce sont enfans avortez qui ne vivent que pour leur honte, et qui eussent esté plus heureux de mourir en naissant : l'on n'y voit rien d'achevé et où il n'y ait quelque chose à desirer; la rime et la raison y sont en une perpetuelle guerre, et s'ils y compatissent quelquefois ensemble, c'est une merveille où la fortune a plus de part que moy; aussi je les compare à ces jeux de la nature qui, quelquefois, dans les jaspes et dans les cailloux, commence des figures à peine connoissables d'arbres, de portiques ou d'animaux, à qui le seul art du peintre peut achever de donner la perfection et la forme.

Toutefois, messieurs, je commence un peu à retrancher de la mauvaise opinion que j'avois de moy-mesme, depuis que vous m'avez fait l'honneur de me recevoir en vostre compagnie, et pense qu'il n'y auroit pas moins de presomption de m'imaginer que vous m'ayez fait faveur que justice : ceux qui sont d'une condition plus relevée, et qui ont entre leurs mains le pouvoir d'obliger et de nuire, ont sujet de se meffier de la gloire, de quelque part qu'elle leur vienne, fusse de la bouche des roys et des philosophes; mais, quant à moy, ma fortune n'a point assez d'appas pour m'avoir acquis de si illustres flatteurs. Je veux doncques croire que vous avez donné à la nouveauté ce qui n'est deub qu'à l'excellence; cela vous a semblé si peu commun de voir des livres de la façon d'un homme qui à peine sçavoit assembler des lettres, que tout y passe pour rareté, et vous y avez, je m'asseure, remarqué des graces que vous eussiez appelées des deffauts ailleurs.

Si cela est, messieurs, je veux desormais faire ma principale gloire de mon ignorance, comme Diogene faisoit de sa pauvreté, et mettre les sciences au rang de ces richesses superfluës qui n'adjoustent rien au souverain bien de nostre vie; et à l'exemple de ces amoureux qui, après une longue et inutile recherche, se vengent par le mépris de la cruauté de leurs maîtresses, je me veux vanger de ces ingrattes beautez qui ne m'ont seulement jamais voulu permettre de voir leurs moindres appas, et qu'à peine j'ay eu la liberté de desirer.

Peut-estre qu'en médisant des sciences devant vous, Messieurs, qui les avez toûjours chéries et possedées si absolument, je me vengeray en mesme temps de la tyrannie que vous me faites, de m'avoir desarmé de la rime et de la cadance des vers dont je faisois ma principale force. Je sçay bien, Messieurs, que vous direz que je ne puis parler des sciences que comme les aveugles nais font du soleil et de la lumière, dont ils n'ont que des doutes et des conjectures; mais peut-estre aurez-vous assez de curiosité pour desirer de voir jusques où je pourray aller à tastons dans un labyrinthe où je me vais égarer dès l'entrée. Il est néantmoins tres-certain que, sans le peché du premier homme, nous naissions tous sçavans des arts et des sciences necessaires pour nostre conservation; nous eussions jouy d'un perpetuel printemps, et n'eussions point eu de besoin d'autres demeures que de celles qui nous estoient préparées dans les bois et dans les cavernes, pour nous garantir de injures de l'air.

La nature en tout temps nous eust produit sans soins et sans labeur les biens qui nous sont necessaires; et le fer n'eust esté employé qu'à moissonner ses liberalitez.

La terre eust esté un assez grand et assez riche héritage à tous ses enfans; ils ne se fussent point travaillez à la partager et à mesurer sa superficie.

Les thresors qu'elle nous cache dans ses entrailles nous eussent esté aussi inconnus qu'ils nous sont inutiles, et l'avarice ne nous eust jamais enseigné à les debiter au poids et au nombre.

Les loix ne fussent point venuës au secours de l'innocence pour la deffendre de l'oppression et de l'artifice des méchans.

Les hommes, en une perpetuelle santé, n'eussent point cherché la propriété des simples et des mineraux pour reparer les imperfections de la vieillesse et de leurs débauches.

Dieu nous eust découvert ses secrets les plus cachez, et nos sens eussent esté les seuls maistres qui nous eussent appris la foy que nous devons croire.

Mais depuis qu'il nous eut delaissé, le ciel et la terre conjurèrent nostre perte, nos propres passions nous firent la guerre; plus la nature nous fut avare des choses nécessaires, plus nous fusmes affamez des superfluës. La vanité se mesla parmy les sciences qui auparavant n'avoient esté inventées que pour le secours de nostre entendement et de nos necessitez; aux utiles on y adjouta les curieuses.

L'architecture, qui n'avoit point encore de nom, et qui ne se servoit que de gasons et de chausme, trouva l'art de fendre les rochers, de tailler les marbres, d'écarer les chesnes et les sapins, et éleva ces divers ordres de colomnes doriques, ioniques et corinthiennes, que le luxe inventa pour braver la simplicité des premiers siècles.

L'agriculture, qui n'estoit occupée que pour nos necessitez, se voulut mesler de nos plaisirs, et, pour se rendre plus agreable et plus domestique, elle vint dans nos jardins et dans nos vergers imiter la peinture et la broderie, et forcer la nature des plantes et des climats.

Pour comble de temerité, la geometrie s'efforça, par cette mesme proportion d'angles et de costez dont elle avoit mesuré la terre, de connoistre la distance et l'élevation des astres: comme s'il y avoit icy bas quelque chose de proportionné à ces grandeurs infinies et qui se puisse comparer à ce triangle imaginaire, dont la base contient l'espace qu'il y a de nous à nostre horison! Aussi l'arithmetique se mit de la partie et jugea bien qu'elle avoit besoin d'estre secouruë en un si grand dessein; elle entreprit de supputer les divers mouvemens des cieux, auparavant que d'estre d'accord avec Galilée, si ce sont eux ou la terre qui tourne, si elle n'est point une des estoilles, si le soleil leur porte la lumière, ou s'il attend sans se mouvoir dans le centre de l'univers, comme un roy dans son throsne, que ses sujets la viennent prendre de luy.

Et neantmoins, de toutes ces choses que nous ignorons, et dont on ne voit qu'une diversité d'opinions esgalement ridicules, il s'en est fait une science d'astrologie judiciaire, plus inutile et plus vaine que toutes les autres ensemble, jusqu'à s'estre imaginée de sçavoir lire dans un livre dont l'on ne connoist pas les lettres, et de pouvoir déchifrer dans les astres comme dans des caractères les secrets de l'advenir dont Dieu s'est reservé la connoissance.

L'on a mesme essayé avec des mains mortelles d'imiter les œuvres éternelles du Créateur, et de trouver un mouvement perpetuel comme celuy des cieux.

Mais que dirons-nous de la jurisprudence, qui, au lieu d'esteindre les procez, les a multipliez? Plus elle s'est efforcée par de nouvelles loix d'esclaircir les anciennes, et plus l'artifice de la chicanne y a trouvé de diverses explications.

Cette opinion trop generalement receuë, que par tout où il y a de la difficulté il y a de la gloire, a fait croire qu'il y avoit mesme des crimes glorieux, et que tout l'honneur des triomphes n'estoit pas si entierement deub à ceux qui surmontent les hommes par les armes, qu'il n'en reste quelque part à les sçavoir vaincre par l'artifice et par les ruses : de là vient que la prudence a degeneré en finesse, ou plustost il s'en est fait une vertu nouvelle, inconnuë de nos premiers pères.

Ce mesme desir de chercher la gloire dans la difficulté a produit en la medecine les deffauts que nous y remarquons; la pluspart de ceux qui l'exercent ont esté si charitables, qu'ils ont eu plus de soin de guerir les autres que de se guerir eux mesmes de la vanité qui a troublé avec eux toute l'œconomie de la nature.

Ils n'ont pas creu acquerir assez d'honneur de se servir des premiers remedes que leur climat leur produit : ils ont voulu tesmoigner que leur connoissance s'estendoit bien plus loing, et les trois parties de la terre descrite par Ptolomée n'ont pas esté assez grandes ny assez fertiles à leur gré ; si Ameriq n'en eust descouvert une quatriesme, la pratique de leur science fust demeurée imparfaite. Il a doncques fallu traverser les mers et chercher soubs un autre ciel de nouveaux simples qui nous sont aussi peu naturels que ceux de Norvegue aux Mores d'Affrique; encore n'en sont-ils pas demeurez là, car, aprés avoir essayé d'aprester les poisons à nostre usage, les chimistes se sont imaginez de pouvoir trouver un feu temperé d'humidité qui, en conservant les germes de la nature, avançast sa conception et la rendist en un an plus parfaite qu'elle n'est en mille.

La theologie, bien que la plus pure et la plus parfaite, ne s'est pas pû exempter de ce poison de vanité ; cet amour des choses nouvelles qui nous fait preferer les tulipes aux roses, qui nous fait lasser d'une trop longue paix et blasmer les gouvernemens les plus doux et les plus legitimes, qui nous feroit mesme trouver la lumière ennuyeuse, si nous vivions en ces climats où elle dure six mois sans intermission, cette passion, dis-je, toute vaine qu'elle est, a fait desirer du changement aux choses les plus fermes et les plus parfaites, et croire que l'éternité de la religion ne la deffendoit pas des deffauts et des rides de la vieillesse. C'est ce qui a donné la hardiesse à ces esprits plus desireux de grande que de bonne renommée, d'éterniser leur nom dans la subtilité de leurs nouvelles opinions, qui ont infecté toute l'Europe de blasphemes et d'heresies.

Il se pourroit remarquer encore plusieurs deffauts que la vanité a produit dans les sciences; mais le plus grand de tous vient, à mon advis, de ce que nous les estimons parceque nous les acquerons avec peine, plus que ce qui nous est propre et naturel; et comme des habits qui, au commencement, ne furent pris que pour cacher nostre honte, sont aujourd'huy nos principaux ornemens, de mesme nous faisons gloire des sciences qui n'ont esté inventées que pour secourir nostre foiblesse. Et neantmoins il est très certain que plus nous sommes sçavans, plus nous avons des marques de l'infamie de nostre desobeissance; et, au contraire, plus nous agissons par nostre seule raison, plus nous nous raprochons de ce premier estre parfait dont nous sommes descheus.

Cette vertu heroïque qui n'est presque que dans les idées, non plus que le poinct indivisible de la geometrie, ne s'est jamais fait voir en toute l'antiquité si approchante de ce que nous la concevons, que dans le courage et la probité des anciens Romains.

Encore qu'ils vescussent dans les tenebres de l'idolatrie, et qu'ils ne sceussent point comme nous quelle a esté nostre première gloire et nostre première honte, et ne pussent avoir aucun ressentiment du bien que nous avons perdu, neantmoins ils estimoient toute autre science indigne de leur grandeur, hormis celles qui leur aprenoient à donner la paix à leur Estat et des loix à tout le reste du monde : à peine sçavoient-ils assez de nombre pour compter les royaumes qu'ils possédoient, et ne se sont point travaillez à mesurer la terre, pource qu'ils ne la vouloient partager avec personne.

Les arts que nous appelons mechaniques, qui sont sans doubte les plus necessaires, estoient ceux qu'ils méprisoient le moins, et n'estoient pas si honteux que l'on leur trouvast en main une charruë qu'un astrolabe. Ils ne pouvoient pourtant pas ignorer qu'il y a quelque science dont on ne se peut passer; mais leur principal soin n'estoit pas tant de les sçavoir comme de se rendre maistres du pays où elles s'enseignoient, afin de les faire exercer par leurs esclaves; et pour celles qui n'apportent aucun profit, si quelquefois ils se sont pleus à considerer la subtilité de leurs inventions, c'estoit aux heures inutiles, pour relascher un peu de leur trop dure severité, et crois qu'ils eussent mis les astrologues, les alchimistes et les comediens en mesme rang.

En effet, s'il y a quelque chose qui s'appelle science, qui merite d'estre estimée et recherchée avec soin, c'est l'eloquence, comme la seule qui nous apprend à joindre ensemble la raison et la parole, qui sont les deux avantages les plus visibles que nous avons sur les autres animaux et qui nous font recognoistre par dessus tous pour estre les vivantes images de nostre createur. C'est par elle que l'on a chassé la barbarie, que l'on a mis le sceptre en la main des roys, et que les vaincus ont beny les armes des conquerans; c'est elle seule qui sçait regner sur les affections, et qui a achevé de surmonter ce qui estoit demeuré invincible aux armes des Cesars et des Alexandres; qui a fait preferer la pauvreté aux richesses, les jeusnes aux festins; qui a fait trouver des delices dans les gehennes, dans les flammes et dans la mort mesme.

Mais ce n'est pas dans les escholes que l'on apprend cette éloquence, la facilité d'exprimer nos pensées par nos paroles; c'est peut-estre la seule que Dieu nous a laissée, de toutes les facultez naturelles que nous possédions auparavant nostre peché, et nous sommes ingrats de le vouloir tenir de la science plustost que de sa bonté. Pour moy, je ne puis souffrir l'insolence de ces docteurs qui, pour avoir inventé trois ou quatre mots barbares, se vantent d'avoir trouvé autant de sciences, et ont fait une grammaire, une logique et une rhetorique des choses les plus communes, que nous avons pratiquées dés le berceau, dix ans auparavant que d'en sçavoir le nom. Si l'on ne s'oppose à cette tyrannie, ils reduiront encore en art le pleurer et le rire; ils les diviseront en plusieurs parties, comme ils ont fait nostre langage, et l'on ne pourra plus rire à propos, à leur gré, que par regles et par figures.

Je suis pourtant contraint de confesser, et l'expérience me l'aprend depuis que l'on m'a fait l'honneur de me souffrir en la compagnie de ces grands genies qui sont icy, que la connoissance des langues estrangères leur donne un grand avantage sur moy et sur tous ceux qui ne sçavent que celle de leur mère et de leur nourrice; mais ce qui leur est un ornement est une charge aux esprits mediocres qui n'ont jamais hanté que les colleges; ils font un si grand mepris de nostre langue qu'ils ne pensent pas qu'il s'y puisse rien faire de raisonnable. Ils ne craignent point d'appeler divin et incomparable le plus fin galimatias de Pindare et de Perse, et se contentent d'appeler agreable et joly les vers miraculeux de Berthault et de Malherbe. Cela est cause qu'ils prennent indifferemment tout ce qu'ils trouvent dans les Latins et dans les Grecs; et si par hazard il leur tombe en main quelque bonne pensée de Virgile ou d'Orace, on voit bien que cela ne leur est pas propre; ils s'en servent de si mauvaise grace, et avec autant de foiblesse, que Patrocle faisoit des armes d'Achille.

Ce n'est pas que je pense qu'il faille tout à fait retrancher l'imitation de nostre éloquence; je sçay bien qu'il ne se peut rien dire qui n'ait esté dit, que nous nous servons des mesmes mots et des mesmes phrases dont Amiot et Montaigne se sont servis. La terre ne produit point de nouvelles fleurs, ny le ciel ne nouvelles estoilles; et s'il se fait de nouvelles influences, c'est par les diverses rencontres des mesmes astres qui ont esclairé nos grands pères et qui esclaireront les enfans de nos enfans. Je crois doncques que l'on peut prendre les pensées de ceux qui nous ont precedez, comme ils ont pris celles de ceux qui ont escrit devant eux. Mais je fais cette difference entre les miserables copistes et les excellens imitateurs, qu'il y a entre les petits larrons et les grands conquerans : les premiers ne peuvent qu'avec honte et crainte se parer de leur larcin, au lieu que les autres triomphent de leurs conquestes plusieurs siecles aprés leur mort, et les conservent avec tant de gloire qu'ils effacent à jamais la memoire des legitimes possesseurs.

Le champ des Muses est ouvert à tout le monde; mais peu de gens y sçavent trier le bon grain d'avec l'yvroye, et la pluspart n'en rapportent que de la paille sans espy. C'est le jugement qui sçait faire le choix des bonnes choses, soit qu'elles nous soient propres ou empruntées; c'est celuy qui sçait discerner la gravité de l'obscurité, la naifveté de la foiblesse, et la beauté naturelle d'avec le fard.

Mais ce jugement dont la nature nous donne les premières semences ne se cultive point ailleurs que dans la conversation des excellens hommes, comme sont tous ceux de cette compagnie (si j'en estois hors). Ce sera icy que l'on achevera de donner à la France ce qu'il y manquoit pour luy faire autant surmonter les autres nations aux actions de l'esprit comme elle fait aux actions de courage; ce sera par vous, Messieurs, qu'elle verra pratiquer entierement cette vertu dont nostre roy porte si legitimement le nom. Jusques à present il avoit seulement exercé sa justice à chastier les rebelles et à recompenser cette fidelité mercenaire qui se contente des charges et des tresors; mais il manquoit de recompense pour notre grand cardinal, tous les honneurs et toutes les richesses de son empire et de ses conquestes estoient au dessous d'une vertu qui ne cherche point de prix hors d'elle-mesme.

Ce sera par vos ouvrages qu'elle sera recompensée en dépit qu'elle en ait, et que la posterité verra quels ont esté ses genereux conseils, qui, sur les ruynes de la rebellion et de l'heresie, ont restably l'autorité souveraine en sa première splendeur; de quel courage il s'est opposé à la tyrannie qui menaçoit la liberté de l'Europe, de quelle prudence il nous a sceu conserver en paix au milieu de l'embrazement universel de l'univers, et qu'à luy seul estoit reservé la gloire de redonner à l'Estat ses anciennes bornes et son ancienne puissance[1].

Fin.

[1]. Le bon Racan n'a nullement fait cette *harangue* dans un esprit de système, il n'avoit assurément contre les sciences ni haine ni parti pris; mais son ignorance, même dans ce temps-là, étoit proverbiale, et il vouloit en pallier l'inconvénient de son mieux. S'il n'avoit été qu'un courtisan ordinaire, il se seroit borné, comme la plupart d'entre eux, à railler effrontément les savants et le savoir, pour préconiser, comme les premiers avantages de la vie, les biens de la fortune, l'urbanité ou même la légèreté de mœurs et le rang. Mais il se sentoit homme de talent, il se sentoit poète; loin de vouloir abandonner les titres qu'il avoit à ces deux qualités, il étoit le premier à rire de ceux de ses ancêtres qui avoient besoin qu'un secrétaire vînt les aider à signer leur nom. Il lui falloit donc prendre une autre voie que celle de l'ignorant par nature : c'étoit d'essayer d'amoindrir quelque peu l'importance de ce qui lui manquoit, et c'est ce qu'il fait dans la prétendue harangue qu'on vient de lire, avec assez d'adresse, quelque savoir-dire et beaucoup d'esprit.

MÉMOIRES

POUR LA VIE DE MALHERBE

PAR LE MARQUIS DE RACAN.

MÉMOIRES

POUR LA VIE DE MALHERBE

PAR LE MARQUIS DE RACAN [1].

Messire François de Malherbe naquit à Caen environ l'an 1555. Il estoit de l'illustre maison de Malherbe Saint-Aignan, qui a porté les armes en Angleterre sous un duc Robert de Normandie [2], et s'estoit rendue plus illustre en ce pays-là qu'au lieu de son origine, où elle s'estoit tellement rabaissée que le père du sieur de Malherbe n'estoit qu'assesseur à Caen. Il se fit de la religion un peu avant que de mourir, et son fils, dont nous parlons, en eut un si grand déplaisir, qu'il se resolut de quitter son pays, et s'alla habituer en

---

1. Nous n'avons rien laissé à dire, dans la préface, sur tout ce qui se rapporte à cet ouvrage de Racan, notamment sur les rapprochements à faire entre les textes déjà connus et le manuscrit que nous avons suivi.
2. Robert III, fils de Guillaume le Conquérant.

province, à la suite de M. le grand prieur [1], qui en estoit gouverneur. Alors il entra en sa maison à l'âge de dix-sept ans, et le servit jusqu'à ce qu'il fut assassiné par Artivity [2].

Pendant son séjour en Provence, il s'insinua aux bonnes graces de la veuve d'un conseiller, et fille d'un president, dont je ne sçais point les noms [3], qu'il espousa depuis, et en eut plusieurs enfants, qui sont tous morts avant lui. Les plus remarquables, ce sont une fille qui mourut de la peste à l'âge de cinq ou six ans, et qu'il assista jusqu'à la mort, et un fils qui fut tué à l'âge de   ans par M. Depiles [4].

Les actions les plus remarquables de sa vie, et dont je me puis souvenir, sont que, pendant la Ligue, lui et un nommé de Laroque, qui faisoit joliment des vers et qui est mort à la suite de la reine Marguerite, poussèrent M. de Sully deux ou trois lieues si vertement qu'il en a toujours gardé du ressentiment contre le sieur de Malherbe, et c'estoit la cause, à ce qu'il disoit, qu'il n'avoit jamais sçu avoir de bienfaits du roy Henry IV pendant que le sieur de Sully a esté dans les finances.

Je lui ai ouï conter aussi plusieurs fois qu'en un partage de fourage ou de butin qu'il avoit fait, il y eut un capitaine d'infanterie assez fâcheux

---

1. Henri, duc d'Angoulême, grand prieur de France, étoit fils naturel de Henri II et de Flamin Leviston, demoiselle écossoise, fille d'honneur de Marie Stuart.
2. A Aix, le 2 juin 1586, par Philippe Altoviti, et non pas Artivity.
3. Madeleine de Coriolis.
4. De Piles, gentilhomme provençal.

qui le maltraita d'abord jusqu'à lui oster son épée, ce qui fut cause que le capitaine eut, pour un temps, les rieurs de son costé ; mais ayant fait en sorte de r'avoir son épée, il obligea le capitaine insolent d'en venir aux mains avec lui. D'abord il lui donna un coup à travers le corps qui le mit hors de combat, et fit tourner la chance, et tous ceux qui l'avoient méprisé retournèrent de son costé.

Il m'a dit encore plusieurs fois qu'estant habitué à Aix depuis la mort de M. le grand prieur, son maître, il fut commandé de mener deux cents hommes de pied devant la ville de Martigues, qui estoit infectée de contagion, et que les Espagnols assiegeoient par mer et les Provenceaux par terre pour empescher qu'ils ne communiquassent le mauvais air, et ils la tinrent assiegée si etroitement par des lignes de communication, qu'ils reduisirent le dernier vivant à mettre le drapeau noir sur la ville devant que de lever le siége. Voilà ce que je luy ay ouï dire de plus remarquable en sa vie avant notre connoissance.

Son nom et son merite furent connus de Henry le Grand par le rappport avantageux que lui en fit M. le cardinal du Perron[1]. Un jour le roy lui demanda s'il ne faisoit plus de vers : il lui dit que depuis que Sa Majesté lui avoit fait l'honneur de l'employer en ses affaires, il avoit tout à fait quitté cet exercice, et qu'il ne falloit plus que personne s'en meslat après M. de Malherbe, gentilhomme de Normandie ; qu'il avoit porté la

---

1. Alors seulement évêque d'Evreux. C'étoit en 1601.

poesie françoise à un si haut point que personne n'en pouvoit jamais approcher.

Le roy se ressouvint de ce nom de Malherbe : il en parloit souvent à M. Desyveteaux, alors precepteur de M. de Vendosme. Le dit Desyveteaux, toutes les fois qu'il lui en parloit, lui offroit de le faire venir de Provence ; mais le roy, qui estoit menager, craignoit que le faisant venir de si loin il seroit obligé de lui donner recompense au moins de la depense de son voyage ; ce qui fut cause que M. de Malherbe n'eut l'honneur de faire la reverence au roy que trois ou quatre ans après que M. le cardinal du Perron eut parlé de lui ; et, par occasion, estant venu à Paris pour ses affaires particulières, M. Desyveteaux prit son temps pour donner avis au roy de sa venue, et aussitost il l'envoya querir. C'estoit en l'an 1605, comme il estoit sur son partement pour aller en Limousin : il lui commanda de faire des vers pour son voyage, ce qu'il fit, et les lui presenta à son retour. C'est cette excellente pièce qui commence :

O Dieu, dont les bontez de nos larmes touchées...

Le roy trouva ces vers si admirables qu'il desira le retenir à son service, et commanda à M. de Bellegarde de le garder jusqu'à ce qu'il l'eust mis sur l'estat de ses pensionnaires. M. de Bellegarde lui donna sa table, et l'entretint d'un homme et d'un cheval et mille livres d'appointements.

Ce fut où Racan, qui estoit alors page de la chambre sous M. de Bellegarde, et qui commençoit à rimailler de meschans vers, eut la connoissance de M. de Malherbe, de qui il a appris ce qu'il a tesmoigné depuis sçavoir de la poesie françoise, ainsi qu'il l'a dit plus amplement en une lettre qu'il a ecrite à M. Conrart.

Cette connoissance et l'amitié qu'il contracta avec M. de Malherbe dura jusqu'à sa mort, arrivée en 1628, quatre ou cinq jours avant la prise de La Rochelle, comme nous le dirons ci-après.

A la mort de Henry le Grand, arrivée en 1610, la reine Marie de Médicis donna cinq cens écus de pension à M. de Malherbe, ce qui lui donna moyen de n'estre plus à charge à M. de Bellegarde. Depuis la mort d'Henry le Grand il a fort peu travaillé, et je ne sçache que les odes qu'il a faites pour la reine-mère, quelques vers de ballet, quelques sonnets au roy, à Monsieur et à des particuliers, et cette dernière pièce qu'il fit avant que de mourir et qui commence :

Donc un nouveau labeur, etc.

Pour parler de sa personne et de ses mœurs, sa constitution étoit si excellente que je me suis laissé dire par ceux qui l'ont connu en sa jeunesse que ses sueurs avoient quelque chose d'agréable, comme celles d'Alexandre.

Sa conversation estoit brusque ; il parloit peu, mais il ne disoit mot qui ne portât ; en voici quelques-uns :

Pendant la prison de M. le Prince, le lendemain que madame la princesse sa femme fut accouchée de deux enfans morts, pour avoir été incommodée de la fumée qu'il faisoit en sa chambre au bois de Vincennes, il trouva un conseiller de Provence de ses amis en une grande tristesse chez M. le garde des sceaux Du Vair; il lui demanda la cause de son affliction. Le conseiller lui répondit que les gens de bien ne pourroient avoir de joie après le malheur qui venoit d'arriver de la perte de deux princes du sang par les mauvaises couches de madame la princesse. M. de Malherbe lui répondit ces propres mots : « *Monsieur, monsieur, cela ne vous doit point affliger; ne vous souciez que de bien servir, vous ne manquerez jamais de maître.* »

Une autre fois, un de ses neveux le venant voir au retour du collége, où il avoit été neuf ans, après lui avoir demandé s'il étoit bien sçavant, il lui ouvrit son *Ovide*, et convia son neveu de lui en expliquer quelques vers ; à quoi son neveu se trouvant empesché, après l'avoir laissé tâtonner un quart d'heure avant de pouvoir expliquer un mot de latin, M. de Malherbe ne lui dit rien, sinon : « *Mon neveu, croyez-moi, soyez vaillant : vous ne valez rien à autre chose.* »

Un jour, dans le cercle, quelque homme prude en l'abordant lui fit un grand éloge de madame la marquise de Guercheville, qui estoit présente, comme dame d'honneur de la reine, et après lui avoir conté toute sa vie et la constance qu'elle avoit eue aux poursuites de feu Henry le Grand, il conclud son panégyrique par ces mots, en la montrant à M. de Malherbe : « *Voilà*, dit-il, *ce qu'a fait la vertu.* » M. de Malherbe, aussitôt, lui montra de la même sorte la connétable de

Lesdiguières[1], qui avoit sa place auprès de la reine, et lui dit : « *Voilà ce qu'a fait le vice.* »

Un gentilhomme de ses parens faisoit tous les ans des enfans à sa femme, dont M. de Malherbe se plaignoit, en lui disant qu'il craignoit que cela n'apportât de l'incommodité à ses affaires, et qu'il n'eust pas le moyen de les élever selon leur condition ; à quoy le parent respondit qu'il ne pouvoit avoir trop d'enfans pourvû qu'ils fussent gens de bien. M. de Malherbe lui dit fort séchement qu'il n'estoit point de cet avis, et qu'il aimoit mieux manger un chapon avec un voleur qu'avec trente capucins.

Quand son fils fut tué par M. de Piles, il alla exprès au siége de La Rochelle en demander justice au roy, de qui n'ayant pas eu toute la satisfaction qu'il espéroit, il disoit tout haut dans la cour d'Estrée, qui estoit alors le logis du roy, qu'il vouloit demander le combat contre M. de Piles. Des capitaines des gardes et autres gens de guerre qui estoient là se sourioient de le voir, à cet âge, parler d'aller sur le pré, et le sieur de Racan, comme son ami, le voulut tirer à part pour lui donner avis qu'il se faisoit moquer de lui, et qu'il estoit ridicule, à l'âge de soixante-treize ans qu'il avoit, de se vouloir battre contre un homme de vingt-cinq. Sans attendre qu'il ache-

---

1. On lit dans les éditions ordinaires : la connétable de Luynes, ce qui déjà eût été peu vraisemblable, Malherbe ayant, vers le même temps, dédié au connétable sa traduction du 33e livre de Tite-Live ; mais la question est tranchée par Tallemant des Réaux, sorte de contemporain, qui, en cela d'accord avec notre manuscrit, nomme la connétable de Lesdiguières.

vât sa remontrance, il répliqua brusquement : « *C'est pour cela que je le fais : je hazarde un sou contre une pistole.* »

Une année que la Chandeleur avoit esté un vendredy, ayant gardé quelque reste de gigot du mouton du jeudi, dont il faisoit une grillade le samedy matin, sur les sept à huit heures, et, comme après la Chandeleur l'eglise ne permet plus de manger de viande le samedy, le sieur de Racan, entrant dans sa chambre à l'heure qu'il faisoit ce repas extraordinaire, lui dit : « Quoy, Monsieur ! vous mangez de la viande ? Nostre Dame n'est plus en couche. » M. de Malherbe se contenta de lui répondre assez brusquement, à son ordinaire, que les dames ne se levoient pas si matin [1].

Sa façon de corriger son valet estoit assez plaisante. Il lui donnoit dix sous par jour pour sa vie, ce qui estoit honneste en ce temps-là, et vingt ecus de gages, et quand son valet l'avoit fâché il lui faisoit une remontrance en ces termes : « *Mon ami, quand on offense son maître on offense Dieu, et quand on offense Dieu il faut, pour avoir absolution de son péché, jeûner et donner l'aumosne; c'est pourquoy je retiendrai cinq sous de vostre dépense, que je donnerai aux pauvres à vostre intention, pour l'expiation de vos péchés.* »

Estant allé visiter madame de Bellegarde un matin, un peu après la mort du maréchal d'Ancre, comme on lui dit qu'elle estoit allée à la messe, il demanda si elle avoit encore quelque

---

1. Tallemant et le manuscrit seuls.

chose à demander à Dieu, après qu'il avoit délivré la France du maréchal d'Ancre.

Un jour que M. de Méziriac, avec deux ou trois de ses amis, lui apporta un livre d'arithmétique d'un auteur grec nommé Diophante, que M. de Méziriac avoit commenté, et ses amis lui louant extraordinairement ce livre, comme un travail fort utile au public, M. de Malherbe leur demanda s'il feroit amander le pain et le vin.

Il fit presque une mesme response à un gentilhomme de la religion qui l'importunoit de controverses, lui demandant pour toute réplique si l'on boiroit de meilleur vin, et si l'on vivroit de meilleur bled à La Rochelle qu'à Paris.

Il n'estimoit aucun des anciens poëtes françois, qu'un peu Bertaut; encore disoit-il que ses stances estoient nichil au dos [1], et que pour trouver une pointe à la fin il faisoit les trois premiers vers insupportables.

Il avoit esté ami de Regnier le Satyrique, et l'estimoit, en son genre, à l'égal des Latins; mais la cause de leur divorce arriva de ce qu'estant allé disner ensemble chez M. Desportes, oncle de Regnier, ils trouvèrent qu'on avoit déjà servi les potages. M. Desportes reçut M. de Malherbe

---

1. Ménage, dans son Dictionnaire étymologique, cite un passage d'Henri Etienne : *Préparation de l'Apologie d'Hérodote*, qui explique l'origine de ce mot et en donne ainsi le vrai sens. Il viendroit de l'usage où étoient de grands seigneurs, quelquefois des rois, d'employer plusieurs genres d'étoffes aux parties les plus apparentes de leurs habillements, *et rien au dos*, d'après l'ancienne prononciation *nichil* pour *nihil*. Ce mot-là, dit en terminant Henri-Etienne, a été généralement *appliqué à toutes les choses qui avoient une montre en l'extérieur à laquelle l'interieur ne répondoit point.*

avec grande civilité, et, offrant de lui donner un exemplaire de ses Pseaumes qu'il avoit nouvellement faits, comme il se mit en devoir de monter en sa chambre pour l'aller quérir, M. de Malherbe lui dit qu'il les avoit déjà vûs, que cela ne valoit pas qu'il prît la peine de remonter, et que son potage valoit mieux que ses Pseaumes. Il ne laissa pas de disner avec M. Desportes, sans se dire mot, et, aussitost qu'ils furent sortis de table, ils se séparèrent et ne se sont jamais vûs depuis. Cela donna lieu à Regnier de faire la satyre contre M. de Malherbe, qui commence :

Rapin, le favori d'Apollon et des Muses...

Il n'estimoit point du tout les Grecs, et particulièrement il s'estoit déclaré ennemy du galimathias de Pindare. Pour les Latins, celui qu'il estimoit le plus estoit Stace, qui a fait la Thébaïde, et après luy Senèque le tragique, Horace, Juvenal, Ovide et Martial. Il estimoit fort peu les Italiens, et disoit que tous les sonnets de Pétrarque estoient *à la grecque*, aussi bien que les épigrammes de mademoiselle de Gournay [1].

Il se faisoit presque tous les jours, sur le soir, quelques petites conférences dans sa chambre, où assistoient particulièrement Coulomby, Maïnard, Racan, Dumoutier, et quelques autres dont les

---

1. Ceci fait allusion à une anecdote rapportée dans le *Ménagiana*, d'après laquelle, Racan ayant reproché aux épigrammes de mademoiselle de Gournay de manquer de pointe, celle-ci répondit qu'il ne falloit pas prendre garde à cela, que c'étoient des épigrammes à la grecque.

noms n'ont pas esté connus dans le monde; et un jour, un habitant d'Aurillac, où Mainard estoit alors président, vint heurter à la porte en demandant : « M. le président n'est-il point ici ? » Cela obligea M. de Malherbe à se lever brusquement pour courir respondre à cet habitant : « *Quel président demandez-vous? Il n'y a pas ici d'autre président que moy.* »

Quelqu'un lui disant que M. Gaumin avoit trouvé le secret d'entendre le sens de la langue punique, et qu'il y avoit fait le *Pater noster*, il dit à l'heure mesme, assez brusquement, à son ordinaire : « *Je m'en vais tout à ceste heure y faire le Credo* »; et à l'instant il prononça une douzaine de mots qui n'estoient d'aucune langue, en disant : « *Je vous soutiens que voilà le Credo en la langue punique : qui est ce qui me pourra dire le contraire?* »

Il s'opiniatra fort longtemps avec un nommé M. de La Loy [1] à faire des sonnets licencieux [2]. Coulomby n'en voulut jamais faire et ne les pouvoit approuver. Racan en fit un ou deux, mais ce fut le premier qui s'en ennuya; et comme il vouloit en divertir M. de Malherbe, en lui disant que ce n'estoit pas un sonnet si l'on n'observoit les règles ordinaires de rimer les deux premiers quatrains, M. de Malherbe lui disoit : « *Eh bien,*

---

1. Pellisson et Ménage l'appellent M. de Laleu. Cela pourroit bien être une erreur de Racan, qui estropioit souvent les noms propres. Tallemant des Réaux ne reproduit pas ici de nom, mais il conserve textuellement ces mots : *il s'opiniatra fort long temps,* au lieu de ceux-ci, qu'on peut lire à l'appendice : *il s'obstina avec un nommé M. de Laleu*, etc.

2. Irréguliers.

Monsieur, si ce n'est un sonnet c'est une sonnette. »
Toutefois à la fin il s'en ennuya, et n'y a eu que Mainard, de tous ses ecoliers, qui a continué à en faire jusqu'à sa mort. M. de Malherbe les quitta de lui mesme lorsque Coulomby et Racan ne l'en persécutoient plus. C'estoit son ordinaire de s'aheurter contre le conseil de ses amis, ne voulant pas estre pressé pour y revenir après que l'on ne l'en pressoit plus.

Il avoit aversion contre les fictions poétiques, et en lisant une élégie de Regnier à Henry le Grand qui commence :

Il estoit presque jour, et le ciel souriant, etc.,

et où il feint que la France s'enlève en l'air pour parler à Jupiter et se plaindre du misérable estat où elle estoit pendant la Ligue, il demandoit à Regnier en quel temps cela estoit arrivé, et disoit qu'il avoit toujours demeuré en France depuis cinquante ans et qu'il ne s'estoit point aperçu qu'elle se fût enlevée hors de sa place.

Il avoit un frère aîné avec le quel il avoit toujours esté en procès, et, comme un de ses amis le plaignoit de cette mauvaise intelligence, et que c'estoit un malheur assez ordinaire d'avoir procès avec ses proches, M. de Malherbe lui dit qu'il ne pouvoit pas en avoir avec les Turcs et les Moscovites, avec qui il n'avoit rien à partager.

Il perdit sa mère en 1615, qu'il estoit agé de plus de soixante ans, et comme la reine mère envoya un gentilhomme pour le consoler, il dit à ce gentilhomme qu'il ne pouvoit se revancher de l'honneur que lui faisoit la reine qu'en priant

Dieu que le roy son fils pleurât sa mort aussi vieux qu'il pleuroit celle de sa mère.

Il ne pouvoit souffrir que les pauvres, en demandant l'aumosne, disent : « noble gentilhomme » ; il disoit que cela estoit superflu, et que s'il estoit gentilhomme il estoit noble.

Quand les pauvres lui disoient qu'ils prieroient Dieu pour lui, il leur repondoit qu'il ne croyoit pas qu'ils eussent grand credit envers Dieu, vu le mauvais estat au quel il les laissoit en ce monde, et qu'il eust mieux aimé que M. de Luynes ou quelque autre favori lui eust fait la mesme promesse.

Un jour que M. de Termes reprenoit Racan d'un vers qu'il a changé depuis, et où il y avoit, parlant d'un homme champestre :

Le labeur de ses bras rend sa maison prospère (1),

Racan lui respondit que M. de Malherbe avoit usé de ce mot *prospère* en ces vers :

O que nos fortunes prospères...

M. de Malherbe, qui estoit present, lui dit assez brusquement : « Eh bien, mort Dieu ! si je fais un p.., en voulez vous faire un autre 2 ? »

1. C'étoit sans doute dans la scène 1re du 5e acte des *Bergeries*, où on lit aujourd'hui :

Le labeur de mes bras nourrissoit ma famille.

S'il en est ainsi, toute la marche de la période a été changée et le pronom a passé à la première personne.

2. Petite flatterie de Malherbe pour M. de Thermes, que le cynisme du mot ne fait que mieux ressortir encore. Il s'est bien gardé de changer son mot *prospère*,—lui, rapporté par Tallemant dans les mêmes termes, modifiés ailleurs.

Quand on lui montroit quelques vers où il y avoit des mots superflus et qui ne servoient qu'à la mesure ou à la rime, il disoit que c'estoit une bride de cheval attachée avec une aiguillette.

Un homme de robe longue, de condition, lui apporta des vers assez mal polis, qu'il avoit faits à la louange d'une dame, et lui dit, avant que de les lui montrer, que des considerations particulières l'avoient obligé de faire ces vers. M. de Malherbe les lut avec mépris, et lui demanda, après qu'il les eut achevés, s'il avoit esté condamné à estre pendu ou à faire ces vers là, parce qu'à moins de cela il ne devoit pas exposer sa reputation en produisant des ouvrages si ridicules [1].

Un jour Mainard, qui estoit logé fort proche de luy, et qui travailloit alors à quelque epigramme d'ordure, vint en sa chambre sans manteau, et luy demanda d'abord si f..... estoit long ou court. M. de Malherbe, après y avoir pensé quelque temps, comme s'il eust voulu lui donner quelque bonne resolution, lui dit brusquement : « Voyez-vous, Monsieur! quand j'estois jeune je le faisois court, à présent je le fais long. »

S'estant vestu ung jour extraordinairement, à cause du grand froid, il avoit encore estendu sur sa fenestre trois ou quatre aulnes de frise verte ; et comme on lui demanda ce qu'il vouloit faire de cette frise, il repondit brusquement, à son ordinaire : « *Je pense qu'il est avis à ce froid qu'il n'y a plus de frise à Paris ; je lui montrerai bien que si.* »

---

1. Ce pauvre homme, sans doute, ne pouvoit rien à la cour.

En ce mesme temps, ayant mis à ses jambes une si grande quantité de bas, presque tous noirs, qu'il ne se pouvoit chausser également qu'avec des jettons, Racan arriva en sa chambre comme il estoit en cet estat là, et lui conseilla, pour se delivrer de la peine de se servir de jettons, de mettre à chacun de ses bas un ruban de quelque couleur ou une marque de soie qui commençât par une lettre de l'alphabet, comme au premier un ruban ou un bout de soie *amarante*, au second un *bleu*, au troisième un *cramoisi*, et ainsi des autres. M. de Malherbe approuva le conseil et l'exécuta à l'heure mesme, et le lendemain, venant disner chez M. de Bellegarde, en voyant Racan il lui dit, au lieu de bon jour : « *J'en ay jusqu'à l'L.* » De quoy tout le monde fut fort surpris, et Racan mesme eut de la peine à concevoir d'abord ce qu'il vouloit dire, ne se souvenant pas du conseil qu'il lui avoit donné pour expliquer cette énigme.

Il disoit aussi à ce propos que Dieu n'avoit fait le froid que pour les pauvres et pour les sots, et que ceux qui avoient le moyen de se bien chauffer et bien habiller ne devoient point souffrir du froid.

Quand on lui parloit des affaires d'Estat, il avoit toujours ce mot en la bouche, qu'il a mis dans l'epitre liminaire de Tite-Live adressée à M. de Luynes: qu'il ne falloit point se mesler de la conduite d'un vaisseau où l'on n'estoit que simple passager.

Un jour que le roy Henry le Grand montra à M. de Malherbe la première lettre que le feu roy Louis XIII luy avoit écrite, M. de Malherbe, ayant remarqué qu'il avoit signé *Loïs*, au lieu de *Louis*, demanda assez brusquement au roy si Mgr le dauphin avoit nom *Loïs ?* De quoi le roi se trouvant estonné, voulut sçavoir la cause de cette demande. Alors M. de Malherbe luy fit voir qu'il avoit signé *Loïs*, et non pas *Louis*. Cela donna sujet d'envoyer quérir celuy qui montroit à écrire à Mgr le dauphin pour luy enjoindre de luy mieux faire ortographier son seing avec un u, et c'est pourquoy M. de Malherbe disoit qu'il estoit cause que le feu roy avoit nom *Louis*.

Comme les Estats généraux se tenoient à Paris, il y eut une grande contestation entre le tiers Etat et le clergé, qui donna sujet à cette belle harangue de M. le cardinal du Perron, et, cette affaire s'eschauffant, les evesques menaçoient de se retirer et de mettre la France en interdit. M. de Bellegarde entretenant M. de Malherbe de l'appréhension qu'il avoit d'estre excommunié, M. de Malherbe lui dit, pour le consoler, qu'au contraire il s'en devoit réjouir, et que, devenant tout noir, comme sont [1] les excommuniés, cela le délivreroit de la peine qu'il prenoit tous les jours de se peindre la barbe et les cheveux.

Une autre fois il disoit à M. de Bellegarde : « Vous faites bien le galant et l'amoureux des belles dames ; lisez-vous encore à livre ouvert ? » C'estoit sa façon de parler pour dire s'il estoit toujours prest à les servir. M. de Bellegarde lui dit que oui. M. de Malherbe respondit en ces mots : « *Par-*

---

1. Le peuple croyoit autrefois que, par un effet physique de l'excommunication, tout le corps de ceux qui en étoient frappés devenoit entièrement noir.

dieu! Monsieur, j'aimerois mieux vous ressembler en cela qu'en vostre duché et pairie. »

Un jour Henry le Grand lui montra des vers qu'on lui avoit donnés, et qui commençoient :

>Toujours l'heur et la gloire
>Soient à vostre costé!
>De vos faits la mémoire
>Dure à l'éternité!

M. de Malherbe, sur-le-champ, et sans en lire davantage, les retourna de cette sorte :

>Que l'épée et la dague
>Soient à vostre costé;
>Ne courez point la bague
>Si vous n'estes botté.

et là dessus se retira sans faire aucun jugement.

Je ne sçais si le festin qu'il fit à six de ses amis et où il faisoit le septième pourroit avoir place en sa vie. D'abord il n'en avoit prié que quatre, sçavoir : M. de Foucquerolles, enseigne ou lieutenant aux gardes du corps; M. de la Mazure, gentilhomme de Normandie, qui estoit à la suite de M. de Bellegarde; M. de Coulomby et M. Patrix : ce dernier est à présent au service de S. A. R., capitaine de son château de Limours[1]. Mais le jour de devant que se devoit faire le festin, Yvrandi et Racan revinrent de Touraine, de la maison de Racan. Estant descendus chez M. de Malherbe, à l'heure mesme qu'il les vit il commanda à son valet d'acheter encore deux chapons, et les pria

---

1. L'auteur des vers tant cités :

    Je songeois cette nuit que de mal consumé, etc.

de venir le lendemain disner chez luy. Enfin, pour le faire court, tout le festin ne fut que de sept chapons bouillis, dont il leur fit servir à chacun un, outre celuy qu'il garda pour luy, et leur dit : « *Messieurs, je vous ayme tous egalement; c'est pourquoy je veux vous traiter de mesme, et ne pretends point que vous ayez d'avantage l'un sur l'autre.* »

Tout son contentement estoit d'entretenir ses amis particuliers, comme Racan, Coulomby, Yvrande et autres, du mespris qu'il faisoit de toutes les choses que l'on estime le plus dans le monde. En voici un exemple : il disoit souvent à Racan que c'estoit une folie de se vanter d'estre d'une ancienne noblesse, et que plus elle estoit ancienne, plus elle estoit douteuse ; qu'il ne falloit qu'une femme lascive pour pervertir le sang de Charlemagne et de saint Louis, et que tel qui pensoit estre issu d'un de ces grands héros estoit peut-être venu d'un valet de chambre ou d'un violon.

Il ne s'epargnoit pas lui-mesme en l'art où il excelloit; il disoit souvent à Racan : « *Voyez-vous, Monsieur! si nos vers vivent après nous, toute la gloire que nous en pouvons esperer est qu'on dise que nous avons esté deux excellens arrangeurs de syllabes; que nous avons eu une grande puissance sur les paroles pour les placer si à propos chacune en leur rang, et que nous avons tous deux esté bien fous de passer la meilleure partie de nostre age dans un exercice si peu utile au public et à nous-mesmes, au lieu de l'employer à nous donner du bon temps, ou à penser à l'établissement de nostre fortune.* »

Il avoit aussi un grand mespris pour tous les hommes en general, et après avoir fait le recit du péché de Caïn et de la mort d'Abel son frère, il disoit à peu prés : « *Voilà un beau début ! Ils n'estoient que trois ou quatre au monde et l'un d'eux va tuer son frère ! Que pouvoit esperer Dieu des hommes après cela, pour se donner tant de peine de les conserver ? N'eust-il pas mieux fait d'en eteindre dès l'heure l'engeance pour jamais ?* » C'estoient les discours ordinaires qu'il avoit avec ses plus familiers amis; mais ils ne se peuvent exprimer avec la grace qu'il les prononçoit, parcequ'ils tiroient leur plus grand ornement de son geste et du ton de sa voix.

L'archevesque de Rouen l'ayant prié de disner chez luy pour entendre un sermon qu'il devoit faire en une eglise près de son logis, aussitost que M. de Malherbe eut disné il s'endormit dans une chaise, et comme Mgr de Rouen voulut le reveiller pour le mener au sermon, il le pria de l'en dispenser, disant qu'il dormiroit bien sans cela.

Il parloit fort ingenuement de toutes choses, et avoit un grand mespris pour les sciences, particulierement pour celles qui ne servent qu'au plaisir des yeux et des oreilles, comme la peinture, la musique et mesme la poesie, encore qu'il y fust excellent. Sur quoi Bordier se plaignant à luy qu'il n'y avoit de recompenses que pour ceux qui servoient le roy dans les armées et dans les affaires d'importance, et qu'on estoit trop ingrat à ceux qui excelloient dans les belles lettres, il luy respondit que c'estoit faire fort prudemment, et que c'estoit sottise de faire des vers pour en esperer autre recompense que son divertissement, et qu'un bon poète n'estoit pas plus utile à l'Estat qu'un bon joueur de quilles.

Un jour qu'il se retiroit fort tard de chez M.

de Bellegarde avec un flambeau allumé devant luy, il rencontra M. de Saint-Paul, gentilhomme de condition, parent de M. de Bellegarde, qui le vouloit entretenir de quelques nouvelles de peu d'importance ; il lui coupa court en lui disant : « Adieu ! adieu ! vous me faites bruler icy pour cinq sous de flambeau, et tout ce que vous me dites ne vaut pas six blancs. »

Il se vantoit avec autant de vanité d'avoir sué trois fois la v..... que s'il eust gagné trois batailles, et faisoit le recit plaisamment du voyage qu'il fit à Nantes pour trouver un homme qui avoit la reputation d'estre expert en cette cure de maladie venerienne. C'estoit la raison pourquoy on l'appeloit chez M. de Bellegarde le père Luxure[1].

Il a toujours été fort adonné aux femmes, et se vantoit, en sa conversation ordinaire, de ses bonnes fortunes et des merveilles qu'il y avoit faites.

Dans ses *heures* il avoit effacé des litanies des saints tous les noms particuliers, disant qu'il estoit superflu de les nommer tous les uns après les autres, et qu'il suffisoit de les nommer en general : *Omnes sancti et sanctæ Dei, orate pro nobis.* Il avoit aussi effacé plus de la moitié de son Ronsard et en cottoit à la marge les raisons. Un jour, Yvrande, Racan, Coulomby et quelques autres de ses amis le feuilletoient sur sa table, et Racan lui demanda s'il approuvoit ce qu'il n'avoit point effacé : « *Pas plus que le reste* », dit-il. Cela donna sujet à la compa-

---

1. Rapportée par Tallemant des Réaux, partie avec les mêmes expressions, partie avec plus de développement, ainsi qu'il en avoit le droit, n'étant pas, lui, responsable du texte de Racan, comme les premiers éditeurs de celui-ci.

gnie, et entr'autres à Coulomby, de luy dire que si l'on trouvoit ce livre après sa mort, on croiroit qu'il auroit pris pour bon ce qu'il n'auroit pas effacé; sur quoy il luy respondit qu'il disoit vray, et tout à l'heure il acheva d'effacer le reste.

Il estoit assez mal meublé, logeant ordinairement en chambre garnie; il n'avoit mesme que sept ou huit chaises de paille; et comme il estoit fort visité de ceux qui aimoient les belles lettres, quand les chaises estoient toutes remplies, il fermoit sa porte par dedans, et si quelqu'un venoit à heurter il luy crioit : « *Attendez, il n'y a plus de chaises* »; estimant qu'il valoit mieux ne les point recevoir que de leur donner l'incommodité d'estre debout.

Un jour, en entrant dans l'hôtel de Sens, il trouva dans la salle deux hommes qui jouoient au tric-trac, et qui, disputant d'un coup, se donnoient tous deux au diable qu'ils avoient gagné. Au lieu de les saluer, il ne fit que dire : « *Viens, diable*, viens, tu ne sçaurois faillir; il y en a l'un ou l'autre à toy. »

Il y eut une grande contestation entre ceux qu'il appeloit du pays *d'adiousias*, qui estoient tous ceux de delà la Loire, et ceux de deçà, qu'il appeloit du pays de *Dieu vous conduise*, sçavoir s'il falloit appeler le petit vase dont on se sert pour manger du potage une *cuiller* ou une *cuillère*. La raison de ceux du pays *d'adiousias*, d'où estoit Henry le Grand, ayant esté nourry en Bearn, estoit que, ce mot estant feminin, il devoit avoir une terminaison feminine. Le pays de *Dieu vous conduise* alleguoit, outre l'usage, qu'il n'estoit pas sans exemple de voir des mots feminins avoir des terminaisons masculines, et qu'ainsi l'on dit une *perdrix*, une *met* à boulanger, ou de pressoir [1]. Enfin, cette dispute dura si long-temps qu'elle obligea le roy à demander l'avis à M. de Malherbe, lequel ne craignit point de contester, et de luy dire qu'il falloit dire *cuiller*, et non pas *cuillère*, et le renvoya aux crocheteurs du port au Foin, comme il avoit accoutumé de faire ; et comme le roy ne se sentoit pas condamné du jugement de M. de Malherbe, il luy dit ces mesmes mots : « *Sire, vous estes le plus absolu roy qui ayt jamais gouverné la France, et si vous ne sçauriez faire dire de deçà la Loire une cuillère, à moins que de faire defense, à peine de cent livres d'amende, de la nommer autrement.* »

Un jour que M. de Bellegarde, qui estoit, comme on sçait, Gascon, luy envoya demander lequel estoit mieux dit de *dépensé* ou *dépendu*, il respondit sur le champ que *dépensé* estoit plus françois, mais que *pendu*, *dépendu*, *rependu*, et tous les composés de ce vilain mot qui lui vinrent à la bouche, estoient plus propres pour les Gascons.

Quand on lui demandoit son avis de quelque mot françois, il envoyoit ordinairement aux crocheteurs du Port-au-Foin, et disoit que c'estoient ses maîtres pour le langage ; ce qui peut estre a donné lieu à Regnier de dire :

Comment ! il faudroit donc, pour faire une œuvre
Qui de la calomnie et du temps se défende, [grande

---

[1]. Mait ou maict, *mactra :* huche.

Et qui nous donne rang parmy les bons auteurs,
Parler comme à Saint-Jean parlent les crocheteurs (¹)?

Un jour il récitoit à Racan des vers qu'il avoit nouvellement faits, et il lui en demanda son avis. Racan s'en excusa, disant qu'il ne les avoit pas bien entendus et qu'il en avoit mangé la moitié ; dont se sentant piqué, parce qu'il s'estoit fâché de ce qu'on luy disoit un peu trop librement son defaut d'estre bègue, il lui dit en colère : « *Morbleu! si vous me fâchez je les mangerai tous ; ils sont à moi puisque je les ay faits, j'en puis faire ce que je voudrai.* »

Il ne vouloit pas que l'on fît autrement des vers qu'en sa langue originaire. Il soutenoit que nous n'entendions point les finesses des langues que nous n'avions apprises que par art, et, à ce propos, pour se moquer de ceux qui faisoient des vers latins, il disoit que si Virgile et Horace revenoient au monde ils donneroient le fouet à Bourbon et à Sirmond.

Voicy des vers qu'il fit sur le champ pour répondre à Larivière, gentilhomme breton de la suite de M. de Bellegarde, lequel, pour n'avoir eu la satisfaction d'une femme qu'il avoit aimée, envoya des vers burlesques à M. de Malherbe, où il appeloit cette femme sa petite guenuche.

---

1. Vers cités de mémoire probablement par Racan lui-même, car ici les imprimés sont d'accord avec le manuscrit, et toutes les éditions de Regnier portent : *Comment nous faut-il donc*, et *qui trouve quelque place entre.*

M. de Malherbe lui renvoya ses vers en écrivant sur le champ au bas :

> Médisant, cesse de parler
> Des grimaces de la Guenuche :
> Tu voudrois bien, pour l'enf....,
> Avoir trois mois la coqueluche (1).

Il disoit souvent, et principalement quand on le reprenoit de ne pas bien suivre le sens des auteurs qu'il traduisoit ou qu'il paraphrasoit, qu'il n'apprestoit pas les viandes pour les cuisiniers : comme s'il eust voulu dire qu'il se soucioit fort peu d'estre loué des gens de lettres qui entendoient les livres qu'il avoit traduits, pourvu qu'il le fust des gens de la Cour; et c'estoit de cette mesme sorte que Racan se défendoit de ses censures, en ajoutant qu'elles estoient fort justes, mais que les fautes qu'il luy reprenoit n'estoient connues que de trois ou quatre personnes qui le hantoient, et qu'il faisoit ses vers pour estre lus dans le cabinet du roy et dans les ruelles, plustôt que dans sa chambre ou dans celle des autres sçavans en poésie.

Il avouoit pour ses écoliers les sieurs de Touvant, Coulomby, Mainard et Racan. Il jugeoit d'eux fort diversement. Il disoit, en termes généraux, que Touvant faisoit fort bien des vers, sans dire en quoy il excelloit; que Coulomby avoit bon esprit, mais qu'il n'avoit point le génie à la poésie; que Mainard estoit celuy de tous qui fai-

---

1. Nous aurions bien voulu pouvoir donner des vers inédits de Malherbe un peu plus dignes de lui.

soit les meilleurs vers, mais qu'il n'avoit point de force, qu'il s'estoit adonné à un genre de poésie auquel il n'estoit pas propre, voulant parler de ses épigrammes, et qu'il n'y réussiroit pas, parce qu'il manquoit de pointe; pour Racan, qu'il avoit de la force, mais qu'il ne travailloit pas assez ses vers; que le plus souvent, pour s'aider d'une bonne pensée, il prenoit de trop grandes licences, et que de ces deux derniers on feroit un grand poète.

La connoissance qu'avoit eue Racan avec M. de Malherbe estoit lorsqu'il estoit page de la chambre chez M. de Bellegarde, âgé au plus de 17 ans. Il le respectoit comme son père, et M. de Malherbe, de son côté, vivoit avec luy comme avec son fils. Cela donna sujet à Racan, à son retour de Calais, où il fut porter les armes en sortant de page, de demander avis à M. de Malherbe de quelle sorte il se devoit gouverner dans le monde, et luy fit la déduction de quatre ou cinq sortes de vies qu'il pouvoit faire. La première et la plus honorable estoit de suivre les armes; mais d'autant qu'il n'y avoit alors de guerre qu'en Suède ou en Hongrie, il n'avoit pas moyen de la chercher si loin, à moins que de vendre tout son bien pour s'équiper et pour fournir aux frais du voyage.

La seconde estoit de demeurer dans Paris pour liquider ses affaires, qui estoient fort brouillées, et celle-là luy plaisoit le moins.

La troisième estoit de se marier, sur la créance de trouver un bon parti dans l'espérance que l'on auroit de la succession de madame de Bellegarde, qui ne luy pouvoit manquer : à cela il disoit que cette succession seroit peut-estre longue à venir, et que cependant, épousant une femme qui l'obligeroit, il seroit contraint d'en souffrir en cas qu'elle fût de mauvaise humeur.

Il luy proposoit aussi de se retirer aux champs à faire petit pot ; ce qui n'eust pas esté séant à un homme de son âge, et ce qui n'eust pas esté aussi vivre selon sa condition.

Sur toutes ces propositions dont Racan lui demandoit conseil, M. de Malherbe, au lieu de respondre directement à sa demande, commença une fable en ces mots [1] :

Il y avoit, dit-il, un bon homme agé d'environ cinquante ans qui avoit un fils qui n'en avoit que treize ou quatorze. Ils n'avoient, pour tous deux, qu'un petit ane pour les porter en un long voyage qu'ils entreprenoient ensemble. Le premier qui monta sur l'ane, ce fut le père ; mais, après deux ou trois lieues de chemin, le fils, commençant à se lasser, le suivit à pied de loin et avec beaucoup de peine, ce qui donna sujet à ceux qui les voyoient passer de dire que ce bonhomme avoit tort de laisser aller à pied cet enfant qui estoit encore jeune, et qu'il eust mieux porté cette fatigue là que luy. Le bonhomme mit donc son fils sur l'ane et se mit à le suivre à pied. Cela fut encore trouvé etrange par ceux qui les virent, lesquels disoient que ce fils estoit bien

---

[1]. La Fontaine pouvoit sans doute avoir lu ce conte dans le *Pogge* ou même dans *Camerarius*, mais il l'avoit lu certainement aussi dans ces Mémoires, et il a mieux aimé employer dans sa jolie fable : *Le meunier, son fils et l'âne*, la tradition littéraire de Malherbe et de Racan, que de citer les deux auteurs étrangers.

ingrat et de mauvais naturel, d'aller sur l'ane et de laisser aller son père à pied. Ils s'avisèrent donc de monter tous deux sur l'ane, et alors on y trouvoit encore à dire : « Ils sont bien cruels, disoient les passans, de monter ainsi tous deux sur cette pauvre petite bête, qui à peine seroit suffisante d'en porter un seul ! » Comme ils eurent ouï cela, ils descendirent tous deux de dessus l'âne et le touchèrent devant eux. Ceux qui les voyoient aller de cette sorte se moquoient d'eux d'aller à pied, se pouvant soulager d'aller, l'un ou l'autre, sur le petit âne. Ainsi ils ne sçurent jamais aller au gré de tout le monde; c'est pourquoy ils se resolurent de faire à leur volonté et laisser au monde la liberté d'en juger à sa fantaisie. Faites en de mesme, dit M. de Malherbe à Racan pour toute conclusion; car quoy que vous puissiez faire, vous ne serez jamais généralement approuvé de tout le monde, et l'on trouvera toujours à redire en vostre conduite [1].

Encore qu'il reconnût, comme nous avons déjà dit, que Racan avoit de la force en ses vers, il disoit néanmoins qu'il estoit hérétique en poésie, pour ne se tenir pas assez étroitement dans ses

---

1. Ici l'éditeur du Recueil de 1672 a fait une interpolation évidente : « M. de La Fontaine, dit-il, a mis cet apologue en vers, et l'a ajusté de cette manière.... » Suit la fable *Le meunier, son fils et l'âne*, laquelle n'existoit pas en 1651, date présumée de la première édition de ces mémoires. Mais, même en adoptant l'opinion de ceux qui contestent l'existence de cette édition, il est peu vraisemblable qu'à cette époque de politesse et de modestie affectées, Racan eût annexé à son manuscrit des vers où La Fontaine l'appeloit son maître. Ils ne se trouvent point, en effet, dans celui que nous avons suivi.

observations, et voicy particulièrement de quoy il le blasmoit : premièrement, de rimer indifféremment aux terminaisons en *ent* et en *ant*, comme *innocence* et *puissance*, *apparent* et *conquérant*, *grand* et *prend*; de vouloir qu'on rimât pour les yeux aussi bien que pour les oreilles. Il le reprenoit aussi de rimer le simple et le composé, comme *temps* et *printemps*, *séjour* et *jour*. Il ne vouloit pas aussi qu'il rimât les mots qui avoient quelque convenance, comme *montagne* et *campagne*, *défense* et *offense*, *père* et *mère*, *toy* et *moy*. Il ne vouloit pas non plus que l'on rimât les mots qui dérivoient les uns des autres, comme *admettre*, *commettre*, *promettre*, et autres, qu'il disoit qui dérivoient de *mettre*. Il ne vouloit point encore qu'on rimât les noms propres les uns contre les autres, comme *Thessalie* et *Italie*, *Castille* et *Bastille*, *Alexandre* et *Lysandre*; et, sur la fin, il estoit devenu si rigide en ses rimes qu'il avoit mesme peine à souffrir que l'on rimât les verbes de la terminaison en *er* qui avoient tant soit peu de convenance, comme *abandonner*, *ordonner* et *pardonner*, et disoit qu'ils venoient tous trois de *donner*. La raison qu'il disoit pourquoy il falloit plutost rimer des mots éloignés que ceux qui avoient de la convenance est que l'on trouvoit de plus beaux vers en les rapprochant qu'en rimant ceux qui avoient presque une mesme signification; et s'estudioit fort à chercher des rimes rares et stériles, sur la créance qu'il avoit qu'elles lui faisoient produire quelques nouvelles pensées, outre qu'il disoit que cela sentoit son grand poète de tenter les rimes difficiles qui n'avoient point encore esté rimées. Il ne vouloit point qu'on rimât sur malheur ni bonheur, parcequ'il disoit que les Parisiens n'en prononçoient que l'*u*, comme s'il y avoit *bonhur*, *malhur*, et de le rimer à *honneur* il le trouvoit trop proche. Il ne vouloit non plus que l'on rimât à *flame*, parcequ'il l'ecrivoit et le prononçoit ainsi avec deux *m*, *flamme*, et le faisoit long en le prononçant ; c'est pourquoy il ne le pouvoit rimer qu'à *épigramme*. Il reprenoit aussi Racan quand il rimoit *qu'ils ont eu* avec *vertu* ou *battu*, parce qu'il disoit qu'on prononçoit à Paris *ont eu* en trois syllabes, en faisant une de l'*e* et l'autre de l'*u* du mot *eu* [1].

1. La manière dont ce passage se trouve rapporté par Tallemant des Réaux est, à nos yeux, une des meilleures garanties de l'authenticité du manuscrit de la Bibliothèque. En effet, Tallemant ne l'a pas précisément rendu *verbum verbo* ; mais comme il rentroit un peu moins dans son domaine que les *historiettes* qu'il a tirées de l'ouvrage de Racan, il l'a aussi moins modifié, se contentant de le restreindre en conservant des expressions, des énoncés qui mettent cette partie de sa notice en rapport marqué avec le manuscrit plus encore peut-être qu'à l'ordinaire, et non avec les éditions imprimées. Il y a cependant, au début de ce long passage, un sens peu exact et qui a été rectifié par Tallemant des Réaux. Racan, ou plutôt le copiste, qui paroît un homme de peu de lettres, autre genre de garantie pour la sincérité du manuscrit, Racan dit dans ce manuscrit : « Il (Malherbe) le blâmoit (Racan)... de vouloir qu'on rimât pour les yeux comme pour les oreilles. » Ce qui attribue cette opinion à Racan, tandis qu'il est plus conforme à la nature des choses de l'attribuer à Malherbe, comme le fait Tallemant des Réaux : « Il (Malherbe) vouloit qu'on rimât pour les yeux comme pour les oreilles. » Malgré cette rectification, dont nous avions pressenti la nécessité, nous n'en conservons pas moins la leçon du manuscrit, par respect pour le texte général que nous avons adopté, quoiqu'il nous soit arrivé parfois d'y corriger des fautes de copiste évidentes.

Outre les reprimandes qu'il faisoit à Racan pour ses rimes, il le reprenoit encore de beaucoup de choses pour la construction de ses vers, et de quelques façons de parler trop hardies qui seroient trop longues à déduire, et qui auroient meilleure grace dans un art poétique que dans sa vie. C'est pourquoy je me contenterai de faire encore une remarque de ce point dont ils estoient en contestation.

Au commencement que M. de Malherbe vint à la cour, qui fut en 1605, comme nous avons dejà dit, il n'observoit pas encore de faire une pause au troisième vers des stances de six, comme il se peut voir en la prière qu'il fit pour le roy allant en Limousin, où il y a deux ou trois stances où le sens est emporté, et au pseaume *Domine dominus noster*, en cette stance (et peut être en quelques autres dont je ne me souviens point à present):

Si tost que le besoin excite son desir,
Qu'est-ce qu'en ta largesse il ne trouve à choisir?
Et, par ton règlement, l'air, la mer et la terre
    N'entretiennent-ils pas
Une secrette loy de se faire la guerre
A qui de plus de mets fournira ses repas?

Il demeura toujours en cette negligence pendant la vie de Henry le Grand, comme il se voit encore en la pièce qui commence:

Que n'estes-vous lassées,

en la seconde stance dont le premier vers est:

Que ne cessent mes larmes,

qu'il fit pour madame la princesse, et je ne sçais

s'il n'a point encore continué cette mesme negligence jusques en 1612, aux vers qu'il fit pour la place Royale ; tant y a que le premier qui s'aperçut que cette observation estoit nécessaire pour la perfection des stances de six fut Mainard, et c'est peut estre la raison pourquoy M. de Malherbe l'estimoit l'homme de France qui sçavoit le mieux faire des vers. D'abord Racan, qui jouoit un peu du luth et aimoit la musique, se rendit en faveur des musiciens, qui ne pouvoient faire leur reprise aux stances de six s'il n'y avoit un arrêt au troisième vers. Mais quand M. de Malherbe et Mainard voulurent qu'aux stances de dix, outre l'arrêt du quatrième vers, on en fît encore un au septième, Racan s'y opposa, et ne l'a jamais presque observé. Sa raison estoit que les stances de dix ne se chantent presque jamais, et que quand elles se chanteroient on ne les chanteroit pas en trois reprises ; c'est pourquoy il suffisoit bien d'en faire une au quatrième. Voilà la plus grande contestation qu'il a eue contre M. de Malherbe et ses ecoliers, et pour laquelle on a esté prêt de le declarer heretique en poésie.

M. de Malherbe vouloit aussi que les elegies eussent un sens parfait de quatre en quatre vers, et mesme de deux en deux s'il se pouvoit, à quoy jamais Racan ne s'est accordé.

Il ne vouloit pas qu'on nombrât en vers de ces nombres vagues, comme *mille* ou *cent* tourmens, et il disoit assez plaisamment, quand il voyoit quelqu'un nombrer de cette sorte : « Peut estre n'y en avoit il que quatre-vingt-dix-neuf. » Mais il estimoit qu'il y avoit de la grace à nombrer necessairement, comme en ces vers de Racan :

Vieilles forêts de trois siècles âgées.

C'est encore une des censures à quoy Racan ne se pouvoit rendre de ne point nombrer par cent, et neanmoins il n'a osé s'en licencier qu'après sa mort.

A ce propos de nombrer, quand on lui disoit que quelqu'un avoit les fièvres au pluriel, il demandoit aussi tost : « Combien y a-t-il de fièvres[1] ? »

Ses amis familiers, qui voyoient de quelle sorte il travailloit, disent avoir remarqué trois sortes de styles dans sa prose :

La première estoit en ses lettres familières, qu'il écrivoit à ses amis sans aucune premeditation, et, quoique fort negligées, avoient toujours quelque chose d'agreable qui sentoit son honneste homme.

La seconde estoit en celles où il ne travailloit qu'à demy, où l'on croit avoir remarqué beaucoup de dureté et de pensées indigestes qui n'avoient aucun agrément.

La troisième estoit dans les choses que par un long travail il mettoit en leur perfection, et où sans doute il s'elevoit beaucoup au dessus des ecrivains de son temps.

Ces trois divers styles se peuvent remarquer : pour le premier, en ses lettres familières à Racan

---

1. Tallemant et le manuscrit.

et à ses autres amis ; pour le second, en ses lettres d'amour, qui n'ont jamais esté fort estimées ; et pour le troisième, en la consolation de madame la princesse de Conti, qui est presque le seul ouvrage de prose qu'il ait achevé.

Il se moquoit de ceux qui disoient qu'il y avoit du nombre en la prose, et disoit que de faire des periodes nombreuses c'estoit faire des vers en prose. Cela a fait croire à quelques uns que les epîtres de Seneque n'estoient point de luy, parce que les periodes en sont un peu nombreuses.

Celle pour qui il a fait des vers sous le nom de Calliste estoit la vicomtesse d'Auchy, dont le bel esprit a paru jusqu'à sa mort ; et sa Rhodante estoit madame la marquise de Rambouillet. Voicy la raison pour laquelle il lui donna ce nom là :

Racan et luy s'entretenoient un jour de leurs amours, c'est-à-dire du dessein qu'ils avoient de choisir quelque dame de mérite et de qualité pour estre le sujet de leurs vers. M. de Malherbe luy nomma madame de Rambouillet, et Racan madame de Termes, qui estoit alors veuve. Il se trouva que toutes deux avoient nom *Catherine*, savoir : celle-là que M. de Malherbe avoit choisie, Catherine de Vivonne ; et celle de Racan, Catherine Chabot. Le plaisir que prit M. de Malherbe dans cette conversation luy fit promettre d'en faire une Eglogue, ou entretien de bergers, sous les noms de *Mélibée* pour luy et d'*Arcas* pour Racan. Je suis estonné qu'il ne s'en est point trouvé quelques commencemens en ses manuscrits, car je luy en ay ouï réciter près de quarante vers.

Prévoyant donc que le nom de *Catherine*, servant à tous deux, feroit de la confusion dans cette Eglogue qu'il se promettoit de faire, il passa tout le reste de l'après-disnée, avec Racan, à chercher des anagrammes sur ce nom qui eussent de la douceur pour mettre dans des vers; ils n'en trouvèrent que trois : *Arthenice, Eracinthe* et *Carinthée*. Le premier fut jugé le plus beau; mais Racan s'en estant servi dans sa pastorale qu'il fit incontinent après, M. de Malherbe méprisa les deux autres et se détermina à Rhodante, ne se souciant plus d'en prendre un qui fût anagramme de *Catherine*.

M. de Malherbe estoit alors marié et fort avancé en âge; c'est pourquoy son amour ne produisit que quelques vers, et, entre autres, ceux qui commencent par :

Chère beauté, que mon ame ravie,

et ces autres que Boisset mit en air :

Ils s'en vont, ces rois de ma vie (1).

Il fit aussi quelques lettres sur ce mesme nom de Rhodante; mais Racan, qui avoit trente quatre ans moins que luy, et qui estoit alors garçon, madame de Termes estant d'ailleurs veuve, il se trouva engagé à changer son amour poétique en un amour véritable et légitime, et fit quelques voyages en Bourgogne pour cet effet. C'est ce qui donna lieu à M. de Malherbe de luy écrire

---

1. Encore une erreur de mémoire de Racan : cette chanson est de 1608.

une lettre, où il y a des vers, pour le divertir de cette passion, sur ce qu'il avoit appris que madame de Termes se laissoit cajoler par M. Viguier, qui l'a épousée depuis ; et quand il sçut que Racan estoit résolu de se marier en son pays, il le manda aussitost à madame de Termes, en une lettre qui est imprimée.

Il disoit, quand on luy parloit de l'enfer et du paradis : « J'ai vescu comme les autres, je veux mourir comme les autres et aller où vont les autres. »

Il mourut à Paris, comme nous l'avons dit cy-devant, vers la fin du siége de La Rochelle, où Racan commandoit la compagnie de M. d'Effiat, ce qui fut cause qu'il n'assista point à sa mort, et qu'il n'en a sçu que ce qu'il en a ouï dire à M. de Porchères d'Arbaud. Il ne luy a point célé que pendant sa maladie il n'eust eu beaucoup de difficulté à le faire résoudre de se confesser, luy disant qu'il n'avoit accoustumé de se confesser qu'à Pâques ; il estoit pourtant fort soumis aux commandemens de l'Eglise, et, quoiqu'il fût fort avancé en âge, il ne mangeoit pas volontiers de la viande aux jours défendus sans permission ; car ce qu'il en mangea le samedy d'après la Chandeleur, ce fut par mégarde. Il alloit à la messe toutes les fêtes et tous les dimanches, et ne manquoit point à se confesser et communier à Pâques, en sa paroisse. Il parloit toujours de Dieu et des choses saintes avec grand respect, et un de ses amis luy fit avouer un jour, devant Racan, qu'il avoit une fois fait vœu d'aller d'Aix à la Sainte-Beaume teste nuë pour la maladie de sa femme. Néanmoins il lui échappoit de dire que la religion des honnestes gens estoit celle de leur prince. C'est pourquoy Racan s'enquit fort soigneusement de quelle sorte il estoit mort. Il apprit que celuy qui l'acheva de se résoudre fut Yvrande, gentilhomme qui avoit esté nourri page de la grande écurie, et qui estoit son écolier en poésie, aussi bien que Racan. Ce qu'il luy dit pour le persuader de recevoir les sacremens fut qu'ayant toujours fait profession de vivre comme les autres hommes, il falloit aussi mourir comme eux; et M. de Malherbe luy demandant ce que cela vouloit dire, Yvrande luy dit que quand les autres mouroient ils se confessoient, communioient et recevoient les autres sacremens de l'église. M. de Malherbe avoua qu'il avoit raison, et envoya quérir le vicaire de Saint-Germain, qui l'assista jusqu'à la mort. Il avoit souvent ces mots à la bouche, à l'exemple de M. Coeffeteau : *Bonus animus, bonus Deus, bonus cultus.*

On dit qu'une heure avant que de mourir, après avoir esté deux heures à l'agonie, il se reveilla comme en sursaut pour reprendre son hôtesse, qui lui servoit de garde, d'un mot qui n'estoit pas bien françois à son gré; et comme son confesseur luy en fit réprimande, il luy dit qu'il ne pouvoit s'en empescher, et qu'il vouloit, jusqu'à la mort, maintenir la pureté de la langue françoise[1].

---

1. Par une nouvelle licence de l'abbé de Saint-Ussans, que Bayle lui a justement reprochée, le 37e Entretien de Balzac fut imprimé en 1672, à la suite de ces Mémoires, comme si l'adjonction eût été du fait même de leur auteur.

Elle pouvoit d'autant moins l'être que cet Entretien renferme des contradictions manifestes avec les dires de Racan, notamment en ce qui touche l'épigramme :

Bien que Dumoulin en son livre...

que Balzac donne à Malherbe fort mal à propos.

APPENDICE

AUX MÉMOIRES

POUR LA VIE DE MALHERBE

APPENDICE

AUX MÉMOIRES POUR LA VIE DE MALHERBE (1).

Page 263.

Il s'opiniatra fort long-temps, etc.

Il s'obstina avec un nommé M. de Laleu à faire des sonnets licencieux dont les deux quatrains ne fussent pas sur les mesmes rimes. Colomby n'en voulut jamais faire et ne les pouvoit approuver. Racan en fit un ou deux, mais ce fut le premier qui s'en ennuya; à la fin aussi M. de Malherbe s'en degousta, et n'y a eu que Maynard, de tous ses écholiers, qui a continué d'en faire jusques à la mort.

(PELLISSON, *Histoire de l'Académie françoise*, et MÉNAGE, *Observations sur les poésies de Malherbe.*)

1. Voir la Préface, note de la page XVII.

Page 272.

Il avoit aussi effacé, etc.

Il avoit effacé plus de la moitié de son Ronsard, et il en cotoit en marge les raisons. Un jour, Yvrande, Racan, Colomby et autres de ses amis, feuilletant ce livre sur sa table, Racan lui demanda s'il approuvoit ce qu'il n'en avoit point effacé : « Pas plus que le reste », dit-il. Cela donna sujet à la Compagnie, et entre autres à Colomby, de luy dire que, si l'on trouvoit ce livre après sa mort, on croiroit qu'il auroit trouvé bon ce qu'il n'avoit pas effacé. Il lui répondit : « Vous avez raison »; et à l'heure même il acheva d'effacer le reste.

(MÉNAGE, *Observations sur Malherbe.*)

Page 276.

Il avouoit pour ses ecoliers, etc.

Il avouoit pour ses écoliers les sieurs de Touvant, Colomby, Maynard, et de Racan; il en jugeoit diversement, et disoit, en termes généraux, que Touvant faisoit fort bien des vers, sans dire en quoi il excelloit; que Colomby avoit fort bon esprit, mais qu'il n'avoit pas le génie à la poésie; que Maynard étoit celui qui faisoit le mieux des vers, mais qu'il n'avoit point de force, et qu'il s'étoit adonné à un genre d'écrire auquel il n'étoit pas propre, voulant dire l'épigramme, et qu'il n'y réussiroit pas parcequ'il n'avoit pas assez de pointe; pour Racan, qu'il avoit de la force, mais qu'il ne travailloit pas assez ses vers; que le plus souvent, pour mettre une bonne pensée, il prenoit de trop grandes licences, et que de ces deux derniers on feroit un grand poëte.

(PELLISSON, *Histoire de l'Académie.*)

Page 282.

Au commencement que M. de Malherbe vint, etc.

Au commencement que M. de Malherbe vint à la Cour, qui fut en 1605, comme nous avons déjà dit, il n'observoit pas encore de faire une pause au troisième vers des stances de six, comme il se peut voir en la prière qu'il fit pour le Roi allant en Limousin, où il y a deux ou trois stances où le sens est emporté, et au pseaume *Domine, Dominus noster*, en cette stance (et peut-être en quelques autres dont je ne me souviens point à présent) :

Sitôt que le besoin excite son désir, etc.

Il demeura toujours en cette négligence pendant la vie de Henri le Grand, comme il se voit encore en la pièce qui commence :

Que n'êtes vous lassées ;

en la seconde stance, dont le premier vers est :

Que ne cessent mes larmes,

qu'il fit pour madame la Princesse, et je ne sais s'il n'a point encore continué cette même négligence jusqu'en 1612, aux vers qu'il fit pour la place Royale ; tant y a que le premier qui s'aperçut que cette observation étoit nécessaire pour la perfection des stances de six fut Maynard, et c'est peut-être la raison pourquoi M. de Malherbe l'estimoit l'homme de France qui savoit le mieux faire des vers. D'abord, Racan, qui ouoit un peu du luth et aimoit la musique, se rendit en faveur des musiciens, qui ne pouvoient faire leur reprise aux stances de six s'il n'y avoit un arrêt au troisième vers. Mais quand M. de Malherbe et Maynard voulurent qu'aux stances de dix, outre l'arrêt du quatrième vers on en fît encore un au septième, Racan s'y opposa, et ne l'a jamais presque observé. Sa raison étoit que les stances de dix ne se chantent presque jamais, et que, quand elles se chanteroient, on ne les chanteroit pas en trois reprises. C'est pourquoi il suffisoit bien d'en faire une au quatrième. Voilà la plus grande contestation qu'il a eue contre M. de Malherbe et ses écoliers, et pour laquelle on a été prêt de le déclarer hérétique en poésie.

(PELLISSON et MÉNAGE.)

Page 285.

Et sa Rhodante estoit, etc.

Sa Rhodante estoit madame la marquise de Rambouillet. Voici pourquoi il lui donna ce nom-là. Un jour ils s'entretenoient, Racan et lui, de leurs amours, qui n'estoient qu'amours honnestes, et du dessein qu'ils avoient de choisir quelque dame de mérite et de qualité pour estre le sujet de leurs vers. M. de Malherbe choisit madame de Rambouillet, qui estoit, comme elle l'est encore, l'ornement de son siècle. Racan choisit madame de Termes, qui, en ce temps-là, estoit veuve de M. de Termes. Le plaisir que prit M. de Malherbe dans cet entretien avec Racan l'engagea à lui dire qu'il en vouloit faire une eglogue, où il s'introduiroit sous le nom de *Mélibée* et Racan sous celui d'*Arcas*, et je m'étonne qu'il ne s'en est trouvé quelques fragments parmi ses papiers, car je lui en ay ouï réciter plus de quarante vers. Madame de Rambouillet et madame de Termes avoient toutes deux nom *Catherine* : celle-ci *Catherine Chabot*, et madame de Rambouillet *Catherine de Vivonne*. Ne doutant point que ce mesme nom de *Catherine* ne fist beaucoup d'embarras si on l'emploioit pour ces deux dames dans l'eglogue qu'il vouloit faire, il passa tout le reste du jour avec Racan à le retourner pour en faire d'autres noms qui pussent être mis en vers. Ils n'en trouvèrent que trois, *Artenice, Eracinthe* et *Carinthée*. Le premier fut jugé le plus beau; mais Racan s'en etant servi dans sa pastorale, M. de Malherbe rejeta les deux autres et prit celui de *Rhodante*, ne se souciant plus d'en prendre un qui fust anagramme. M. de Malherbe estoit alors marié et fort agé; c'est pourquoi son amour ne produisit que peu de vers, et, entre autres, ceux qui commencent par

Chère beauté que mon âme ravie,

et ces autres sur lesquels Boisset fit un air :

Ils s'en vont, les rois de ma vie.

Il fit aussi quelques lettres à Rhodante; mais Racan, qui avoit trente-quatre ans moins que lui, et qui estoit garçon, changea son amour poëtique en un amour véritable, et recherca en mariage madame de Termes; il fit pour cela quelques voiages en Bourgogne, où elle faisoit sa demeure. M. de Malherbe lui ecrivit ensuite une grande lettre pour le divertir de cette recherche, ayant appris que madame de Termes se laissoit cajoler par M. Viguier, qui l'a depuis epousée. Cette lettre, où il y a des vers de M. de Malherbe qui n'ont point été imprimez dans le Recueil de ses poésies, et qui méritoient bien de l'estre, est imprimée parmi ses lettres, avec une autre qu'il écrivit à madame de Termes sur le mariage de Racan.

(MÉNAGE, *Observations sur Malherbe*.)

LETTRES DE RACAN

LETTRES DE RACAN

A **** (¹).

Il le remercie d'un livre contre les athées qu'il lui avoit envoyé (²).

LETTRE PREMIÈRE.

ONSIEUR,

Après vous avoir remercié de vostre livre, je ne pense pas encore estre quitte de l'honneur que vous me faittes d'y parler de moy en si bons termes, jusques à croire que les folies de ma jeunesse soient dignes d'avoir place en un ouvrage si sérieux. Ces obligations sont infinies ; aussi le ressentiment que j'en ay est si grand que je ne

---

1. Cette lettre et les six suivantes, comme je l'ai dit dans la préface, sont tirées du recueil de Faret, 1627.
2. Tous les énoncés du contenu de chaque lettre sont de l'ancien éditeur.

trouve point de paroles pour vous le tesmoigner. Il faudroit estre ce que vous estes, et avoir autant d'estime dans le monde que vous y en avez, pour vous pouvoir rendre des louanges égalles à celles que je reçois de vous. Ce sont plustost des effects de vostre bonté que de vostre jugement ; vous ne vous contentez pas de vous rendre immortel, vous voulez encore que tous vos amys le soient avecques vous ; et s'il vous estoit aussi facile de me faire part de la gloire qui vous est promise au ciel que de celle que vous avez sur la terre, je ne me mettrois non plus en peine de faire de bonnes œuvres que de bons livres ; je me fierois autant en vostre piété du soin de mon salut que je faicts en vos escrits de celuy de ma réputation. La vostre n'est pas comme ces biens de la fortune, qui se diminuent en se partageant : plus vous nous en donnez et plus il vous en demeure. Pardonnez-moy, monsieur ; je sçay bien que c'est offenser vostre modestie que de vous parler de cette sorte ; mais ce seroit aussi estre incivil et faire trop peu de cas du présent que vous m'avez fait que de ne l'estimer pas comme je dois. Si donc vous me permettez d'en dire ce qui m'en semble, comme je ne tiens pas qu'un autre que vous eust osé entreprendre un ouvrage de si longue haleine, aussi ne tiens-je pas qu'un esprit moins vigoureux que le vostre s'en eust pu rendre capable. Nous ne sommes plus au temps où la raison se deffendoit d'elle-même : elle a maintenant autant besoin de l'éloquence que la justice a besoin de la force. Quand l'une et l'autre se maintenoient sous la protection de l'innocence, la rhétorique et toutes les autres sciences dont vous vous servez si dignement pour fortifier le bon droit estoient mises au rang des choses qui sont plus tost faittes pour le plaisir que pour l'utilité. Les plus ignorans et les plus misérables hommes de la terre furent choisis pour nous apprendre la science du monde la plus nécessaire à sçavoir et la plus difficile à prouver; et cette vérité, aussi nue que ceux qui la preschoient, eut la hardiesse d'entrer dans les plus superbes palais, de renverser toutes les opinions des philosophes et de faire autant de martyrs qu'elle avoit de persécuteurs. En ce temps-là, monsieur, c'estoit estre assez éloquent que de sçavoir dire que Jésus-Christ estoit mort pour nous. Le sang respandu des fidelles, leurs vies si conformes à leurs paroles, les aveugles éclairez, les morts ressuscitez, estoient autant d'arguments muets contre qui les plus doctes n'avoient point de response; mais aujourd'huy qu'il semble que Dieu mesme ayt abandonné sa propre cause, et que le mal est monté à tel point que la religion ne sert plus que de matière à la mocquerie et à la médisance, les remèdes vulgaires sont hors de saison; il faut faire de nouveaux miracles, comme s'il falloit replanter la foy tout de nouveau. C'est vous, monsieur, qui en estes capable, et moi seulement de vous sçavoir admirer. C'est pourquoy, si vous voulez qu'à l'avenir je vous serve de second, priez celui pour qui vous avez pris la querelle de me donner autant de pouvoir que j'en ay de volonté. Je sçay bien qu'en un siècle infecté de sacrilége et d'athéisme comme celuy-cy, c'est estre juste de n'avoir que les vices naturels et ordinaires à ceux de ma profession, comme c'est estre sain, en temps contagieux, de n'avoir que la fièvre ou la migraine ; mais ce n'est pas l'estre assez pour mériter les louanges que vous me donnez, qui sont dittes, à mon avis, pour me faire voir, comme dans un miroir, tel que je devrois estre. Ce sera donc sur ce modèle que je tascheray à corriger mes deffauts. J'espère ce bonheur de vos bonnes prières ; pour le moins je suis bien asseuré que pendant que l'on sera empesché à chastier l'hérésie, la rébellion et les autres crimes qui pressent davantage que les miens, j'auray le loisir de m'amender et me rendre plus digne que je ne suis de l'honneur que vous me faittes de m'aymer[1].

1. Dès la première fois que nous lûmes cette lettre, nous ne doutâmes guère qu'elle n'eût été adressée au Père Garasse. A défaut d'autres indications, les vers qu'on lit page 226 de ce volume, où Racan l'appelle *le grand ornement de nos jours*, eussent suffi pour nous conduire sur cette voie. Toutefois, nous balancions encore un peu à énoncer formellement notre conjecture, lorsque nous avons trouvé M. Taschereau déjà frappé de la même pensée. Cela ne pouvoit manquer d'ajouter à notre conviction, qui, du reste, est complétée par cette circonstance négative qu'ayant passé en revue tous les hommes quelque peu célèbres de la même époque qui s'occupoient de matières théologiques, il nous a semblé que, tout bien considéré, le P. Garasse étoit le seul à qui Racan pouvoit parler comme il le fait ici.

A M. D'ARMILLY.

Il lui écrit les particularitez de la mort de N... (1).

Lettre II.

ONSIEUR,

J'avois de l'impatience de sçavoir les particularitez de la mort de N..., autant pour ma satisfaction que pour vous tenir la promesse que je vous avois faitte de vous les mander. En effet, il sembloit que tous ceux qui l'avoient connu estoient attentifs à voir quelle seroit la fin de sa tragédie; mais celuy qu'il avoit tant de fois offensé n'a pas voulu luy donner le moyen de se dédire de ses blasphèmes, ni à nous celuy de contenter notre curiosité. Estant tombé malade sur le chemin d'Orléans, en allant voir un de ses amys, d'une fièvre tierce ou double tierce causée par l'excès de ses desbauches, il ne laissa pas de continuer à se nourrir de tous les fruites que la mauvaise température de cette année avoit plustost corrompus que meuris, et néantmoins sa bonne constitution lui fit résister à son mal et à ce désordre beaucoup plus longtemps qu'il ne devoit; mais enfin, après avoir esté plus d'un mois sans

---

1. Nous sommes dans une complète ignorance touchant l'homme dont on raconte ici la mort. C'étoit sans doute quelque Desbarreaux du temps. Quant à M. d'Armilly, à qui est adressée cette lettre, c'est probablement le même que celui du sonnet : *Ne t'étonne, Damer...* (p. 205).

reposer, un assoupissement le prit qui, s'augmentant peu à peu, le fit mourir aussi doucement comme il s'estoit endormy. Toutefois le curé de la paroisse où il estoit, quy lui avoit veu faire plusieurs actions de piété, jugea ne luy pouvoir desnier ce qu'il avoit accoustumé d'accorder aux autres enfants de l'Eglise, et comme tel eust soin de le faire enterrer en son cimetière. J'estime que nous ne pouvons faillir de faire le mesme jugement de luy qu'en a faict ce bon prestre, et croire qu'il n'a dit tous ces discours extravagants que pour se mettre en crédit parmy une certaine jeunesse qui, pour estre esloignée de la court, ne laisse pas d'en avoir les vices. Chacun sçait que ces esprits qui sont plus amoureux de grande que de bonne renommée sont si jaloux d'avoir quelque chose hors du commun, que le plus souvent, pour nous faire voir des nouveautez, ils nous font voir des monstres. Quiconque aura connu l'humeur de N... ne peut nier qu'il ne fust vain au suprême degré, et que cette grande passion qu'il avoit d'estre approuvé de toutes sortes de gens luy faisoit faire tous les jours de mesmes actions à diverses fins. Combien de fois l'a-t-on vu, oyant la messe ou faisant quelques autres bonnes œuvres, vouloir que les dévots creussent que c'estoit par dévotion et les libertins par considération ? Il n'y a rien qui nous soit si naturel que de cacher nos deffauts : d'où vient que les âmes timides et bigottes sont quelquefois les plus licencieuses contre la révérence qu'elles doivent aux choses saintes, comme les hommes impuissants sont les plus dissolus en paroles, et n'y a point d'injure qui les offence tant comme faict la louange d'estre chastes. Tout ce que nous faisons en ce monde n'est qu'une perpétuelle mascarade où le soin de nostre fortune et de nostre réputation nous faict, tous les jours, paroistre plus différents de nous-mesmes que nous ne le sommes des autres. Autrement qui pensera qu'un homme qui, en la conduite de ses affaires, a tesmoigné quelque sorte de sens commun, puisse avoir eu des opinions si contraires à celles de tout le monde ? Ce seroit estre aussi beste que celles qui ont esté créées pour nostre usage que de s'imaginer que ce vivant pourtrait de la Divinité, qui sçait lire dans les étoilles comme en des lettres les secrets de l'avenir, dont Dieu seul s'estoit réservé la connoissance, qui faict entendre ses pensées d'un bout du monde à l'autre, et comme si toute la terre n'estoit faitte que pour luy, a eu l'audace de la partager en royaumes, en provinces, et en héritages, sans en laisser aucune part aux autres créatures, celuy, dis-je, qui, sans autres armes que celles de son industrie, s'est rendu maistre de tout ce qui est icy-bas; bref, celuy seul pour qui l'on peut dire qu'il a ordonné les hivers et les estez, les jours et les nuits et toutes les autres merveilles qui nous font admirer sa puissance, n'ayt esté faict à autre usage que pour vivre et mourir dans l'esgout des excréments de l'univers. Non, non, l'esprit des hommes, et des hommes comme estoit celuy-cy, a trop de présomption pour n'espérer pas une fin plus glorieuse que celle des autres animaux; mais, quelque ridicules que soient nos opinions, nous n'en sommes pas moins jaloux que de nos maistresses, et n'appréhendons pas plus de recevoir un démentir de nos ennemis que de nous-mesmes ; qui faict que nous nous efforçons de suivre toujours une même façon de vivre, quelque mauvaise qu'elle soit ; et cette mesme raison qui en retient par force dans les cloistres en fait opiniastrer d'autres à maintenir leur impiété plustost que d'avoir la honte de se dédire. Il semble que la bigarrure soit aussi mal séante en nos vies qu'en nos habits ; et pour ce que nous n'avons jamais l'esprit assez fort pour estre tout à fait bons ni tout à fait méchans, il n'y en a point qui ne soit obligé de cacher quelques-unes de ses actions ou de ses pensées, et s'en est trouvé dans la court qui ne rougissoient pas moins de l'amour de Dieu que les plus chastes pucelles font de celle des hommes. C'est pourquoy l'on ne peut faire de nous de jugement asseuré que l'on ne nous ayt veus jouer le dernier acte de nostre comédie. C'est à celuy-là seul que nous faisons nostre véritable personnage, et c'estoit là où j'espérois d'apprendre si les pensées de N... avoient toujours esté conformes à ses paroles, et si cette âme qui faisoit tant la résolue contre les choses qu'elle ne connoissoit pas fust demeurée en son assiette à l'objet de cette mort environnée de cierges bénits et de pleureurs. Pour moy, je veux croire qu'ayant l'esprit fait comme les hommes les plus communs, il eust fait ce que font tous les autres, et ne me laisse point emporter à l'estime que son impudence lui avoit acquise, quelque grande qu'elle ayt esté. Je sçay bien que la renommée est quelquefois aussi injuste que la fortune. Adieu, monsieur, je me suis un peu plus estendu sur ce sujet que je ne pensois, non pas tant pour l'estime que je fais de N... que pour le plaisir que je prens à vous entretenir et vous tesmoigner plus longtemps que je suis,

Monsieur,

Vostre très humble et obéissant serviteur.

A Paris, ce 26 decembre 1616.

A MADAME DESLOGES (1).

Il luy fait des compliments.

LETTRE III.

ADAME,

Il ne faudroit plus qu'une lettre comme la dernière que j'ay reçue de vous pour me faire perdre la mauvaise opinion que j'ay de moi-mesme ; et encore, si les louanges que vous me donnez estoient dittes avec autant de vray-semblance que d'éloquence, j'aurois de la peine à m'empescher de les croire. Mais de me persuader que je sois devenu poly et cajoleux en un lieu où tous les autres deviennent sauvages, vous auriez aussitost fait de me persuader que N... est devenu sobre en Allemagne. Je sçay bien que, si je

1. Femme distinguée avec laquelle Malherbe étoit aussi en relations, et à qui furent adressés les vers de Racan : *Bien que Dumoulin en son livre*, etc.

suis ennuieux à mes amys, ce n'est pas de la longueur de mes complimèns, mais je voy bien que c'est affin que je n'aye plus de prise sur vous. Vous m'attaquez par l'endroit mesme où je pensois vous prendre, et vous servez contre moy des mesmes armes dont je vous pensois combattre, en me donnant une gloire que vous possédez si entière que personne n'y peut espérer de part après vous. Ne vous estonnez donc point si je demeure muet ; vous m'avez pris ce que je voulois dire, et semble que vous m'avez desrobé mon imagination. J'en suis quitte à bon marché de n'avoir perdu que des paroles où je me devois perdre moy-mesme. En effet, je ne tiens pas que les beautez de Cloris et d'Arténice ayent des charmes plus dangereux pour moy que la gloire d'estre au souvenir de la femme du monde que j'estime le plus, et que je dirois encore que j'ayme le plus, si vostre vertu me le vouloit permettre.

A M. DE BALZAC.

Il lui envoye une ode qu'il avoit faitte à sa louange.

LETTRE IV.

ONSIEUR,

Voicy, au bout de deux ans, ce que vous deviez recevoir dans quinze jours, et si je ne prétends pas estre obligé de vous faire des excuses de ma longueur : il y a assez longtemps que vous me connoissez pour sçavoir que la paresse est une maladie qui me dure depuis le berceau, et pour qui tous les médecins ont perdu leur latin. La passion que j'ay de faire quelque chose qui vous plaise est le seul remède qui m'en pouvoit guérir; mais une considération plus forte me faisoit réserver cette ode[1] à une autre saison, et si mon libraire n'en eust imprimé en mon absence sept ou huit stances estropiées, je ne me fusse jamais résolu à vous l'envoyer pendant que vous estes empesché à chastier ces misérables esclaves qui s'estoient révoltez contre leur maistre. Je sçay que ce seroit vous obliger à trop bon marché que de vous offrir du secours contre de si foibles ennemys, et ne veux point partager avecques vous l'honneur d'une si petite victoire. Certes, Monsieur, si les anciens se vantent d'avoir faict quelques actions de courage au delà des nostres, nous nous pouvons vanter d'avoir eu des exemples de témérité au delà mesme de leur imagination, et leurs fables qui nous rapportent que les géants avoient eu autrefois la hardiesse de s'attaquer aux dieux ne nous disent point que cette audace ayt jamais passé jusqu'aux nains et aux pygmées. Peut être que les qualitez qu'ils se donnent eux-mesmes de secrétaires de la lune leur font croire qu'ils doivent avoir quelque place dans le ciel ; mais ne les possédant pas à meilleur titre que le Herty[2] faict celle de grand prévost di-

1. Voir la note de l'ode :
   Doctes nymphes par qui nos vies. (P. 160.)
2. C'étoit un fou des premiers temps du XVIIe siècle,

vin, je ne tiens pas qu'il y ayt grande différence entre eux et luy; et si j'en estois creu, on les mettroit tous en mesme logis, en attendant qu'on eust pourveu à faire punir les faiseurs de mauvais livres comme les faiseurs de fausse monnoye. Au reste je ne m'estonne point si N... a été si osé que de censurer vostre éloquence, puisque M. de Malherbe a eu l'effronterie de m'accuser de froideur, luy qui n'est plus que de glace, et de qui la dernière maistresse est morte de vieillesse l'année du grand hyver. Il a beau jeu à se vanter des merveilles de sa jeunesse, personne ne l'en peut démentir; et pour moy, qui ne voudrois pas avoir donné ce qui me reste de la mienne pour les victoires du prince d'Orange, ni pour la sagesse du cardinal de Richelieu, je serois bien marri d'estre en état de lui pouvoir reprocher ce qu'il me reproche. Pour vous, il me semble que vous ne devez point tirer d'avantage d'estre arrivé de bonne heure au port : car, si vous appellés le temps que nous sommes en ce monde une navigation, je voudrois bien que nous pussions faire en sorte de ne retourner jamais à la terre, et encore que vous ayez été capable de faire des loix en l'âge où les autres apprennent celle de la grammaire, et qu'il semble que vous n'ayez faict qu'un pas de l'enfance à la vieillesse, je ne vous envie point cette gloire, puisqu'elle vous a cousté la perte de la plus belle saison de vostre vie. Achevez donc, si vous voulez, de consumer

---

dont il a été souvent parlé, surtout dans des ouvrages burlesques. « Ce fou, dit Tallemant des Réaux, s'appeloit *le grand prévôt de la justice divine aux enfers.* »

sur les livres le peu de vigueur qui vous reste pour acquérir l'éternité, et renoncez aux délices d'une vie essentielle pour une imaginaire dont vous ne jouirez que par procureur. Pour moi, après avoir dit en vers :

Que pour eux seulement les dieux ont fait la gloire,
      Et pour nous les plaisirs,

je ne suis pas résolu de m'en dédire en prose, mais plus tost, suivant cette opinion, rejetter tous les conseils que la vanité me donne au contraire, pour recevoir ceux de la raison et de la nature, et tâcher de faire en sorte qu'Arténice et Clorys aient meilleure opinion de moy que M. de Malherbe. Adieu, Monsieur, je vous escris à mon ordinaire, c'est-à-dire sans soin et sans méditation. Si vous me vouliez contraindre d'en user d'autre sorte, j'appréhenderois autant vos lettres que les compagnies cérémonieuses pour qui l'on est obligé de mettre toute une basse-cour à feu et à sang pour les recevoir. Si vous voulez donc que nous continuions longtemps ce commerce, je vous supplie de trouver bon que je vive aussi librement avecque vous que je vis avecque M. de Malherbe, etc.

A ARTENICE (1).

Il luy demande pardon de la hardiesse qu'il prend de luy tesmoigner son affection.

LETTRE V.

Ne craignez point de voir cette lettre, vous n'y lirez autre chose que ce que vous lisez tous les jours dans mon visage. Vos yeux sont trop beaux et trop clairs pour n'y point cognoistre ce que j'ay dans le cœur; et le mal que j'endure pour vous est trop violent pour se contenir davantage dans les bornes du respect que je vous dois. Souffrez doncques, madame, que je m'en plaigne à vous-mesme, puisque c'est de vous-mesme de qui j'en puis espérer le remède; et si la hardiesse que je prends est trop grande, ne cherchez point d'autres armes que celles de l'amour pour en faire la vengeance.

A ARTENICE.

Il la remercie de luy avoir escrit, se plaint du desplaisir qu'il a de ne pouvoir converser avecque elle que par lettre, lui remontre que l'intérest de ses affaires ne mérite pas de la retenir à la campagne, et prend sujet de railler les compagnies des champs.

LETTRE VI.

Madame,

Je voudrois vous pouvoir exprimer le conten-

1. Madame de Thermes.

tement que j'ay de recevoir de vos lettres. Je pensois que, quelque paresseuse que vous soyez d'écrire, vous me seriez plus libérale d'une faveur qui vous couste si peu, et encore que je sois le plus indigne sujet à qui vous puissiez penser, je m'imagine qu'en la solitude où vous estes maintenant, vous avez assez d'heures inutiles pour m'en donner quelques-unes. Il faut que je vous avoue qu'il m'est insupportable de vous voir préférer la compagnie des bois et des rochers à la mienne. Plus je pense au sujet qui vous retient à la campagne, et plus je trouve de raisons qui vous obligent à revenir voir Paris, hors duquel il n'y a point de salut pour les belles, ny pour les honnestes gens. Ny le soin de conserver une maison ou une seigneurie, ny les tendresses d'amitié que monsieur votre père vous tesmoigne ne sont point raisons qui vous doivent faire préférer le séjour des bestes à celuy des dieux. Certes, madame, les larmes me viennent aux yeux toutes les fois que je pense qu'il faille qu'un esprit faict comme le vostre soit réduit à entretenir des gens qui n'ont jamais veu le Louvre qu'en peinture, et qui parlent du Cours et des Tuilleries comme nous parlerions de la situation de Goa ou des promenoirs du roy de Narcingue. Peutestre qu'à l'instant mesme que vous recevrez cette lettre, quelqu'un est en peine de sçavoir de vous combien M. le Grand a de coudées de haut au-dessus de la taille ordinaire des autres hommes, ou quelque autre s'imagine qu'un roman est l'histoire des Romains ; et comme vous vous efforcez de respondre à ces impertinentes questions, un troisième vous interrompt pour vous demander si l'évesque d'Albrestat ne dit pas tous les jours son bréviaire. Voilà, madame, les agréables divertissemens où vous passez la plus belle saison de votre vie. Cependant vostre beauté se passe aussi bien que vostre jeunesse. Vingt ans au plus vous en feront voir la fin, et alors tous les biens que vous épargnez maintenant en vostre solitude ne seront pas capables de rachepter un des jours que vous y aurez perdus. Les avantages que vous avez par-dessus les autres femmes ne vous garantiront pas des misères à quoy elles sont toutes sujettes. Le temps ne va pas plus lentement pour les belles que pour les laides. Les rides ne respectent non plus le teint de la belle marquise que celui de madame de M... Croyez-moi, madame, jouissez des plaisirs de la vie pendant que vous en avez le moyen, et soyez désormais meilleure ménagère de vos années que de vos rentes.

A ARTENICE.

Il la prie d'avoir toujours son service agréable.

LETTRE VII.

Je ne sçay pas comment vous appellez la permission que vous m'avez donnée de vous écrire, mais pour moy je la prens pour un commandement. Il faut que je vous avoue que je suis assez vain pour croire que vous avez esté bien aise que mes prières vous ayent donné sujet de me permettre ce que vous ne m'osiez pas demander. Ce qui me l'a fait différer si longtemps est la honte que j'ay que vous appreniez par mes lettres que je vis encore après vous avoir tant dit de fois que je ne pourrois pas vivre un quart d'heure éloigné de vous. La seule consolation qui me reste est l'asseurance que vous m'avez donnée de me garder place en vostre souvenir ; et je crois que, me surpassant en toutes choses comme vous faittes, vous ne me voudriez pas céder en fidélité. Mais quand je considère ce que vous estes et ce que je suis, je ne puis m'imaginer qu'il y ait rien en moy digne d'arrester vostre affection. En ces diverses pensées je m'enquiers de vos nouvelles à tous ceux de ces quartiers ; je leur demande de quelle sorte vous vivez, quelles personnes vous visitent, si vous demeurez aux villes ou à la campagne ; bref, je leur demande toutes choses, excepté ce que je veux sçavoir. Voilà, madame, des tesmoignages d'une discrétion qui mériteroit autant d'estre récompensée que ma persévérance, si vous estiez un peu moins insensible que vous n'estes. Mais je voy bien que vostre esprit est aussi exempt de passion que s'il estoit déjà dans le ciel, et que toute la fin de vostre amour est d'estre aymée. Je ne sçay pas ce que vous diriez de ceux qui voudroient toujours naviguer, sans dessein d'arriver jamais au port ; mais je sçay bien que le mesme jugement que vous feriez d'eux, tout le monde le fera de vous, sinon moy, qui n'auray jamais d'autres désirs que vos volontez, et qui m'estime plus heureux d'estre à vous que de posséder toutes les autres beautés de la terre.

AU LECTEUR (1).

Il paroît bien que l'on n'a gardé aucun ordre dans ce recueil, puisque M. de Racan y est le dernier. Je les ay tous mis comme j'ai pu retirer d'eux leurs lettres, et, pour lui, le peu de cas qu'il fait des siennes est cause que je ne les ay pu avoir qu'à l'heure que je ne les espérois plus.

AU CHANCELIER SÉGUIER (2).

LETTRE VIII.

ONSEIGNEUR,

Je vous suplie de me pardonner la liberté que je prens de vous estre importun ; c'est la nécessité où se trouve une de mes belles-sœurs qui m'y a obligé, par la cruauté qu'a pour elle M. de Saint-André, ne lui ayant jamais voulu donner partage depuis vingt-deux ans qu'il y a qu'elle est mariée. Sa partie demande à estre envoyée à Castres, où cette pauvre femme n'a nulle habitude, ni le moyen de faire un aussi long voyage. Il y a la chambre de l'Edit, où vous

---

1. Avis de Faret. Voir la préface.
2. Nous avons trouvé cette lettre en autographe aux manuscrits de la Bibliothèque impériale.

pourriés, Monseigneur, renvoyer cette affaire. Ce seroit une charité, Monseigneur, que vous feriez bien grande; vous obligeriez toute la famille à prier Dieu pour vostre santé, que je souhaitte avec autant de passion que je suis avecque respect,

  Monseigneur,

    Votre très humble et très obéissant serviteur,

       RACAN.

..... août 1668.

DE M. DE RACAN (1)
A MM. CHAPELAIN, MÉNAGE ET CONRART.
LETTRE IX.

Adieu paniers, vendanges sont faites. Enfin nous voicy délivrez des soins de la récolte; nous voicy en estat de gouverner les Muses et de rendre compte à mes amis du progrès que j'auray fait en leur conversation.

1. Les cinq lettres qui suivent ont été tirées, comme nous l'avons dit dans la préface, des manuscrits de Conrart, Bibliothèque de l'Arsenal. Nous les y avons puisées sur l'obligeante indication de M. Livet, si profondément versé dans la connoissance de notre vieille littérature, et qui a donné à la Bibliothèque elzevirienne la belle et savante édition de *Saint-Amant*, ainsi que l'édition non moins distinguée du *Dictionnaire des précieuses*. Le cours de ses travaux habituels ayant fait tomber ces lettres sous ses yeux, il se hâta de nous en donner avis. Nous saisissons avec empressement cette occasion de l'en remercier : les actes de bonne confraternité littéraire ne courent pas les rues.

Je me suis résolu d'escrire sans préparation tout ce qui me viendra en la pensée, en prose et en vers, à l'exemple de mon cher ami Montagne. Je le veux imiter en toute chose, fors à mettre le titre et ne pas dire un mot du sujet que l'on s'estoit proposé de traitter. Je veux me conserver la liberté d'escrire sans ordre et sans suite de ce que je voudray, et à ceux qui me liront celle d'y mettre le titre comme ils le jugeront à propos. Je crois qu'ils y seront bien empeschez, et qu'ils feront mieux de ne point donner de nom à ce qui n'aura point de forme.

Je ne doute point que ceux qui vivront après moy ne soyent étonnés quand ils sauront que mon père, qui avoit estudié pour être d'esglise, et qui avoit passé sa jeunesse dans la pédanterie, ayt appris dans le Codret et dans le Despautaire [1] à ranger des armées en bataille ; et que moy, qui ay esté nourri dans le grand monde, n'aye appris dans les exercices de la guerre qu'à ranger des syllabes et des voyelles ; que mon père ait eu le courage de pousser sa fortune dans les armes, dont à vingt ans il n'avoit aucune expérience, et que moy j'aye pu espérer d'acquérir de la gloire dans les lettres, qu'à peine je sçavois assembler et épeler. Cette bizarrerie de notre différente conduite me tourneroit plustost à blâme qu'à louange, si l'on n'en examinoit la cause ; et comme je say que vous estes tous trois protecteurs de ma répu-

---

1. Il paroît que c'est là tout ce qu'avoit retenu Racan de ses études classiques, le nom des deux grammairiens qui par eux-memes, par leurs abréviateurs ou par leurs imitateurs, ont régi l'enseignement du latin depuis la fin du XVe siècle jusqu'à Lhomond.

tation, je vous veux donner des armes pour la défendre.

Il est vray que je suis d'une maison qui a donné à l'Estat un amiral et deux mareschaux de France, que mon père et mon oncle paternel ont esté honnoréz du cordon bleu ; et chacun sayt combien le sang de Bueil a produit de héros depuis six cents ans que les Alpes l'ont donné à la France. Mais s'il a eu de l'éclat dans les armées, il est demeuré jusqu'à présent en une si obscure ignorance qu'il y a eu des comtes de Sancerre qui ne pouvoyent escrire leur nom sans le secours de leur secrétaire, et si j'osois me mettre au rang de ces grands hommes qui m'ont donné l'estre, n'en pourrois-je pas bien dire autant de moi-mesme, puisque je n'ay jamais sceû apprendre à lire et à escrire le latin ?

Quelle gloire pouvois-je donc espérer de me produire par les lettres, dont je n'avois aucun commencement, plustost que par les armes, où j'avois esté né et nourry ? Mais il est aussi malaisé à forcer le naturel des hommes que celuy des plantes à porter un autre fruit que celuy qui leur est propre.

Les colléges et les préceptes qu'ils enseignent peuvent produire des versificateurs et des grammairiens, mais non pas des poètes et des orateurs. Ce sont de purs ouvrages de la nature, comme les pierres précieuses ; et la rhétorique et la chymie demeurent également confuses quand elles s'efforcent d'imiter ce beau feu qui produit ces agréables merveilles. Cet heureux ascendant qui leur donne l'estre est jaloux que l'art se mesle de les achever ; pour les polir il les affoïblit ;

pour les parfaire il les diminue. C'est ce mesme ascendant qui a inspiré dans mon âme cette ambition démesurée de m'élever au-dessus du commun et de faire durer mon nom et ma mémoire plus longtemps que ma vie.

> Enflé de cette belle audace,
> A peine savois-je marcher
> Que j'osay vous aller chercher
> Au plus haut sommet du Parnasse.

Ce fut alors que je demanday conseil aux Muses de la voie que je prendrois pour assouvir mon ambition. Je ne remarquay que trois moyens pour aspirer à l'immortalité : les armes, les bastiments et les lettres. Pour le premier, il n'y a que les souverains qui naissent généraux d'armée; les gentilshommes, de quelque illustre naissance qu'ils soient, n'y peuvent arriver que par d'extrêmes richesses, comme le Walstein et Spinola, ou par de longs et assidus services, comme les mareschaux de Turenne et de Gassion. Tout ce qui est au-dessous de ces hautes charges ne peuvent espérer que de veoir en une médiocre fortune

> Leur plus bel âge qui s'écoule
> Dans les soins et dans les regrets
> De vivre à l'ombre dans la foule
> Comme les houx dans les forests.

Cette haute gloire où les grands courages aspirent dépend autant du bonheur que du mérite; pour deux ou trois qui se signalent dans les armées, il en meurt à milliers dont on ne parlera jamais. Que si

> Bien que l'enfant d'Alcmène et l'enfant de Thétis,

Triomphent d'Achelois, du Scamandre et du Stis,
Par leurs fameux travaux en victoires fertiles,
Et que jusques à nous leurs noms soyent parvenus,
Combien est-il péry d'Alcides et d'Achiles
　　Qui nous sont inconnus?

Ces considérations ne m'eussent pas empesché de suivre dans les armes les généreux exemples de mes ancestres, si je fusse venu plus tôt ou plus tard au monde. Mais toutes les guerres de Henry le Grand se passèrent pendant mon enfance; je n'avois que neuf ans quand on fit la paix de Vervins. Elle ne laissa que la guerre des Espagnols et des Hollandois, où ce grand prince envoyoit tous ceux qui avoient l'honneur de porter ses livrées. J'y courus comme les autres en sortant de page, mais ce fut trop tard; cette longue trève qui a duré douze ans estoit desjà faite.

Depuis ce temps-là, il ne s'est passé que quelques petites émotions de guerre civile, qui ont esté aussitost éteintes qu'allumées. La première où je me trouvay, ce fut au siége de Saint-Jean d'Angely. J'estois alors en un âge trop avancé pour n'estre que simple soldat, et avois trop peu d'expérience pour estre capitaine et pour parvenir à des charges dignes de ma naissance. La guerre demande une présence d'esprit, et une parole aisée pour les commandemens, et un corps robuste et infatigable pour l'exécution, qui sont des qualitez qui ne sont point en moy.

La moitié de mon âge que j'avois passée dans le repos ne me permettoit pas de changer ma façon de vivre pour m'accoutumer à la fatigue des armées. J'estois d'une assez bonne constitution, mais qui avoit besoin d'estre choyée. Le meilleur moyen que j'aye trouvé pour me conserver en santé est de ne donner à la nature que ses nécessitez, à l'exemple du duc de Savoye, grand-père de celuy-cy, qui ne mangeoit jamais qu'à sa faim.

C'est dans ce régime que toute sorte de viandes froides et chaudes, grossières et délicates, m'ont été également salutaires et m'ont entretenu en santé bien avant dans la vieillesse, sans avoir eu besoin du secours des successeurs de Galien et d'Hippocrate. Mais ce régime ne se peut pas aisément pratiquer que dans une maison où l'on est le maître, et non pas dans les armées, où il faut boire, manger et dormir en tous lieux et à toutes heures, quand on en a le temps plustost que par provision et par nécessité.

Je n'ay pas laissé de passer la plus belle saison de ma vie dans les guerres de Louis le Juste.

>Je l'ay suivi dans les combats;
J'ay vu foudroyer les rebelles,
J'ay vu tomber leurs citadelles
Sous la pesanteur de son bras;
J'ay vu forcer les avenues
Des Alpes qui percent les nues,
Et leurs sommets impérieux
S'humilier devant la foudre
De qui l'éclat victorieux
Avoit mis La Rochelle en poudre.

Je ne me retiray dans ma maison qu'en un âge où je pouvois dire avecque vérité :

> Déjà cinquante hyvers ont neigé sur ma teste,
Il est désormais temps que, loin de la tempeste,
J'aspire à ce repos qui n'est point limité
    Que de l'éternité.

Ce fut alors que je voulus, dans les bastimens, laisser des marques d'avoir esté. La succession de madame de Bellegarde, qui avoit augmenté ma fortune de quinze mille livres de rente, me donna le pouvoir de despenser soixante mille livres dans la moindre de mes maisons, qui estoit celle que mon père m'avoit laissée, et où j'avois esté nourry. Je fis en cela ce que le connestable de Richemont fit pour sa charge après qu'il fut duc de Bretagne. Je voulus honnorer et relever dans ma bonne fortune la maison qui m'avoit aidé et soustenu en ma misère. Mais la despense que je fis, quoiqu'elle fust au-dessus de mes forces, estoit beaucoup au-dessous de celles que font les favoris de la fortune dans leurs superbes maisons ; c'est ce qui me fit mépriser mon ouvrage.

Les bastimens ne font paroistre que la richesse de ceux qui en font la despense ; s'il y a quelque chose d'ingénieux, l'on n'en donne la gloire qu'à l'architecte qui les conduit, et ils n'étendent guère plus loin que leur ombre la magnificence de leur maître, ni l'adresse de l'entrepreneur. Le nom de Chapelain sera connu par sa Pucelle aux extrémités du nord et sur les bords du Boristhène et de la Vistule, avant que les peuples de la Sarte et de la Meine sachent que Racan a élevé des pavillons et des portiques, et, de quelque petite estendue que soit la réputation que nous en espérons, elle n'a rien de durable à l'éternité.

> Tous ces chefs-d'œuvres antiques
> Ont à peine leurs reliques ;
> Par les Muses seulement
> L'homme est exempt de la Parque,

Et ce qui porte leur marque
Demeure éternellement.

(*Mes amis me feroyent grande charité s'ils prenoient la peine de mettre, au lieu du Boristhène et de la Vistule, les noms de deux rivières de Suède. Je ne suis pas assez habile homme pour les trouver dans la carte ; et c'est pourtant mon dessein de dire que la* Pucelle *a esté lue en Suède avant que l'on eust su que j'eusse basty sur les bords de la Sarte et de la Meine.*)

Oui, certes, ce sont les seules Muses qui nous donnent à l'éternité une gloire que nous ne partageons avec personne. C'est par elles que les grandes actions égalent leur estendue et leur durée à celle de l'univers. Les César et les Alexandre, qui avoyent couvert la terre de leurs armes, ne l'eussent pas couverte de leur renommée sans le secours des Muses, et cinquante batailles qu'ils avoient gagnées et un million d'hommes qu'ils avoient mis au tombeau n'en eussent pas garanti leur mémoire, si l'histoire n'eust pris le soin de la défendre de l'oubly.

La fumée des vins nouveaux que je venois de quitter m'avoit endormy en cet endroit. A mon réveil, je me suis souvenu que M. Conrart m'avoit convié de mettre par escrit les petites friponneries de ma jeunesse, dont je l'ay quelquefois entretenu. Afin de témoigner que je veux faire quelque chose d'extraordinaire pour satisfaire à la curiosité d'un si bon amy, je me suis résolu de les mettre en vers. Je vous demande à tous trois le reste de ce papier pour les escrire, et le temps de les faire, car je vous confesse ingénuement, encore que je ne prétende de faire que des vers burlesques[1] dans les mêmes licences que Voiture et Sarasin en ont fait, qu'ils me cousteront toujours beaucoup plus que ma prose; et je consens que dans la satyre que j'ai prié M. Ménage de faire contre mon ignorance pour mettre au commencement de mes œuvres au lieu de recommandation, il y employe que j'escrivois ma prose en m'endormant, comme M. Pena faisoit les ordonnances pour ses malades; mais je le supplie de ne point mettre que je faisois soixante vers en me lavant les mains, comme Scaliger.

Histoire véritable.

Robin, en faisant ses adieux
Cependant qu'on chargeoit les males
Baisoit l'hostesse dans les lieux
Les plus secrets et les plus sales,
Quand l'hoste s'écria, pressé d'un lavement:
« Ouvrez! je n'en puis plus; ouvrez-moy promptement!
L'aisement a deux trous; ouvrez, de par le diable!
Ouvrez! nous y tiendrons commodément tous deux! »
A quoi Robin respond, d'une parole affable:
« Ce que vous dites, l'hoste, est certes veritable;
Mais j'en occupe l'un, et l'autre est tout foireux! »

Autre histoire véritable.

Une fameuse maquerelle
Avoit à Robin, maintes fois,
Promis, pour un doublon de poids,
De lui produire une pucelle

---

[1]. Pour dire des vers plaisants. Ce n'est pas là le sens qu'on a donné un peu plus tard au mot *burlesque*. Balzac lui donne le même que Racan.

Bien jolie et bien demoiselle;
Mais, voulant sa fourbe couvrir,
D'une voix entre basse et haute,
A celle qui l'alloit querir
Elle enjoint de ne faire faute
De l'amener diligemment,
Et qu'elle vinst secrètement,
Sans avoir aucune suivante,
Dans l'habit blanc de la servante.
Quand la galande eust fait le fait,
Robin, fouillant dans son gousset,
Prit une réale d'Espagne,
Qui, comme elle, estoit sans compagne.
Lors la vieille, toute en emoi,
Luy dit, en haussant sa parole :
« Est-ce donc là cette pistole ?
Vrayment, vous vous moquez de moy !
— Non fays, dit-il, vieille médale !
Ma pistole est de bon alloy :
Elle est à la pile et la croy ;
Mais, pour éviter le scandale,
Elle va toute seule à toy
Dans l'habit blanc d'une réale. »

Excusez, tous trois, la liberté que je prens de vous escrire la cervelle brouillée des vapeurs de mon pressoir, et me croyez,

Messieurs, etc., etc.

Le 30 octobre 1656.

Si vous jugez ces deux histoires dignes d'estre gardées, vous prendrez la peine de les faire transcrire et d'en donner une copie à M. Conrart pour la mettre, avec les choses que j'ay faites estant page, parmi mes premières œuvres. Je dis en cas que vous ne jugiez pas à propos de lui bailler toute cette galimafrée pour la conserver [1].

A M. CHAPELAIN.

Lettre X.

L'illustre Brindamour, que M. Ménage a nommé assez plaisamment mon laquais poétique, disoit dernièrement, en sortant de Paris, qu'il avoit deux langages : l'un dont il se servoit dans l'Académie d'en bas, qu'il tient, avec ses camarades, dans la court de M. le chancelier; et l'autre dont il entretient les paysans de Saint-Pater. Je le

---

[1]. « On voit, dit l'abbé Goujet, dans les lettres de Chapelain à Racan, que celui-ci confioit souvent la révision de ses ouvrages à Chapelain lui-même, à Ménage et à Conrart; qu'il en recevoit des avis et qu'il s'y conformoit ordinairement; qu'enfin il avoit mis plusieurs historiettes en vers burlesques et *qu'on les trouvoit fort agréables.* » Malgré notre prévention naturellement favorable d'éditeur, nous laisserons à Chapelain, Conrart et Ménage, toute la responsabilité de leur opinion sur ce dernier point.

Au reste, Racan touchoit volontiers à toutes les sources poétiques : « A l'exception de la tragédie, de la comédie et du poème épique, dit encore l'abbé Goujet, il s'est exercé avec succès dans tous les genres de poésie. » — « C'est le premier poète de France pour le satyrique », dit le Père Desmolets dans la continuation des Mémoires de Sallengre, manière de caractériser le génie de notre poète qui nous a toujours semblé au moins singulière. Enfin la réunion entière de ses ouvrages, comme les divers morceaux répandus çà et là et dont nous avons recueilli quelques-uns, témoignent assez de la grande variété de son talent pour la poésie.

priay d'avoir pitié de l'ignorance de son pauvre maistre, qui à peine se pouvoit servir de la moitié d'un langage, et de me faire part de son langage de court pour vous escrire plus poliment que je ne fais. Mais il me fit response qu'il l'avoit laissé au Bourg-la-Reine, et que le peu de séjour que je ferois en ce pays-ci ne lui donneroit pas le temps de le retourner quérir. C'est pourquoi je vois bien qu'il faudra que vous me dispensiez encore pour cette fois de vous entretenir en mon patois ordinaire, tel que je le parle avec mes outirons et mes vendangeurs.

Je ne dois point être honteux de publier mon ignorance, puisque mon confesseur m'a conseillé d'exercer l'humilité; et vous serez estonné si je fais mon apologie par mes défauts en faisant voir que j'ay eu raison de chercher de la réputation dans la poésie, puisque je ne pouvois espérer d'en acquérir par d'autres voies. Si l'or, qui est le plus parfait, le plus rare et le plus inutile de tous les métaux, rend inculte à toutes les choses nécessaires pour la vie la terre où il s'engendre, ne peut-on pas dire que la poésie, qui est la plus sublime et la plus inutile de toutes les productions de l'esprit, rend incapables de toutes les choses qui servent au monde ceux qui en sont inspirés?

On voit rarement les poètes présider dans les conseils où l'on règle la police des Estats; et si leur naissance ou leur richesse leur donne place sur les fleurs de lis, ils s'y asseyent de si mauvaise grâce que l'on voit bien qu'ils ne s'y plaisent pas. Si la terre n'avoit esté cultivée que par les mains des Homères, des Virgiles et des Malherbes, nous serions encore réduits à l'usage des glans, comme nous estions

> Lorsque le monde enfant n'avoit pour nourriture
> Que les mets apprestez par les mains de nature.

Ce ne sont pas les poètes qui font la presse dans les ports de mer, dans les marchés et dans les banques; ils se contentent de savoir les noms des principaux outils dont les artisans se servent, et ne se mettent point en peine d'apprendre à s'en servir; et je n'ay jamais ouï parler que du seul Maistre Adam qui ayt joint ensemble les deux qualités de bon poète et de bon menuisier. Après cela, dois-je estre honteux de confesser que le feu qui avoit inspiré mon entendement à la poésie l'avoit aveuglé à la connoissance de toutes les autres sciences, et que l'on a eu raison de me laisser vieillir dans mon ignorance?

Je n'avois aucune mémoire pour les choses que je n'entendois point, et encore que je fusse capable de redire mot à mot un sonnet tourné à la Malherbe après l'avoir entendu une seule fois, l'on a bien eu de la peine à m'apprendre mes patenostres, et je suis encore bien souvent réduit à prendre mes *Heures* pour dire mon *Confiteor* à confesse [1].

J'avois l'intelligence extrêmement dure, et ne me plaisois qu'aux leçons qui se démontroyent par des moyens faciles et qui touchoyent d'abord mes sens. Cela estoit cause que je prenois beaucoup plus de plaisir quand on me disoit que le

---

[1]. C'est ici peut-être l'origine de ce qui a été tant répété que Racan n'avoit jamais pu apprendre son *Confiteor*.

tout estoit plus grand que sa partie et le contenant que le contenu, que quand l'on m'entretenoit des comètes et des tremblements de terre.

Cette stupidité que je reconnoissois de moy me fit résoudre à me tenir aveuglément en la créance que j'avois apprise de ma mère et de ma nourrice, sans m'alambiquer l'esprit de toutes les opinions nouvelles qui sont contestées entre les jansénistes et les molinistes. J'ay fait ce que j'ay pu pour les ignorer; mais les amis que j'ay des deux partis m'ont forcé à m'en faire instruire, disant qu'il me seroit honteux de ne pouvoir parler d'une matière qui est tous les jours agitée dans les compagnies où je me vay divertir. Ils me l'ont appris par trois fois, chacun à sa mode, et trois fois je l'ay oublié, dont je suis bien aise, ne désirant point prendre party en toutes ces chicaneries de conscience, que je ne croy pas estre nécessaires pour mon salut, puisque je n'en trouve rien dans mon *Credo*, ni dans le catéchisme que ma mère m'a appris.

Le paradis estoit ouvert plus de quinze cents ans devant que Jansénius et Molina vinssent au monde; puisque l'on s'estoit bien passé jusqu'à présent de savoir ces diverses opinions de la grâce l'on s'en passeroit bien encore, et je dirois volontiers, au sujet de ces propositions nouvelles, ce que disoit Théophile :

Quelque nouveau salut qu'on presche en l'univers,
Qu'on ne redoute point ni mon bras, ni mes vers.

Il me souvient, à ce propos, qu'incontinent après que je fus hors de page, me trouvant en une débauche de personnes d'esprit et de condition, où, entre la poire et le fromage, seulement par galanterie, sans que pas un y eust aucune attache sérieuse, l'on proposa de faire une religion nouvelle, l'on me demanda si je n'en serois pas; je dis que non, et que la mienne estoit assez bonne pour ce que j'en avois affaire. Cette réponse fut expliquée diversement des personnes dévotes : les uns s'en scandalisoient et disoient que c'estoit traiter avec trop d'indifférence d'une chose si nécessaire comme estoit la religion que d'en parler comme feroit un mauvais artisan d'un outil dont il ne sauroit pas l'usage et dont il croiroit se servir aussi bien d'un mauvais que d'un bon; les autres disoient que c'estoit un témoignage de l'assurance que j'avois d'estre dans la religion orthodoxe, et que, n'en ayant affaire que pour me sauver, je croyois que c'estoit la seule et la plus assurée pour cela. Les divers jugemens que l'on faisoit de ma response furent l'entretien de la cour six mois durant, et ne s'en fallut guère que la Sorbonne n'en eust le nez bridé. Mais, quoy qui en fust arrivé, j'estois résolu de demeurer dans ce sentiment de ne point chercher une autre religion que la mienne, après avoir ouï dire plusieurs fois à M. Coeffeteau et à M. de Malherbe que *bonus animus, bonus deus sculptus* [1]. Si je ne l'ay bien escrit, retenu, vous ferez une grande charité de le réformer. Tant y a que je veux dire après ces deux grands hommes que bien vivre est bien servir Dieu; et croy que cette jus-

---

1. Voici une preuve de plus que Conrart ne savoit pas mieux le latin que Racan. Cette citation, du reste, est exacte dans les Mémoires pour la vie de Malherbe.

tice éternelle et cette bonté infinie qui daigne prendre soin de nous dispenser après cette vie les peines et les récompenses ne nous condamne point comme un juge *à co* [1] sur un petit manque de la forme, lui qui voit le bien et le mal jusqu'au fond de nos consciences.

S'il y avoit quelque manque en la créance d'un homme qui auroit parfaitement vécu moralement, je croirois plustost que Dieu lui enverroit des inspirations pour le remettre dans le bon chemin que de le perdre pour une erreur dont il n'auroit pu se retirer ; que l'enfer n'est fait que pour les opiniastres qui ne se veulent point servir de la lumière que Dieu leur donne, et de qui l'on peut dire :

> Leur jugement, pour s'être trop flatté,
> S'est endurci dans l'incrédulité;
> L'enfer pour eux est sans nuit et sans flamme;

ou

> Leurs enfers n'ont ni ténèbres ni flamme,
> Tous leurs tourmens ne leur font point d'horreur,
> Et craindroient moins la perte de leur ame
> Qu'ils ne feroyent celle de leur erreur.

Mais je me suis un peu trop estendu sur ce sujet. Je veux ménager le reste de mon temps et de mon papier pour vous dire quelle estoit mon

---

1. Même observation que dans la note précédente. Le latin de juge *à quo* étoit du latin de tout le monde comme celui de juge *ad hoc*.

> Devant ce juge *à quo* tu ne m'as intenté
> Nul procès qu'il ne vuide et que tu ne l'emportes,

a dit le chevalier d'Aceilly (de Cailly). Racan sans doute avoit écrit *à co*, et Conrart a reproduit *à co*.

incapacité à toutes les autres choses qu'on appelle sciences. Je vous ai, ce me semble, déjà dit que je ne m'estois jamais plu qu'à celles qui se démontrent méthodiquement, comme sont les quatre parties des mathématiques ; encore n'ai-je jamais seu gouster l'astrologie. J'en trouvois les démonstrations trop peu assurées, et, si j'avois à prendre party, ce seroit plustost du costé de Copernic et de Galilée que de celuy de Ptolomée et de Sacrobosco, et croirois que la terre tourne plustost que le soleil, si l'on me pouvoit faire comprendre comment cet air, que l'on dit qui suit ce mouvement rapide de la terre, peut estre capable de changer celuy d'un corps solide et pesant, et de faire tomber une bale de plomb, que l'on auroit jettée en l'air, plus d'un quart de lieue loin d'où elle devroit tomber perpendiculairement si la terre tournoit en vingt-quatre heures. Je ne vois point d'exemple de cela, et ces grands vents qui nous ont emporté nos maisons la semaine passée n'estoyent pas seulement capables d'emporter dix pas une bale de pistolet. Outre cette difficulté que je trouve en ces nouvelles opinions, il me semble qu'elles choquent quelques passages de l'Ecriture sainte. C'est pourquoy j'aime mieux demeurer dans le doute entre la vieille et la nouvelle que de prendre party d'un côté ni d'autre, puisque pas une des deux ne me contente.

Pour la musique, je m'y plaisois fort ; mais j'avois l'oreille et la voix si discordantes que je n'ay jamais pu accorder un luth : c'est ce qui m'a fait oublier le peu que j'en avois appris.

J'eusse peut-être réussy en la géométrie, sinon que j'avois la main trop maladroite à manier la règle et le compas et les instrumens dont l'on se sert à mesurer les hauteurs et les longueurs, ce qui me rendoit incapable de pratiquer ce que je savois par théorie, et toute ma suffisance n'alloit point plus avant qu'à démontrer une proposition d'Euclide après l'avoir bien conçue.

L'arithmétique estoit celle que j'ay le mieux entendue ; mais je formois et arrangeois si mal mes chiffres que je ne les pouvois reconnoistre, et le plus souvent j'estois réduit, après avoir brouillé deux ou trois feuilles de papier, à faire par cœur mes divisions et mes multiplications, en me servant, pour soulager ma mémoire, de certaines règles brèves que j'avois inventées par les parties aliquotes et aliquantes.

Vous pouvez bien reconnoistre par cette lettre et par toutes celles que je vous ay cy-devant escrites que je n'ay jamais seu escrire ni exprimer mes pensées en ordre ; outre que ma lettre est fort mauvaise, je n'ai point de liaison en ma prose, ni de style formé.

Voilà ce que j'avois résolu de vous dire par l'avis de mon confesseur, qui m'a ordonné de me mortifier de la vanité que j'ay eue de savoir faire des vers, et cela servira de mémoire à M. Ménage pour la satyre que je l'ay prié de faire contre mon ignorance, pour mettre au-devant de mes œuvres. Ceux qui prennent le soin de ma conscience me défendent de publier mes vers où il y a des pensées trop libres, et il me sera plus aisé de leur obéir et de suivre le conseil de l'Eglise en cette occasion qu'à l'auteur de Théagènes et Chariclée, qui aima mieux renoncer à un évesché qu'à son roman.

Je vous prie de me permettre de vous demander en cet endroit si vous avez reçu une longue galimafrée que j'avois commencée, en achevant mes vendanges, par ces mots : *Adieu paniers, vendanges sont faites*, et où il y avoit à la fin deux histoires véritables que j'avois mises en vers burlesques pour les donner à M. Conrart. Ce sont, de toute cette nature de poésie, celles que je regretterai le moins si je suis obligé de les supprimer; car pour la première, qui commence

> Robin, en faisant ses adieux,

il seroit nécessaire de s'expliquer par une façon de parler qui convinst au lieu où l'on estoit, et à la personne qui estoit enfermée dedans, ce qui n'est pas aisé sans faire un hiatus et réduire au singulier comme cecy [1] :

> Ouvre! il y a deux trous; ouvre! de par le diable!
> Nous nous y placerons commodément tous deux,

au lieu de la façon dont je l'ay mis :

> L'aisement a deux trous, etc.,

parce que de se réduire à ne parler que de l'aisement, cela n'auroit aucune pointe, et je ne say si l'on se pourroit servir de l'interrogat comme cecy :

> N'avez-vous pas deux trous ? Ouvrez, de par le diable!

---

1. Comment n'être pas frappé de la bonne foi, digne de La Fontaine, avec laquelle Racan soumet ici ses doutes poétiques sur de pareilles balivernes à ses graves correspondants?

ou comme cecy :

Vous avez là deux trous.

Voilà ce qui se peut dire pour la première ; et pour l'autre, je la trouve un peu trop longue, aussi bien que cette lettre, et crains qu'elles ne vous soyent également ennuyeuses ; mais je ne me puis lasser de m'entretenir avec les personnes que j'honore comme M. Chapelain, M. Ménage et M. Conrart.

Je suis à tous trois,

Messieurs,

Très humble et très obéissant serviteur.

RACAN.

Le novembre 1656.

LETTRE XI.

A M. CHAPELAIN.

ONSIEUR,

Je suis dans votre sentiment d'attribuer la négligence qu'a eue M. Ménage à produire à M. Conrart et à vous ma première lettre au seul manque de sa mémoire, et ne puis croire, après l'estime qu'il a faite de mes vers, qu'il eust fait si

peu de cas de ma prose, sinon qu'il ayt eu de
la commisération de sa langueur, et qu'il ne l'ayt
pas jugée digne d'estre veue par des jugemens si
raffinez que sont les vôtres. Il y a des esprits
d'une trempe si dure et si fine qu'ils demeurent
toujours en une mesme assiette et ne se peuvent
jamais amollir ni ployer, pour quoy que ce soit.
Tous les heros ne sont pas capables de poser la
massue pour prendre la quenouille ; et si le vieux
Caton a esté quelquefois surpris à cheval sur un
baston avec ses enfants, c'estoit dans le bel âge du
monde, où les philosophes estoyent aussi enjoués
que sont les enfarinez de ce temps-cy. A présent que le monde est sur son retour, il ne faut
pas exiger des grans hommes de si basses
complaisances, et dans toute la république des
belles-lettres peut-estre ne se trouvera-t-il que
vous seul qui ayez la même tendresse pour vos
escoliers que le vieux censeur avoit pour ses enfans. Après tout, donnez tel nom qu'il vous
plaira à ma prose, de galante, de naïve et d'enjouée, je suis résolu de me tenir dans les préceptes de mon premier maistre, et de ne chercher
jamais ni nombre ni cadence à mes périodes, ni
autre ornement que la netteté de bien exprimer
mes pensées.

Ce bonhomme[1] comparoit la prose au marcher ordinaire, et la poésie à la danse, et disoit
qu'aux choses que nous sommes obligez de faire
on y doit tolérer mesme négligence, mais que ce
que nous faisons par vanité, c'est estre ridicule

---

1. Bonhomme a probablement ici le sens de vieillard, qu'il
avoit fréquemment dans ce temps-là.

que de n'y être que médiocre. Les boiteux et les goutteux ne se peuvent pas empescher de marcher, mais il n'y a rien qui les oblige à danser la valse ou les cinq pas. Les pédans et les Bas-Bretons sont quelquefois obligez d'écrire en françois, mais on ne les force point à faire des odes ou des sonnets, et l'on ne sauroit faire une bonne raillerie des grimaces que font les premiers en leur marcher ordinaire, pourveu qu'ils ne se produisent point dans le bal, ni des mauvaises phrases et des latinitez que feront les autres dans leur prose, pourvu qu'ils ne montent point sur le Parnasse, et qu'ils se contentent de s'en servir à escrire à leurs amis familiers, comme je fais.

Je me fais fort pour l'Académie qu'à cette condition qu'ils ne gasteront point notre poésie de leurs phrases latines, on permettra à ces docteurs du pays latin d'escrire en prose françoise avec autant de négligence que moy, comme l'on fera aux impotens de se promener au Cours et aux Tuilleries en telle posture qu'ils voudront. Il n'y a jamais eu que les sectateurs de Belleville et de Balzac qui ayent voulu nous obliger à avoir toujours la jambe tendue dans nos promenades, et l'esprit dans nos lettres familières. Je croy que vous ne serez pas de leur sentiment; c'est pourquoy je ne vous avertis point de la résolution que j'ai prise de ne me jamais divertir du conseil de mon premier maistre, quelque avis que vous me donniez au contraire. C'est en cela seul que vous ne trouveriez pas en moy la même docilité que vous avez trouvée quand vous m'avez fait l'honneur de corriger mes vers.

Je ne say point d'autre finesse pour polir ma

prose quand elle doit estre veue en public que de la rescrire plusieurs fois, comme les orfèvres passent l'argent par plusieurs fontes pour le raffiner; et certes, l'Académie et ma réputation avons grande obligation au jeune levron enfermé qui mangea ma harangue et qui m'obligea de la rescrire par cœur. Si elle eust paru au mesme estat que je l'avois apprestée pour le disner de ce folastre animal, elle eust agacé les oreilles délicates de ces Messieurs, comme font des bruits trop avancez, et m'eust fait chasser comme un rustique du cabinet des Muses.

J'ai veu des Gascons qui ne pouvoient comprendre que la politesse des lettres pust compatir avec les qualitez éminentes d'un homme de guerre, et quand on leur disoit que quelqu'un de leur pays et de leur connoissance escrivoit bien en prose et en vers, ils ne manquoient jamais de répartir qu'il estoit fort homme d'honneur.

Il y a céans un gentilhomme qui me touche de fort près, qui, après avoir esté sept ans au collége, s'est défait de son latin comme d'un habit indécent à un cavalier, et a creu que c'estoit assez imiter la valeur, la bonne conduite et la gentillesse des mareschaux de Toiras, d'Effiat et de feu Chantal, que d'imiter leur mauvaise orthographe. Pour moy, je ne passe point si à coup d'une extrémité à l'autre, et crois pouvoir estre soldat sans estre tout à fait brutal. Il est vrai que j'estime qu'un peu de négligence sied bien dans les lettres que les personnes de nostre profession escrivent à leurs amis familiers, et voudrois pouvoir trouver un milieu entre le style de Balzac et celui du pays d'Adieusias; c'est ce que je cherche avec autant de soin que la quadrature du cercle, et ce que je ne trouverai jamais ; et pendant que je seray en queste d'un milieu tant désiré, où je crois que consiste le style d'un honnête homme, je me suis résolu de commencer les lettres que je vous enverrai sans préparation, et de laisser conduire ma plume au hazard, comme mes pas dans mes promenades, où, quelquefois, quand je me suis proposé d'aller le long de mes ruisseaux cueillir quelque fleurette champestre pour vous présenter, ma rêverie m'emporte au travers des landes, où je ne trouve que des ajoncs et des bruyères ; et je vous confesse qu'en ouvrant votre dernière lettre, il m'est venu une sueur froide au front quand j'ai lu que celle qu'on avoit mise aux mains de M. Ménage avoit été égarée, et que vous m'ordonniez de la refaire. C'estoit me réduire à l'impossible, et tout ce qui se pouvoit exiger de ma mémoire estoit les deux historiettes en vers burlesques, dont j'eusse peut-estre pu me ressouvenir, sinon que j'avois promis à mon confesseur de ne penser jamais aux vers de cette nature. Je me dispenseray pourtant encore, pour cette fois, de vous remercier des bons avis que vous me donnez sur cette versification ; si j'y manquois, je croirois, au lieu d'une œuvre de piété et d'obédience, de faire une action d'ingratitude qui ne seroit approuvée ni de Dieu ni des hommes.

Je commencerai donc mon compliment de l'obligation que je vous ai de me permettre l'hyatus en la première. Je vous confesse que vous avez esté en cela plus indulgent que feu mon maistre, qui jamais ne l'a voulu souffrir en pas un de mes vers. La qualité qu'il avoit de père luxure [1] lui attribuoit juridiction sur toutes les affaires des B..., et ce fut en ce tribunal qu'il jugea assez favorablement de ces friponneries de page quand elles arrivèrent, et qu'il m'ordonna de mettre la première en vers. J'en avois déjà fait les deux derniers; mais quand il reconnut, après l'avoir bien tastée, que l'on ne la pouvoit exprimer heureusement sans l'hyatus, il révoqua son ordonnance et me conseilla de n'y plus penser. Pour la seconde, il ne la trouva jamais bonne que pour faire un entretien gaillard dans le cercle de madame de Lacroix, où elle fut produite [2]. Il en trouvoit l'intrigue trop embarrassée pour la mettre en vers. Je trouve toutes les corrections que vous y faites fort raisonnables, mais je vous demande la permission d'appeler de vous-mesme à vous-mesme, comme l'on fit autrefois du roy endormy au roy éveillé, pour celle de *sous l'habit* pour *dans l'habit*. Il me semble que *sous* ne dit pas du tout assez; l'on dit sous un poile et sous un dais, et non pas sous un manteau ni sous une robbe; l'on dit sous un toit et sous un porche, et non pas sous une chambre ni sous une salle; et semble que l'on ne doit dire *sous* que de ce qui est sur notre teste pour l'ornement ou pour nous garantir des injures de l'air, et que *dans* se doit dire de tout ce qui nous environne. Je vous con-

---

1. C'est là un des faits qui ne se trouvent que dans le manuscrit des *Mémoires pour la vie de Malherbe* et dans Tallemant des Réaux.

2. Tallemant cite en effet cette grivoiserie comme racontée par Racan dans le monde, sans dire que cela eût été tourné en vers.

jure d'y penser. Pour ce qui est de *croix* pour *croy*, j'ai autrefois ouï dire : Jouer à *croy* et à *pile*, et non pas à *croix et à pile*. Toutefois, j'acquiesce à vostre jugement sur ce sujet, encore que j'y perde ce vers :

Elle en a la pile et la croy,

qui donnoit quelque ornement pour exprimer la ressemblance d'une réale d'Espagne à une pistole. Au reste, réjouissez-vous, cette lettre ne sera pas si longue que les autres : il faut que je ménage le temps qui me reste pour mettre mon cantique de Judith au net; je le viens d'achever, et vous l'enverrois dès ce voyage si j'avois mon maistre maçon pour le transcrire. Vous serez estonné quand vous saurez que je fais tout à la fois ces badineries que je vous envoye, des vers burlesques, un mémoire de mes affaires d'importance, pour laisser après ma mort à ma famille, et le cantique de Judith. Les deux premiers, je ne les fais que l'après-disnée, par divertissement, pour m'empescher de dormir; et les deux autres, j'y employe toutes les forces de mon esprit et y travaille de mon mieux, au mémoire pour l'intérest du repos de ma famille, et à l'autre pour ma réputation, et je me suis ressouvenu à ce propos de ce que disoit Malherbe à ceux qui lui montroyent de méchans vers pour en avoir son avis. Après leur avoir demandé s'ils estoient condamnés à faire des vers ou à estre pendus, il leur disoit qu'à moins que cela ils n'en devoient point faire, et qu'il ne falloit jamais hazarder sa réputation que pour sauver sa vie. Je travaillerai encore cette semaine à ce cantique devant que de vous l'envoyer pour l'achever de polir. Je désire le mettre en état qu'il ne donne point de sujet à M. Ménage de perdre la bonne opinion qu'il a de mes vers et de me rendre digne de la qualité que vous me donnez tous trois de,

Monsieur,

Votre etc. [1].

Je viens de me ressouvenir que quelquefois, au sujet des déguisemens, l'on dit : Il-s'estoit déguisé *sous l'habit* d'un prestre; et toutefois je trouve encore *dans l'habit* plus général, quoyque l'autre pourroit passer en cela seul. C'est mon jugement, que je soumettray partout au vostre.

DE M. DE RACAN A M. CHAPELAIN

TOUCHANT LA POÉSIE HÉROIQUE
DU 25 OCTOBRE 1654.

LETTRE XII.

ONSIEUR,

De toutes les passions qui suivent les hommes de marque dans leur vieillesse, celle qui me sem-

---

1. Il est impossible de ne pas remarquer dans cette lettre un peu de ressentiment du retard apporté par Ménage à communiquer celle du 30 octobre à ses deux amis; et il put s'appliquer, sans trop de susceptibilité, quelques-uns des traits dirigés, à cette occasion, contre les savants en *us*.

ble la plus commune et la plus vaine est le soucy qu'ils ont d'escrire les arts où ils ont excellé, quand ils sont dans l'impuissance de les pratiquer. Nous avons veu des livres de toutes les sciences démonstratives et mécaniques ; nous en avons de la danse, du jeu des armes, et de la paume. M. de Pluvinel, après avoir fait passer les monts aux exercices que la noblesse estoit obligée d'aller apprendre en Italie, et avoir été estimé, à Rome comme à Paris, le plus savant homme de cavalerie de son temps, s'avisa, sur la fin de ses jours, d'en escrire les préceptes dans son *Manége royal*, non pas tant pour aucune espérance qu'il eust de pouvoir donner par tablature sa justesse de la main et de la jambe à ceux qui lisoyent son livre, que pour le désir qu'il avoit de faire durer sa renommée quelque temps après sa mort, et pour n'avoir pas le déplaisir de voir dire de luy et de ses successeurs :

> La gloire qui les suit après tant de travaux
> Se passe en moins de temps que la poudre qui vole
> Du pied de leurs chevaux.

Mais quoy que la vanité puisse faire, l'on en peut dire autant en autres termes de tous ceux de qui la réputation n'est fondée que sur leur disposition, sur leur adresse ou sur la subtilité de leur esprit :

> Par les Muses seulement
> L'homme est exempt de la Parque,
> Et ce qui porte leur marque
> Demeure éternellement.

Oui, Monsieur, c'est le seul de tous les arts par qui nous pouvons aspirer à l'immortalité. Il fait moins d'éclat que les autres ; il ne se pratique

que dans la solitude, il consomme nostre vie dans la mélancolie, et, si j'ose dire, dans le mépris, pour nous en redonner après la mort une plus glorieuse et plus étendue. Mais ce n'est pas à en escrire les règles que l'on acquiert l'éternité, ni la perfection à les lire : c'est en les pratiquant heureusement et glorieusement, comme vous faites. Les écoles et les instructions de tous les plus excellens hommes du temps passé et du présent ne font que des grammairiens et des versificateurs. C'est la naissance et l'exercice qui font les orateurs et les poètes. Pourquoi donc, monsieur, retombons-nous dans ce même vice que nous blasmons en autruy? Comment établissons-nous des règles générales à un art où la pratique et le jugement en forment tous les jours de nouvelles? Et par où commenceray-je à vous escrire mes sentimens du poème épique, moy qui ne say pas seulement le nom des choses dont je veux traitter, et qui pourrois dire comme cette jeune dame sur la dispute qui arriva en une collation, si c'étoit des pesches ou des presses qu'on luy présentoit, qu'elle savoit bien les manger, mais non pas les nommer. Ainsi, encore que je me serve quelquefois assez heureusement des figures de rhétorique, dont je ne say pas le nom, c'est plus par hazard que par science, puisque je n'ay jamais seu comprendre la différence qu'il y avoit entre une comparaison et une métaphore, ni discerner le préterit d'avec l'aoriste. Et quand je me veux mettre en devoir d'effectuer la résolution que j'ay prise de vous escrire les règles que je pratique dans mes vers, je suis comme ces prédicateurs qui, n'entendant pas leur évangile, font de longues préfaces avant que d'entrer en matière, ou comme l'horloge du Pont-Neuf, de qui les apeaux durent plus longtemps que l'heure qu'elle veut sonner. Je n'ay aucune connoissance du poëme épique que ce que j'en ay leu dans Ronsard depuis huit jours. Il dit que les vers alexandrins luy semblent trop imiter la prose, et que c'est la raison pourquoy il a fait sa Franciade en vers communs, comme ceux qui, à son jugement, avoyent plus de gravité. Je croy que vous ne serez pas de son avis, et que vous ne jugerez pas que Françion eust fait son entrée dans Paris de meilleure grâce et avec plus de majesté sur un cheval boiteux que sur un qui marcheroit également des deux costez. La principale raison, à mon avis, pourquoy Ronsard s'est servi de ses vers raccourcis et estropiez, est qu'il ne se sentoit pas assez fort pour remplir les grans vers en toute leur étendue[1]. Ce sont pourtant les seuls, à mon jugement, que l'on doit employer dans les grands poëmes, et je trouve la bizarrerie des Italiens encore bien plus étrange de se servir de leurs stances à faire des narrations, qui sont si fréquentes en cette nature de poëmes. Cela me semble aussi extravagant que si l'on coupoit une tapisserie d'histoire et de personnages pour en faire des escabeaux, où l'on verroit la croupe d'un cheval sur l'un, un bouclier sur l'autre, et sur l'autre le bras et la teste de l'homme qui le

---

1. Ceci rappelle la réponse de Pope à quelqu'un qui lui disoit : « Si la rime est aussi nécessaire que vous le pensez à nos vers anglois, pourquoi Milton n'a-t-il pas rimé le Paradis perdu ? — Because he could not » (parce qu'il ne pouvoit pas), répondit Pope.

portoit. C'est de quoy j'oserois vous demander raison, si je ne craignois d'avoir une aussi rude réprimande que celle que je reçus du grondeur et impitoyable silence de Malherbe quand je pris Lycophron pour la ville où demeuroit Cassandre. Toutes les langues ont des grâces particulières, qui ne se laissent goûter qu'à ceux qui les possèdent originairement et parfaitement.

Il faut encore vous dire ce que j'ay leu dans Ronsard, où je trouve un peu plus de raison qu'au choix qu'il a fait de ses vers à trois jambes. Il est d'avis que l'on prenne pour fondement du poëme lyrique quelque vieille histoire éloignée de la mémoire des hommes. Je serois bien de son sentiment, après, toutefois, en avoir excepté la pucelle d'Orléans, qui, encore qu'elle soit moderne et connue de tout le monde, ne laisse pas d'estre assez extraordinaire pour souffrir toutes les belles inventions dont vous la voudrez orner. Et si les romans sont des poëmes en prose, je voudrois encore les en excepter, aussi bien que les pièces de théâtre, sur la connoissance que j'ay que les histoires et les fables fort connues y sont plus agréables aux personnes de la cour. Mais pour le poëme épique, qui n'est leu que des excellens esprits, l'on le peut et l'on le doit faire dans toutes les règles nécessaires pour la perfection.

Je serois aussi d'avis que les intrigues du poëme épique et du roman trompassent le lecteur, et qu'ils se dénouassent par des moyens imprévus et à quoy l'on ne s'attend point, d'autant qu'on les lit à loisir et avec attention, pour en goûter les grâces, au contraire des dramatiques, que l'on ne void que représenter, et où le plus souvent l'on attache son esprit plustost aux actions des acteurs et à la disposition du théâtre qu'aux paroles. C'est pourquoy il semble que ces pièces sont plus agréables quand le sujet en est fort connu, que l'on sayt dès le premier acte ce que l'on doit jouer, et que l'intrigue s'en démesle facilement.

Je pense avoir ouï dire à quelqu'un de ces grans hommes qui me faisoient l'honneur de me souffrir en leur compagnie en mon habit de page que le principal dessein de toutes les inventions poétiques étoit d'instruire à la vertu agréablement, en faisant voir, contre l'opinion des athées, que la justice divine agissoit dès ce monde; que les gens de bien n'estoyent pas toujours malheureux, ni les méchans toujours heureux; qu'enfin la vertu trouvoit sa récompense et le vice sa punition; qu'il faut que le héros soit parfaitement vertueux et ne face jamais rien contre son honneur, quelque persécution qu'il ayt de la fortune; que généralement tous les personnages que l'on propose ne changent jamais d'humeur; qu'Achille soit toujours vaillant, Ulysse toujours prudent, Ajax toujours téméraire et inconsidéré, et Thersite toujours timide. J'estime aussy que vous approuverez avec Ronsard que le poëme épique commence par le milieu et par quelque accident extraordinaire, comme la subversion d'un état, un naufrage ou le sac et l'incendie d'une ville fameuse, et que l'on face raconter le commencement de l'histoire par quelqu'un trouvé inopinément qui se seroit sauvé de ces grans désastres, et la fin par prophéties, apparitions ou autres moyens extraordinaires, et, à ce propos, je pense vous avoir dit que feu M. le comte de Moret, fils de Henry le Grand, et le chevalier de Bueil, son oncle, trouvèrent à redire que dans le bouclier d'Enée l'on eust représenté Remus et Romulus qui tétoyent la louve tour à tour, et disoyent que l'on ne pouvoit représenter des actions de divers temps en une peinture. Mais après y avoir repensé en mon particulier, je trouve que Virgile a bien fait une plus grande faute d'avoir divulgué en un bouclier qui estoit veu de toute l'armée les secrets de l'avenir, que les dieux ne découvrent qu'à peu de personnes et par des oracles ambigus. Si vous estes obligé d'écrire la postérité de Henry le Grand dans votre *Pucelle*, je m'assure que vous ne ferez point porter gravé dans une rondache ou peint dans un bouclier la naissance et l'éducation de Louis le Juste et du roy d'à présent, ni la prise de la Bastille ou le secours d'Arras.

Si je ne vous importune point, je voudrois encore vous demander le temps que l'on doit prendre pour la disposition du poëme épique. Quelques-uns disent un an, les autres trois ; mais pour moy je serois pour le dernier, et souhaiterois que l'on le resserrât le plus que l'on pourroit, parce que les divers récits faits en peu d'heures sont fort agréables aux bons esprits, pour qui l'on fait les poëmes épiques, et qui les lisent à loisir ; au contraire des pièces de théâtre, où l'on veut des actions, et où les auteurs sont fort ennuyeux quand ils ne font que raconter des histoires.

Encore un mot de la versification pour finir cette longue lettre; c'est peut-estre où je vous seray le moins désagréable. J'estime qu'elle doit être plus achevée et plus égale au poème épique qu'en aucun autre, parce qu'il n'est soutenu ni de l'action des acteurs comme la comédie, ni de la voix et de la musique comme sont quelquefois les odes et les vers de suite, qui vont toujours mesmé train et ne peuvent souffrir aucune inégalité, les diverses mesures de la lyrique dont on a le choix, les rimes croisées et les vers coupés aidant fort à rendre agréables les choses communes et médiocres; mesme il y a de petites pointes, qui peuvent y trouver leur place, qui seroient insupportables au poème épique, tant pour la dignité de la matière et des personnages que l'on y introduit que pour la mesure des vers, qui ne se varie jamais, et semble qu'il y a la mesme différence entre le poème et le lyrique qu'il y a entre le marcher ordinaire et la danse: en l'un on témoigne plus de gravité, en l'autre plus de gayeté.

Malherbe et Maynard étoient d'avis de couper le sens des vers de suite de quatre vers en quatre vers; mais moy, qui me suis toujours opposé tant que j'ay pu aux gesnes où l'on vouloit mettre notre poésie, je n'y ay jamais su consentir, et me sembloit que ce seroit faire des stances, et non pas des vers de suite. Présentement je viens de trouver une version de M. le cardinal

Duperron, en quatrains rimez deux à deux. En voicy les deux premières stances :

VERSION DE L'HYMNE *Vexilla regis prodeunt.*

Aujourd'huy du grand roy l'etendard va marchant
Où l'auteur de la chair vient la chair attachant;
Aujourd'huy de la croix resplendit le mystère,
Où Dieu souffre la mort, aux mortels salutaire.

Icy, pour abolir le contrat du peché,
S'immole l'agneau pur, d'offense non taché,
Les pieds percés de clous et les mains etenduës,
Innocente rançon des ouailles perduës.

Vous voyez par là que j'avois raison d'empescher que l'on ne mist les vers de suite dans les gesnes. Mon opinion estoit, si je l'ose mettre en parallèle avec celle de ces deux grans hommes, qu'il suffisoit que le sens se fermât avec la ryme au 2, au 4, au 6, et rarement au 8. Je souhaiterois que vous voulussiez estre le seul juge de cette question. J'acquiescerois à vostre jugement plus tost qu'à aucun autre, puisque je suis passionnément votre, etc.

Je vous envoye toute ouverte ce que j'escris à M. Conrart du poëme lyrique, pour lui faire tenir à Atys (¹). Si vous jugez qu'il en vaille la peine, et je vous avertis tous deux, et M. Ménage aussy, si vous jugez qu'il y ayt quelque remarque dans ces rapsodies qui mérite d'estre gardée, de conserver les lettres : car je n'en fays aucune copie,

1. Conrart y passoit la belle saison.

et les escris comme elles me viennent dans l'esprit, en espérance de les revoir avec vous.

DE M. DE RACAN A M. L'ABBÉ MENAGE

TOUCHANT LA POÉSIE DRAGMATIQUE.

LETTRE XIII.

Du 17 octobre 1654.

onsieur,

Vous me remplistes l'esprit de tant de belles choses dans les conferences que j'eus l'honneur d'avoir aveque vous et M. Chapelain en allant à Atys, qu'encore que je ne me puisse souvenir qu'aveque regret de me voir privé d'un si utile et si agréable divertissement, je ne laisse pas d'en faire le plus ordinaire entretien de ma solitude.

Vous y agitastes, ce me semble, l'opinion d'Aristote, qui veut que le poème dragmatique tienne le premier rang. M. Chapelain ne peut souffrir qu'on le mette au-dessus du poème épique, et moy je passerois bien plus avant, s'il estoit permis à un homme qui tire sa principale gloire de son ignorance de paroistre sur les bancs devant les Chapelains, les Ménages et les Aristotes.

Tout le monde demeure d'accord que le poète ne parle jamais aux pièces de théâtre, et, en effet, les vers n'y sont introduits que pour soulager la mémoire des acteurs; et, cela étant, ils ne doivent être considerez que comme de la prose rymée; et, si toute l'autre poésie est le langage des dieux, celle-cy n'est que le langage des hommes et l'image de leur conversation ; et encore que l'on y représente quelquefois des roys et des héros, puisque la dernière ambition de tous ces grans hommes du temps passé estoit d'estre déifiez après leur mort, ne peut-on pas dire que le dernier des dieux est plus que le premier des hommes, et que le langage du poète doit estre plus relevé qu'aucun autre, soit qu'il chante sur la lyre les passions de l'amour ou le panégyrique de la vertu, ou qu'il récite les actions héroïques des Achiles, des Hectors et des Ænées ?

Les fables, les descriptions, les hyperboles, les prosopopées, et toutes ces belles figures que je pratique sans en savoir le nom, doivent estre bannies du théâtre, et je me suis quelquefois estonné comment on y pouvoit souffrir qu'en la représentation d'un conseil de guerre on y alléguoit l'histoire de Priam ou les travaux d'Hercule plustost que des exemples tirés de l'histoire, et qu'au récit d'une bataille l'on y meslast des descriptions ornées du levant et du couchant du soleil, des rivières et des montagnes, qui donnoient les avantages et désavantages aux ennemis ; et que là où il suffiroit de dire que l'on commença le combat devant ou aprés midy, au matin ou au soir, on y ajoute que l'Aurore peignoit le ciel de roses et de lys, ou que les chevaux du Soleil, lassez de leur pénible montée, s'alloyent rafraîchir dans les eaux du Tage ; et que l'on ne se puisse contenter de dire que le camp étoit fermé et couvert d'un côté d'une rivière, et de l'autre d'une montagne, sans en décrire les vagues fugitives d'elles-mesmes, et les rochers qui exposent leurs testes nues à l'inclémence des éclairs. Ces descriptions y sont hors de leur place, et en récompense les hélas et les façons vastes de nombrer par mille et mille, que Malherbe ne pouvoit souffrir dans nos odes, peuvent entrer avec grâce dans la comédie, étant soutenues de la voix et de l'action des acteurs : ce qui fait voir que cette poésie est aussi bien dénuée de politesse que d'ornement, et qu'elle ne doit estre considérée que comme ces grans tableaux qui ne sont faits que pour estre veus de loin au haut des églises, où il suffit qu'il paroisse quelques couleurs vives pour contenter la vue.

Vous proposâtes aussy à M. Chapelain si l'on estoit obligé, aux vers de théâtre comme aux autres vers de suite, de fermer le sens avec la ryme. M. de Malherbe m'ordonnoit de le fermer de quatre en quatre, même en ma pastorale. Cette grande justesse me sembloit ridicule quand j'estois obligé de décrire des passions violentes et désordonnées, et j'avois peur d'imiter le procès-verbal que l'on fit d'une émotion populaire qui arriva dans Tours, il y a quinze ou seize ans, et qui dura trois jours et trois nuits.

Le maire et les prud'hommes qui l'assistèrent à en faire l'information eurent tant de soin de ne se point départir de leur style et de leurs règles ordinaires, qu'ils la divisèrent en six pauses, pour marquer les intervales du temps qu'ils prenoyent pour leurs nécessitez; et après avoir décrit les blasphèmes, les massacres et les sacriléges qui se commettoyent, ne manquoyent jamais, à onze heures et à six heures du soir, de sursoir leur procès-verbal par ces mots : *Et arrivant l'heure*, etc., *nous nous sommes tous retirez pour prendre nostre refection*. Et recommençant à sept heures du matin et à une heure après midy à jurer, rompre les portes et piller les maisons, aussitost que l'horloge sonnoit, il faisoit retirer cette populace émue avec autant de docilité que fait le parlement de dessus les fleurs de lys. Vous pouvez juger, Monsieur, par cette histoire véritable, qu'il y peut avoir des sottises régulières, et que le grand ordre est aussi ridicule à représenter ces extravagances de nos passions comme de rapporter à bastons rompus des conseils d'estat et des affaires sérieuses.

Je vous en dirois autant des règles trop étroites que l'antiquité vouloit établir pour la perfection du théâtre. L'unité du lieu, du temps et de l'action, y sont sans doute nécessaires; mais cette trop grande rigueur que l'on y apporte, met les plus beaux sujets dans les gesnes, et est cause que les comédies ne sont pas aussi agréables aux esprits médiocres qui remplissent le plus souvent les trois parts de l'hostel de Bourgogne, et qui sont ceux, à mon avis, que l'on doit le plus considérer si l'on veut acquérir de la réputation en ce genre d'ecrire.

Je vous confesse qu'en ma plus grande jeunesse je ne pouvois souffrir que l'on fist paroître Alceste faisant l'amour à la fille du roy son maître, et se résoudre à l'enlever après en avoir été refusé; que l'on le fist voir, au second, dans une forest, en habit de charbonnier, avec sa nouvelle épouse; qu'il parust, au troisième acte, un fils âgé de quatorze ou quinze ans, provenu de ce mariage, qui alloit au marché, et qui, au lieu d'acheter du pain et de la viande pour les nécessitez de leur famille, achetast des épées, des plumes et des baudriers; qu'au quatrième acte ce même enfant témoignast son courage dans les armées, et qu'au cinquième, pour dénouer l'intrigue, il se fist reconnoître digne de sa naissance, et ramenast son père et sa mère aux pieds de son grand-père obtenir leur grâce.

Ce grand intervale de temps représenté en deux heures choquoit le sens des esprits bien faits. Cependant cette pièce estoit estimée l'une des plus pathétiques de ce temps-là, et le peuple en eust esté pleinement satisfait s'ils eussent pu vieillir les visages des acteurs à toutes les scènes, en sorte que celui qui avoit paru au premier acte faisant l'amour frisé et poudré, avec le premier coton qui ne commençoit qu'à percer sur ses lèvres, parust, au dernier, aux pieds du roy, avec une calote de travers et une barbe in-folio.

Pour l'unité du lieu, l'on ne la connoissoit pas en ce temps là, et l'on souffroit la scène tantost dans le palais et dans la chambre du roy, tantost dans la forest et dans la heute du charbonnier. Et cependant, aveque toutes ces disparates, cette pièce estoit plus estimée que si elle eust esté dans les règles, où l'on eust fait toute la tragécomédie du dernier acte, où l'on représente les amans aux pieds du roy, après avoir rapporté par épisodes ce qu'il y a de plus pathétique aux quatre premiers actes.

Cette pièce, disposée de cette sorte, eust esté

aussi agréable à lire dans sa chambre, en particulier, qu'à ouïr réciter en l'hostel de Bourgogne par Bellerose et Mondory; et je m'assure, Monsieur, que, si l'on vous proposoit de la réduire dans les règles étroites, vous seriez obligé de confesser qu'elle ne se peut accommoder au théâtre.

L'on en diroit autant du *Cid*, si l'on le vouloit réduire dans l'unité de lieu ; et cependant il a esté approuvé de toute la cour, où sont les juges compétens en cette matière, pour un chef d'œuvre, et vous trouverez bien peu de fables ni d'histoires qui puissent souffrir cette perfection que vous y désirez, M. Chapelain et vous. L'*Antigone*, la *Médée*, la *Sophonisbe*, et la *Marianne*, qui sont les plus belles qui soyent venues à ma connoissance du temps passé et du présent, y souffrent de grandes contraintes inutilement. Quand elles se seroyent un peu plus relâchées, elles n'en auroient pas esté moins agréables aux auditeurs.

Je voudrois bien vous pouvoir entretenir plus longtemps sur ce sujet, et M. Chapelain sur le poëme héroïque ; mais je suis si las d'écrire que je n'en puis plus. C'est pourquoy je remettrai à écrire à M. Chapelain et à M. Conrart au prochain voyage, comme je l'ay promis. A présent que j'ay achevé mes pseaumes, j'auray plus de liberté de vous entretenir tous trois de mes sentimens de la poésie, que je soumettray aux vôtres, et vous témoigneray que je suis passionnément

Vostre, etc. (1)

---

1. Les lettres de Racan ont été généralement rangées d'a-

près l'ordre des dates. Cependant, sans rechercher quelle raison a eue Conrart pour mettre ces deux dernières à la suite d'autres moins anciennes, et même pour ne tenir aucun compte de la date de l'une relativement à la date de l'autre, nous avons maintenu l'ordre suivi dans le manuscrit.

FIN DU TOME I.

www.ingramcontent.com/pod-product-compliance
Lightning Source LLC
Chambersburg PA
CBHW050914230426
43666CB00010B/2163